우리가 모르는 영어의 진실

Making
Sentence
Listening

Sam Kim

지식가공

우리가 모르는 영어의 진실
Making Sentence Listening

초판 1쇄 : 2013년 9월 10일
지은이 : 김경환 (Sam Kim)
펴낸이 : 김미숙, 김미향
펴낸곳 : 지식가공
주소 : 서울시 관악구 봉천로 415 태화빌딩 6층
전화 : 02) 3291-1336
팩스 : 02) 3291-0370
E-mail : knowprocess@naver.com
출판등록 : 제2012-18호
ISBN : 978-89-968979-1-0 53740

이 책에 실린 모든 글과 그림 및 편집 형태에 대한 저작권은 저자에게 있으므로 저자의 서면 허락이 없는 일체의 무단 전재, 복제, 복사, 모방을 금합니다.

All rights reserved. No part of this book may be reproduced or transmitted in any form or any means, electronic or mechanical, including photocopying, recording, or by any information storage and retrieval system, without prior permission of the copyright owner.

특허 ● 저작권 위반 제보
본 교재는 문장 인식형 영어 듣기의 특허와 서작권의 보호를 받습니다.
특허, 저작권의 침해, 인터넷 불법 유포 등을 제포시 포상합니다.
(tel : 02) 3291-1336)

듣고 말하지 못하는 한국 영어의 문제점은 도대체 무엇 때문일까요?

영어교육이 시작된 1910년대부터 100년이 넘도록 영어가 난공불락의 난제로 남아 있는 것은 무언가 근본적인 문제점이 해결되지 않고 있기 때문입니다.

너무나 오랜 시간 동안 우리를 괴롭혀온 영어라는 괴물의 난제, 이제는 풀릴 때가 되었습니다.

이제 그 해법을 공개하려고 합니다.

많은 시간과 노력을 기울임에도 불구하고 듣고 말하지 못하는 한국 영어의 문제점은 수없이 제기되고 논의되어 현재에는 문법중심의 영어학습, 시험 위주의 영어교육 등이 주된 원인으로 알려져 있는데,

한국 영어가 안고 있는 보다 근본적이고 현실적인 문제점은 영어문장을 이해하는 데에 시간이 너무 많이 걸린다는 것입니다.

영어에 대해 우리는 듣기, 말하기는 몰라도 문법에 강해서 독해는 잘한다고 스스로 위로하는 경우가 많은데, 착각이죠. 사실 우리는 영문독해도 그다지 잘하지 못합니다. 영어문장을 우리말로 바꾸어 이해하느라 영어문장을 여러 번 반복하여 읽으면서 많은 시간이 걸리기 때문이죠.

자신의 영문 독해 능력이 어느 정도인지 알고 싶다면, 영어로 된 영화, 방송에 나오는 영어 자막을 읽는 것으로 바로 알 수 있습니다.
원어민이 말하는 속도와 같이 나타났다가 사라지는 영어자막을 이해할 수 없다면, 영어문장을 이해하는 데에 시간이 너무 많이 걸리는 것입니다.
영어 발음을 듣고 무슨 단어인지 알아듣기도 어려운데, 무슨 단어인지 고스란히 나타나는 자막을 보고도 제때에 이해하지 못한다면, 영어를 알아듣지 못하는 것은 당연하겠죠.

문법을 잘 알고 수능, 토익, 토플 등의 고득점자라도 영어로 된 신문, 소설을 즐겨보지 못하는 것은 영어문장을 해석하는 데에 너무 많은 시간이 걸리기 때문입니다.

그럼 우리는 영어문장을 얼마나 빨리 이해해야 할까요?

예를 들어,
May I have your attention, please?
이 문장을 정상적인 속도로 알아듣기 위해서는 얼마나 빨리 해석해야 할까요?

영어를 들을 때, 우리가 해석하는 과정은 대략 다음과 같습니다.
먼저, 영어발음을 들으면서 영문을 떠올리고 떠올린 각 단어의 우리말 뜻을 우리말의 어순에 맞게 재조립하여 자연스러운 우리말로 바꾼 후에 문장의 의미를 이해합니다.

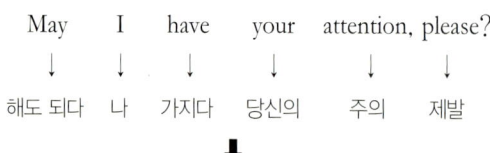

(내가 당신의 주의를 가져도 될까요?)

(주목해 주시겠습니까?)

이와 같이 영어를 우리말로 바꾸어 이해하는 방식은 영어문장을 모두 들은 후에 영어를 우리말의 어순으로 재조립하는 과정을 거칩니다. 즉, <u>영어문장이 완성된 후에 영어를 우리말로 바꾸는 문법적인 해석이 시작됩니다.</u>

오른쪽에 있는 예1)은 2010학년도 수능 외국어 듣기 평가 문제 중의 하나인데, 여기서 [May I have your attention, please?]와 다음 문장 사이의 간격은 0.3초에 불과합니다.

예 1

2010학년도 대학수학능력시험 영어 듣기 6번

다음을 듣고 남자가 하는 말의 목적으로 가장 적절한 것을 고르시오.

① 새로 개관한 공연장을 홍보하려고
② 공연장 놀이방 운영을 공지하려고
③ 공연 장소 변경에 대해 사과하려고
④ 공연장 내 질서 유지를 당부하려고
⑤ 공연장 물품 보관소에 대해 안내하려고

[May I have your attention, please? A new facility is now available to make your visit to our concert hall more pleasant. Starting today, you will be able to watch concerts more comfortably since you will not have to carry your coats or bags. You can check your belongings at the room located on the first floor, to the right of the main entrance. The room opens one hour before the performance and closes one hour after. If you present your ticket, there will be no charge for this service. We hope you make good use of this new facility.]

문장 사이의 시간 간격

May I have your attention, please? 0.3초 A new facility is now available to make your visit to our concert hall more pleasant. 0.4초 Starting today, you will be able to watch concerts more comfortably since you will not have to carry your coats or bags. 0.6초 You can check your belongings at the room located on the first floor, to the right of the main entrance. 0.7초 The room opens one hour before the performance and closes one hour after. 0.7초 If you present your ticket, there will be no charge for this service. 0.5초 We hope you make good use of this new facility.

따라서 [May I have your attention, please?]는 다음 문장이 시작되기 전인 0.3초 안에 알아들어야 합니다.

여러분은 [May I have your attention, please?]을 듣고 0.3초 안에 해석할 수 있을까요?

[May I have your attention, please?]과 같이 익숙한 문장은 가능하다고 생각할 수도 있지만 제시된 예1>의 본문에서 알 수 있듯이 일반적인 속도에서 영어문장 사이의 시간 간격은 문장의 길이나 난이도에 관계없이 평균 0.5초 정도에 불과합니다. 따라서 문법적으로 영어문장을 해석한다면, 영어문장을 들은 후 약 0.5초 안에 그 문장의 의미를 이해해야 다음 문장을 들을 준비를 할 수 있습니다.

영어문장을 이해하는 데에 이보다 많은 시간이 걸린다면, 다음 문장을 들을 시간적인 여유가 없고 당연히 혼란에 빠지게 될 것입니다.

이쯤에서 여러분은 아마도

영어문장 사이의 시간 간격이 의외로 짧다는 것에 놀라고 영어문장을 평균 0.5초 안에 해석해야 하는 것으로 생각할 수 있는데, 안타깝게도 0.5초 정도는 긴 편에 속합니다.

예2>는 두 사람의 대화를 들려주는 듣기 문제인데,
상대가 말하는 것을 듣고 자신이 말할 내용을 생각하여 말하기 때문에 혼자서 말하는 것보다 문장 사이의 시간 간격이 클 것으로 예상되지만, 오히려 더 짧습니다.

예 2

2010학년도 대학수학능력시험 영어 듣기 8번

대화를 듣고 두 사람이 대화하고 있는 장소로 가장 적절한 곳을 고르시오.
① 학교 방송실   ② 신문사 편집실   ③ 광고사 기획실
④ 119 상황실   ⑤ 도서관 휴게실

Woman : Thank you for letting us visit you. We're really excited to be here.
0.3초
Man : You're welcome. It's great to have high school students come visit us.
0.4초
Woman : We all want to be news reporters and photographers.
0.3초
Man : Great. Come this way. This is where we write articles.
0.6초
Woman : Everybody looks so busy! There are so many people on the telephones and computers.
0.1초
Man : That's because we always have deadlines to meet.
0.4초
Woman : What time do you go to the printers?
0.4초
Man : It's midnight for our daily morning edition.
0.2초
Woman : Wow! I didn't realize this place is so busy all the time.
0.2초
Man : Uh-huh. This is an exciting and dynamic place to work.

예2>에서 여자가 [There are so many people on the telephones and computers.]라고 말하고 남자가 [That's because we always have deadlines to meet.]라고 답하는 시간의 간격은 0.1초에 불과합니다.

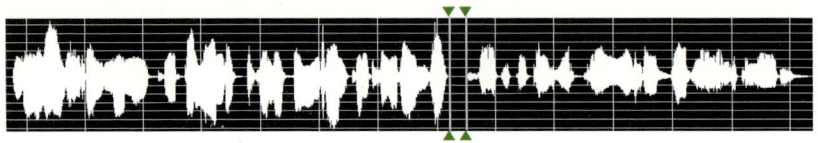

There are so many people on the telephones and computers.　　0.1초　　That's because we always have deadlines to meet.

[There are so many people on the telephones and computers.] 을 듣고 0.1초 안에 해석할 수 있을까요?
제아무리 노력하더라도 영어를 우리말로 바꾸는 문법적인 해석으로는 불가능에 가깝습니다.

문법 중심의 영어학습이 가지는 근본적인 한계와 문제점이 바로 여기에 있습니다. 영어 문장을 들은 후에 이루어지는 문법적인 해석으로 영어를 알아들을 수 있다고 생각하는 것은 알고 보면 현실을 무시한 헛된 희망일 뿐이죠.

한마디로 우리는 불가능한 방법으로 영어를 들으려고 한 것입니다.

**우리가 우리말을 들을 때 문장을 듣자마자 무슨 말인지 바로 이해하는 것처럼, 영어를 들을 때에도 영어문장을 듣자마자 그 의미를 알 수 있어야 합니다.
이 문제가 해결되지 않으면, 정상적인 영어 듣기는 사실상 불가능합니다.** 엄청난 노력과 수많은 시도에도 불구하고 여전히 듣고 말하지 못하는 한국 영어의 현실이 이것을 여실히 증명하고 있죠.

그런데, 문법 중심으로 공부한 상당수의 학생들은 영어듣기 시험에서 비교적 높은 점수를 받습니다. 예1〉과 예2〉는 비교적 쉬운 듣기 문제로 많은 학생들이 정답을 알아냅니다. 어떻게 그럴 수 있을까요?

앞서 살펴본 대로 문법적인 해석으로는 영어 듣기가 매우 어렵기 때문에 대부분의 학생들은 자연스럽게 여러가지 편법을 이용합니다.

가장 대표적인 편법은 주요한 단어(key word)로 추측하는 것입니다. 들리는 영어 중에서 주요한 단어 몇 개를 이용하여 본문의 내용을 대략적으로 짐작하는 것으로 일부에서는 이것을 [key word 학습법] 등 마치 특별한 비법처럼 소개하기도 하지만, 시험을 잘 보기 위한 편법에 불과한 것으로 실제 영어 듣기 능력과는 거리가 있습니다.

이밖에도 문장 전체를 외우거나 자주 나오는 문장의 일부를 패턴으로 외우는 방법이 있는데, 외울 것이 너무 많다는 현실적인 어려움과 우리말로 외운 패턴을 영어문장에 적용하는 과정 자체가 영어문장을 모두 들은 후에 이루어지기 때문에 영어문장을 듣자마자 이해하는 것이 어차피 불가능합니다.

영어문장을 듣자마자 빠르게 이해하기 위해서는 어떻게 해야 할까요?

이 문제를 해결하기 위해서 다양한 편법들이 이용되지만, 이것들은 결국 시험을 잘 보기 위한 편법에 불과한 것으로 결과적으로 보면, 오히려 독이 됩니다.

영어를 정상적인 속도로 듣고 말하기 위해서는 영어문장이 완성됨과 동시에 영어문장을 이해할 수 있어야 하는데, 그러기 위해서는 먼저 우리말을 배제해야 합니다. 영어를 우리말로 바꾸어 이해할 시간적인 여유가 근본적으로 없기 때문이죠.
제아무리 열심히 영어를 듣고 말하더라도 영어를 우리말로 바꾸어 이해하는 습관을 버리지 못하면, 영어를 제대로 듣고 말하지 못할 것입니다.

우리말을 배제하고 영어를 영어만으로 이해해야 한다는 생각은 이미 널리 인식되어 있습니다. 영어로 생각하기(Thinking in English), 영어를 영어로 가르치기(Teaching English in English) 등이 그런 것들이죠.
하지만, 학습현장에서 구체적으로 무엇을 어떻게 할 것인지 실질적인 해결방안은 없는 실정입니다.

영어를 우리말로 바꾸지 않고 영어를 영어만으로 영어문장이 완성되자마자 이해하기 위해서는 지금까지의 영어를 보는 시점 자체를 바꾸는 사고, 인식의 전환이 필요합니다.

영어가 우리말과 같은 하나의 언어라는 것을 상기하여 우리가 우리말을 듣고 말하는 것을 살펴보면,
들을 때에 문장의 첫 단어부터 이해하기 시작해서 문장이 완성됨과 동시에 문장의 의미를 파악하고,
말할 때에도 완성된 문장을 미리 생각하고 말한다기보다 한 단어씩 추가하여 문장을 완성하면서 말한다는 것을 알 수 있습니다.
영어도 마찬가지이죠.

언어를 듣거나 말하는 것이 결국 문장이 완성되는 과정인 것처럼 영어를 듣고 말하는 것, 역시 영어문장이 완성되는 과정이라고 할 수 있습니다.

이미 완성된 영어문장이 아닌 영어문장이 완성되는 과정에 주목할 필요가 있습니다.

완성된 영어문장을 외우기보다 영어문장이 완성되는 과정에 익숙해지는 것이 언어적 인간(Homo Loquens)의 본성에 어울리는 보다 합리적이고 효과적인 학습방법이 될 것입니다.

자, 그럼 영어문장이 완성되는 과정을 익히기 위해서 구체적으로 어떻게 해야 할까요?

Making Sentence Listening

이 책에서 제시하는 방법은 문장의 첫 단어부터 한 단어씩 추가하여 문장이 완성되는 과정을 통한 학습입니다. 단순해보이지만, 기존의 문법중심의 학습법과 달리 영어의 어순대로 문장이 완성되는 과정을 익힘으로써 영어문장이 완성됨과 동시에 그 의미를 이해할 수 있다는 점에서 매우 중요하고 핵심적인 가치를 가집니다.

예를 들어, May I have your attention, please?
이 문장을 문장 절단 완성형 반복(SCCR : Sentence Cutting Completive Repetition)하여 Making Sentence Listening하는 과정을 살펴보면 다음과 같습니다.

① May
② May I
③ May I have
④ May I have your
⑤ May I have your attention
⑥ May I have your attention, please?

문장의 첫 단어부터 단어가 하나씩 추가되는 과정 사이에는 약 1.5초 정도의 시간 간격을 둡니다. 문장이 한 단어씩 완성되는 과정을 통해 문장의 의미를 이해합니다.

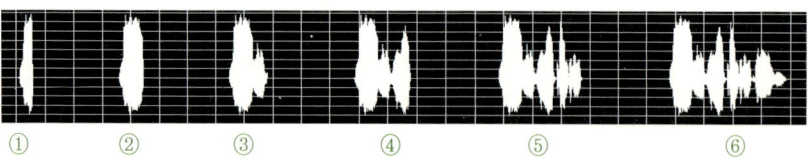

① **May**

(여건상 가능한가?) → (해도 되나?)

② **May I**

(해도 되나? 내가)

③ **May I have**

(해도 되나? 내가 가지다) (내가 가져도 되나?)

문장이 완성되는 중인 May I have만으로도 어느 정도 의미를 알 수 있습니다.

④ **May I have your**

(내가 가져도 되나? 당신의)

your가 추가되는 [May I have your]의 단계에서 your라는 단어의 존재, 이미지를 확실하게 인지할 수 있습니다.

⑤ **May I have your attention**

(내가 가져도 되나? 당신의 주의를)

⑥ **May I have your attention, please?**

(내가 가져도 되나? 당신의 주의를, 제발)

영어를 우리말로 바꾸는 문법적 해석에서는 [당신의 주의를 가지다]라는 표현이 우리말에는 거의 쓰이지 않는 어색한 표현이기 때문에 무시하고 자연스러운 우리말로 이해할 수 있도록 [주목해 주시겠습니까?] 등으로 의역하는 경향이 있습니다.

하지만, 영어에서 이것은 자연스러운 표현으로 원어민은 your attention을 [당신의 주의] 로 정확히 인지하고 우리도 그렇게 이해하면 됩니다.

원어민처럼 영어의 어순대로 영어 단어를 하나씩 정확히 인지하면, 굳이 우리말로 바꾸어 이해할 필요 없이 영어문장을 있는 그대로 이해할 수 있습니다. 그리고 이것은 영어문장이 완성되는 과정을 반복함으로써 효과적으로 익힐 수 있습니다.

자연스러운 우리말로 표현하는 것은 영어로 이해한 후의 일입니다.

Making Sentence Listening의 장점들

문장 완성형 영어 듣기(Making Sentence English Listening)가 가지는 장점을 소개하면 다음과 같습니다.

1. 영어문장을 이루는 모든 단어의 발음을 정확히 들을 수 있다.

영어를 알아듣기 위해서는 당연히 먼저 영어를 정확히 들어야 합니다. 그런데, 대부분은 영어를 정확히 듣지도 못합니다.

영어문장을 반복해서 듣더라도 안 들리는 부분은 계속 안 들려 결국 영문을 보게 되고 영문을 본 후에는 영문의 기억에 의지하여 자신이 알아듣는다고 착각합니다.

예를 들어, 아래의 [May I have your attention, please?]를 들려주면서

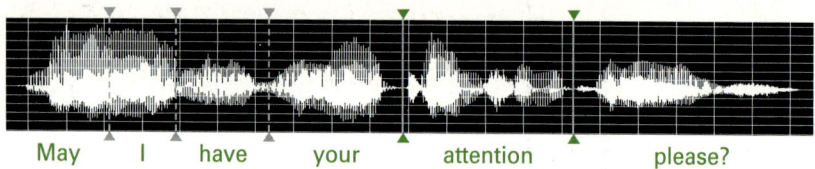

끊어지는 부분을 영문에 표시하도록 하면, 대부분은 문법적인 끊어 읽기(May I have / your attention, / please?)로 말하는 것으로 듣고 체크합니다. 그러나 실제로는 May I have your가 연음되고 your와 attention 사이는 끊어진 것이죠.

영어는 리듬과 악센트가 중요하다고 하는데, 이에 못잖게 중요한 것이 연음입니다. 우리는 문법적인 끊어 읽기에 익숙하여 원어민도 당연히 문법적으로 연음하고 끊어서 말할 것으로 예상하지만, 실제로는 그렇지 않아 영어를 알아듣지 못하는 중요한 원인이 됩니다. Making Sentence Listening은 한 단어씩 추가되는 과정을 통해, 연음되어 제대로 들리지 않는 단어들을 있는 그대로 정확히 들을 수 있는 기회를 제공합니다.

2. 영어문장의 내용을 이미지화할 수 있다.

Making Sentence Listening은 한 단어씩 추가되어 문장이 완성되는 과정을 통해 각각의 단어에 집중함으로써 문장의 내용을 이미지화하여 자연스럽게 우리말 없이 영어만으로 이해할 수 있도록 합니다.

3. 영어문장의 앞부분에 집중한 반복학습이 가능하다.

주어 다음에 바로 서술어가 오는 영어의 특성상 영어는 앞부분이 중요합니다. 따라서 영어를 들을 때에 언제나 앞부분을 놓치지 말고 잘 알아들이야 합니다.

Making Sentence Listening은 언제나 문장의 첫 단어부터 시작하여 완성되는 과정이 반복되므로 자연스럽게 문장의 앞부분을 집중적으로 비중 있게 익힐 수 있습니다.

교재의 학습방법

기존에 없던 새로운 [문장 완성형 영어 듣기 교재]로서 이 책을 활용하는 방법의 표준을 제시하면 다음과 같습니다.

step 1. mp3 파일 듣기 🎧

처음에는 교재를 보지 않고 듣기를 먼저 합니다.
이 교재에서 제공하는 1개의 mp3파일에는 1개의 문장이 완성되는 과정이 들어 있고 1일 동안 학습할 5개의 문장이 하나의 폴더 안에 들어있습니다.
따라서 mp3 플레이어 또는 스마트폰 등의 재생모드에서 [한곡 반복]의 모드로 재생하면 하나의 문장이 완성되는 과정을 무한 반복하여 들을 수 있습니다.
한 단어씩 추가되며 문장이 완성되는 과정이 딴 생각을 하기에는 짧고 아무 생각 없이 듣기만 하기에는 긴 약1.5초 정도의 간격을 두고 이루어지기 때문에 적당한 긴장감을 유지하며 장시간 집중하여 들을 수 있습니다.
한 문장 전체를 반복하는 기존의 듣기와는 비교할 수 없을 정도로 효과적이고 흥미로운 듣기가 가능할 것입니다.

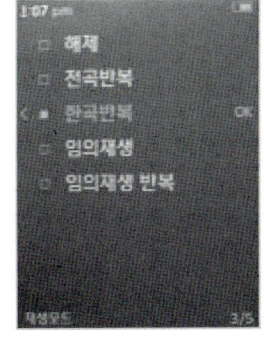

한 문장씩 모두 듣고 난 후에는 [전곡 반복]의 모드로 바꿉니다. 이렇게 하면, 1일 폴더 안의 5개 문장에 대해 문장이 완성되는 과정을 1차례씩 반복하여 들을 수 있습니다. 쉬는 시간이나 이동하면서 꾸준히 듣습니다.

step 2. mp3 파일을 들으면서 영문과 음파 보기

1일 5개의 문장을 충분히 들은 후에 본 교재를 봅니다.
mp3 파일을 재생하여 한 단어씩 추가되는 과정을 영문으로 보면서 혹 들리지 않았던 단어를 확인하고 음파 그래프를 통해 문장 속에서 영어 단어들이 어떻게 연음되는지 확인합니다.

step 3. 영문 보고 소리 내어 읽기, 전체 과정 5회 반복

1개의 단어씩 추가되어 문장이 완성되는 과정을 소리 내어 읽습니다. 이때, mp3 파일을 들을 필요는 없습니다.
문장을 해석하려고 노력할 필요도 없습니다.
주의할 것은 자신의 목소리를 듣는 것입니다.
자신이 말하는 영어발음을 듣고 그 영어발음을 통해 의미를 생각하도록 합니다.
우리가 글을 읽는 것은 문자를 시각적으로 보는 것이 아닙니다. 문자를 마음속 음성으로 바꾸고 그 음성을 통해 이해하는 것입니다.

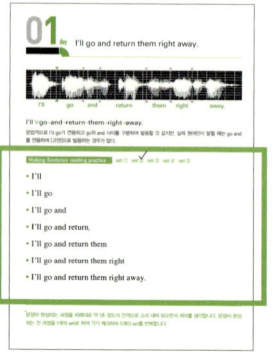

step 4. 영어문장을 어순대로 이해하기

기존의 문법과 달리 영어문장을 영어의 어순대로 이해하기 위해서는 동사, 전치사 등을 정확히 알아야 합니다.
여기에서는 동사, 전치사 등을 이미지 위주로 완벽하게 설명하여 영어문장을 어순대로 이해할 수 있도록 합니다.

step 5. 영어로 말하기, 작문하기

이 과정은 우리글을 보고 영어로 말하는 것으로 제시된 영어문장을 완전히 습득했는지 확인하고 자신의 생각을 영어로 말하는 연습을 위한 것입니다.
2가지로 의역된 우리말은 우리말에 의존하지 않도록 거꾸로 쓰여 있습니다. 의미만을 파악하고 영어로 말합니다.
첫 번째에는 영어문장 앞부분의 두세 단어가 제시되고 두 번째에는 제시되지 않습니다. 단순히 외워서 말하지 말고 이미지를 통해 영어문장을 완성하며 말하도록 합니다.

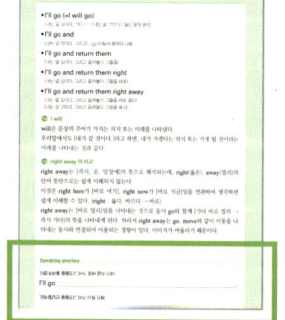

START

자, 이제 영어를 있는 그대로 영어만으로 익혀볼까요?
영어문장이 완성되는 과정을 통해 문장의 본래 의미를 단순하면서도 정확하게 이해할 수 있을 것입니다. 그리고 왜 안 들렸는지도 알 수 있을 것입니다.
알면 알수록 단순하고 간단한 영어의 참맛을 느껴봅시다.
목표는 영어문장이 완성되자마자 바로 이해하는 것입니다.
시~작.

Making Sentence Listening

Contents

학습 날짜 1회 (/) 2회 (/) 3회 (/)

1 day	21
2 day	31
3 day	41
4 day	51
5 day	61
6 day	71
7 day	81
8 day	91
9 day	101
10 day	111
11 day	121
12 day	131
13 day	141
14 day	151
15 day	161
16 day	171
17 day	181
18 day	191
19 day	201
20 day	211
21 day	221
22 day	231
23 day	241
24 day	251
25 day	261
26 day	271
27 day	281
28 day	291
29 day	301
30 day	311

이 교재의 문장 및 음성자료는 대학수학능력시험 외국어 듣기평가에서 선택된 것입니다.

I'll go and return them right away.

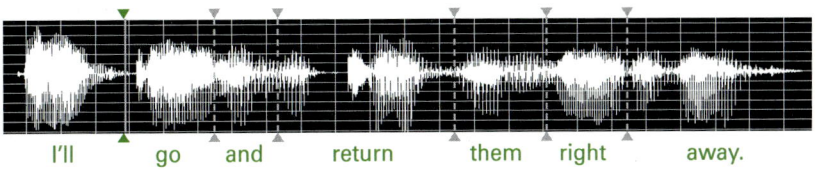

I'll∨ go–and–return–them–right–away.

문법적인 끊어읽기(I'll go / and/ return them / right away.)와 다르게 발음된다. go and이 연음되어 [고앤]으로 마치 하나의 단어처럼 발음된다.

Making Sentence reading practice set ① ✓ set ② set ③ set ④ set ⑤

- I'll

- I'll go

- I'll go and

- I'll go and return

- I'll go and return them

- I'll go and return them right

- I'll go and return them right away.

문장이 완성되는 과정을 차례대로 약 1초 정도의 간격을 두고 소리 내어 읽으면서 의미를 생각합니다. 문장이 완성되는 전 과정을 하나의 set로 하여 각각 체크하며 5개의 set를 반복합니다.

여기서 영어문장을 우리말로 설명하는 것은 부득이한 것으로 중요하지 않습니다. 중요한 것은 영어 문장이 완성되는 과정을 통해 영어만으로 이해하는 것입니다.

- I'll go (= I will go)
  (나는 ~할 것이다. 가다) → (나는 갈 것이다.) : 일단 문장 완성
- I'll go and
  (나는 갈 것이다. 그리고) : go 다음의 동작이 나옴
- I'll go and return them
  (나는 갈 것이다. 그리고 돌려놓다 그들을) : them(그들을, 그것들을)
- I'll go and return them right
  (나는 갈 것이다. 그리고 돌려놓다 그들을 바로)
- I'll go and return them right away
  (나는 갈 것이다. 그리고 돌려놓다 그들을 바로 멀리)
  (나는 갈 것이다. 그리고 돌려놓다 그들을 즉시)

🟢 I will

will은 문장의 주어가 가지는 의지 또는 미래를 나타낸다.
우리말에서도 [내가 갈 것이다.]라고 하면, 내가 가겠다는 의지 또는 가게 될 것이라는 미래를 나타내는 것과 같다.

🟢 right away

right away는 [즉시, 곧, 당장에]의 뜻으로 해석되는데, right(옳은), away(멀리)의 단어 뜻만으로는 쉽게 이해되지 않는다.
이것은 right here가 [바로 여기], right now가 [바로 지금]임을 연관하여 생각하면 쉽게 이해할 수 있다. (right : 옳다, 바르다 → 바로)
right away는 [바로 멀리]임을 나타내는 것으로 동사 go와 함께 [가다 바로 멀리 → 즉시 가다]의 뜻을 나타내게 된다. 따라서 right away는 go, move와 같이 이동을 나타내는 동사와 연결되어 이용되는 경향이 있다. 이미지가 어울리기 때문이다.

Speaking practice

내가 지금 바로 가서 그것들을 돌려놓겠다.
I'll go _____.

자기 누가 가서 그것들을 받아올게요.
_____.

day Then, I think an electric blanket would be better.

2/5

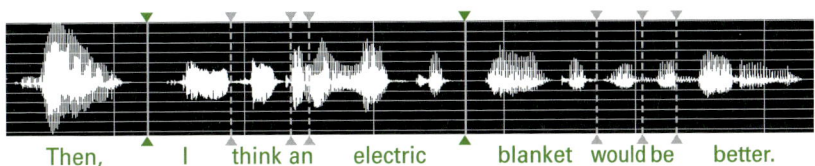

Then, ∨ I–think–an–electric ∨ blanket–would–be–better.

문법적인 끊어 읽기(Then, / I think / an electric blanket would be better.)와 다르게 발음된다.

Making Sentence reading practice　　set ①　set ②　set ③　set ④　set ⑤

- Then

- Then, I

- Then, I think

- Then, I think an

- Then, I think an electric

- Then, I think an electric blanket

- Then, I think an electric blanket would

- Then, I think an electric blanket would be

- Then, I think an electric blanket would be better.

문장이 완성되는 과정을 차례대로 약 1초 정도의 간격을 두고 소리 내어 읽으면서 의미를 생각합니다. 문장이 완성되는 전 과정을 하나의 set로 하여 각각 체크하며 5개의 set를 반복합니다.

여기서 영어문장을 우리말로 설명하는 것은 부득이한 것으로 중요하지 않습니다. 중요한 것은 영어 문장이 완성되는 과정을 통해 영어만으로 이해하는 것입니다.

- Then, I think
  (그러면, 나는 생각한다.)
- Then, I think an
  (그러면, 나는 생각한다. 하나의)
- Then, I think an electric blanket
  (그러면, 나는 생각한다. 하나의 전기담요)
- Then, I think an electric blanket would be
  (그러면, 나는 생각한다. 하나의 전기담요가 일 것 같다) : would (약한 will)
- Then, I think an electric blanket would be better
  (그러면, 나는 생각한다. 하나의 전기담요가 더 좋을 것 같다)

🅣🅟 would가 완곡한 표현, 공손한 표현이 되는 이유

would는 will의 과거형이지만, 이 문장에서는 [I think ~ would be]와 같이 시제가 일치되지 않기 때문에 would가 will의 과거형이 아닌 완곡한 표현, 공손한 표현을 나타냄을 알 수 있다.

would는 어떻게 완곡한 표현, 공손한 표현을 나타낼까?
will은 문장 주어의 미래, 의지를 나타내고 would는 이것의 과거를 나타내는데, 과거의 미래와 의지는 현재에서 변할 수 있다. 즉, 과거의 미래와 의지가 현재로 오면서 약해진다고 할 수 있다. 따라서 과거형인 would는 현재형인 will에 비해 약한 표현이 되어 완곡하고 공손한 느낌을 주게 된다.

참고로 이 문장에서 would를 will로 나타내면,
Then, I think an electric blanket will be better.
(그러면, 나는 생각한다. 하나의 전기담요가 더 좋을 것이라고)

전기담요가 더 좋을 것이라는 것을 would일 때보다 강하게 말하는 것이 된다.

Speaking practice

그러면 나는 전기담요가 더 좋을 것 같다고 생각한다.
Then, I think _____ .

그러면 나는 전기담요가 더 좋을 것 같다고 생각한다.

_____ .

01 day I wouldn't like that.

3/5

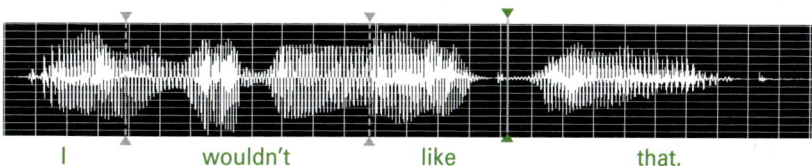

| I | wouldn't | like | that. |

I–wouldn't–like∨that.

wouldn't는 would not의 축약형으로 [wudnt]로 발음하는데, 이웃하는 단어와 연음되는 경우가 많아 잘 들리지 않는다.

Making Sentence reading practice　　set ①　set ②　set ③　set ④　set ⑤

- I
- I wouldn't
- I wouldn't like
- I wouldn't like that.

문장이 완성되는 과정을 차례대로 약 1초 정도의 간격을 두고 소리 내어 읽으면서 의미를 생각합니다. 문장이 완성되는 전 과정을 하나의 set로 하여 각각 체크하며 5개의 set를 반복합니다.

여기서 영어문장을 우리말로 설명하는 것은 부득이한 것으로 중요하지 않습니다. 중요한 것은 영어 문장이 완성되는 과정을 통해 영어만으로 이해하는 것입니다.

- I wouldn't (= I would not)
  1. (나는 ~이었을 것이다. 아니다.) → (나는 ~이지 않았을 것이다.) : will의 과거로 쓰인 would
  2. (나는 약하게 ~일 것이다. 아니다.) → (나는 ~일 것 같지 않다.) : 약한 will로 쓰인 would

- I wouldn't like
  1. (나는 ~이지 않았을 것이다. 좋다.) → (나는 좋아하지 않았을 것이다.)
  2. (나는 ~일 것 같지 않다. 좋다.) → (나는 좋아할 것 같지 않다.)

- I wouldn't like that.
  1. (나는 좋아하지 않았을 것이다. 그것을)
  2. (나는 좋아할 것 같지 않다. 그것을)

> **tip** wouldn't = would not

would는 will의 과거형 또는 will을 약하게 나타내는데,
어느 쪽인지는 대화의 내용으로 알 수 있다.

What if she didn't go to university?
(그녀가 대학교에 가지 않았다면 어떨까?)

Oh, I wouldn't like that.
(오, 나는 그걸 좋아하지 않았을 거다.) : would(will의 과거)

What about another beer?
(맥주 한 잔 더 어때?)

I wouldn't like that.
(나는 그걸 좋아할 것 같지 않아.) : would(약한 will, 완곡한 표현)

> **tip** that : 그것

that의 사전적인 뜻은 this의 [이것]과 구분이 되는 [저것]이지만,
that은 it을 보다 구체적으로 나타내는 것이므로 경우에 따라서는 우리말의 [그것]으로 이해하는 것이 보다 자연스럽다.

Speaking practice

나는 지사에 올라가지 않았을 것이다.

I wouldn't like _____ .

나는 그걸 좋아하지 않을 것 같다.

_____ .

 He doesn't have much acting experience.

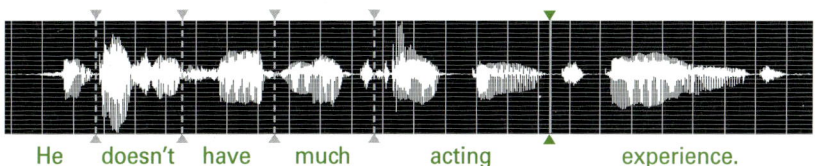

He–doesn't–have–much–acting V experience.

doesn't는 does not의 축약형으로 그 자체가 익숙하지 않은데, 이웃하는 단어와 연음되어 잘 들리지 않는다.

Making Sentence reading practice   set ①   set ②   set ③   set ④   set ⑤

- He
- He doesn't
- He doesn't have
- He doesn't have much
- He doesn't have much acting
- He doesn't have much acting experience.

문장이 완성되는 과정을 차례대로 약 1초 정도의 간격을 두고 소리 내어 읽으면서 의미를 생각합니다. 문장이 완성되는 전 과정을 하나의 set로 하여 각각 체크하며 5개의 set를 반복합니다.

여기서 영어문장을 우리말로 설명하는 것은 부득이한 것으로 중요하지 않습니다. 중요한 것은 영어 문장이 완성되는 과정을 통해 영어만으로 이해하는 것입니다.

- **He doesn't (= He does not)**
  (그는 하지 않다.)
- **He doesn't have**
  (그는 하지 않다. 가지고 있다) → (그는 가지고 있지 않다.)
- **He doesn't have much**
  (그는 가지고 있지 않다. 양이 많은)
- **He doesn't have much acting experience.**
  (그는 가지고 있지 않다. 양이 많은 연기 경험)

🟢 **have의 이미지**

일반적으로 have의 뜻을 [~을 가지다]로 알고 있는데,
보다 정확한 뜻은 [~을 가지고 있다]이다.
가지는 동작과 함께 가지고 있는 상태를 나타낸다고 할 수 있고 그런 면에서 take, get과 차이가 난다.

I have a daughter.
(나는 하나의 딸을 가지고 있다.) → (나는 딸이 하나 있다.)

🟢 **much의 이미지**

양이 많은 것은 much, 개수가 많은 것은 many로 나타낸다는 것은 누구나 잘 알고 있지만, 우리말로는 모두 [많은]이라고 해석되기 때문에 실수하기 쉽다.
much는 [양이 많은], many는 [개수가 많은]이라고 좀더 구체적으로 익혀두면, 이미지를 잡기에 좋다.

Speaking practice

그는 많은 연기 경험을 가지고 있지 않다.
He doesn't have _____.

그는 많은 연기 경험이 있지 않다.
_____.

01 day Yes, but all the profits go to charity.

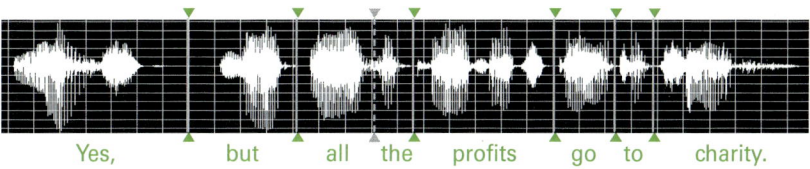

Yes,   but   all   the   profits   go   to   charity.

Yes, ∨ but ∨ all-the ∨ profits ∨ go ∨ to ∨ charity.

all the가 연음되어 하나의 단어처럼 빠르게 발음되고 the profits 사이가 끊어져 발음된다.

Making Sentence reading practice   set ①   set ②   set ③   set ④   set ⑤

- Yes

- Yes, but

- Yes, but all

- Yes, but all the

- Yes, but all the profits

- Yes, but all the profits go

- Yes, but all the profits go to

- Yes, but all the profits go to charity.

문장이 완성되는 과정을 차례로 약 1초 정도의 간격을 두고 소리 내어 읽으면서 의미를 생각합니다. 문장이 완성되는 전 과정을 하나의 set로 하여 각각 체크하며 5개의 set를 반복합니다.

여기서 영어문장을 우리말로 설명하는 것은 부득이한 것으로 중요하지 않습니다. 중요한 것은 영어 문장이 완성되는 과정을 통해 영어만으로 이해하는 것입니다.

- Yes, but all the profits go
  (그래, 하지만 모든 그 이익들은 간다)
- Yes, but all the profits go to
  (그래, 하지만 모든 이익들은 간다. 도착점)
- Yes, but all the profits go to charity.
  (그래, 하지만 모든 이익들은 간다. 도착점 자선)

Yes, but all the profits go ▶● charity.
(그래, 하지만 모든 이익들은 간다. 자선으로)

🔟 전치사 to의 이미지는 [도착점]을 나타내는 ▶● 이다.

일반적으로 to를 [~에], [~로] 등의 방향을 나타내는 우리말 조사로 이해하는 경우가 많은데, 그렇게 해서는 우리말 없이 영어만으로 이해하기가 어렵다.
to의 이미지는 [도착점]이라고 할 수 있다. go to charity에서 to는 charity(자선)가 도착점임을 알려준다. 따라서 charity(자선)가 결과임을 알 수 있다.
비슷한 예를 보면,

subscribe to magazine
(서명하다 도착점 잡지) → (서명한 결과가 잡지이다) → (잡지를 구독하다)
참고〉 우리가 빠트린 영어의 알맹이, 전치사의 이미지 : to

🔟 all the : all은 the 앞에 온다.

all이 명사를 꾸밀 때,
우리말로는 [그 모든 ~]이기 때문에 the all라고 실수하기 쉬운데,
[all the ~]라고 하지 [the all ~]라고 하지는 않는다.
all이 the보다 먼저 오는 것에 대해 the big man처럼 하나의 개체를 보다 구체적으로 꾸밀 때는 the와 명사 사이에 형용사가 오지만, all은 하나의 개체가 아닌 모든 개체를 나타내기 때문에 the 앞에 온다고 생각하면 이해가 쉬울 것이다. 그리고 자주 접하다 보면, all the가 더 자연스럽게 느껴진다.

Speaking practice

그래, 하지만 그 모든 수당들은 자선으로 돌아간다.
Yes, but all _____.

그래, 하지만 모든 이익은 자선에 쓰인다.
_____.

day What type shall I get?

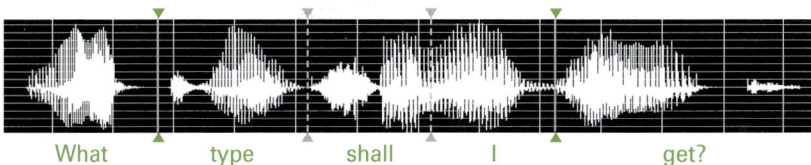

What ∨ type–shall–I ∨ get?

type shall I가 연음되어 마치 하나의 단어처럼 빠르게 발음된다.

Making Sentence reading practice   set ①   set ②   set ③   set ④   set ⑤

- What

- What type

- What type shall

- What type shall I

- What type shall I get?

문장이 완성되는 과정을 차례대로 약 1초 정도의 간격을 두고 소리 내어 읽으면서 의미를 생각합니다. 문장이 완성되는 전 과정을 하나의 set로 하여 각각 체크하며 5개의 set를 반복합니다.

여기서 영어문장을 우리말로 설명하는 것은 부득이한 것으로 중요하지 않습니다. 중요한 것은 영어 문장이 완성되는 과정을 통해 영어만으로 이해하는 것입니다.

- **What type**
  (무슨 타입)
- **What type shall**
  (무슨 타입 할까?) : 이 말을 듣는 사람의 의지
- **What type shall I**
  (무슨 타입 할까? 나는)
- **What type shall I get?**
  (무슨 타입 할까? 나는 가지다) → (나는 어떤 종류로 가질까?)

🔵 **shall : will과 shall**
will과 짝을 이루는 동사가 shall이다.
예를 들어, He'll의 경우에 He will 또는 He shall로 볼 수 있다.
shall은 어떤 의미일까?
will은 문장 주어의 의지, 미래, 판단을 나타내고
shall은 화자(말하는 사람)의 의지, 미래, 판단을 나타낸다.

He will go with you.
(그는 너와 같이 갈 것이다.) → 그의 의지, 미래

He shall go with you.
(그가 너와 같이 가게 하겠다.) → 이 문장을 말하는 사람의 의지

shall이 의문문인 경우에는 말하는 사람이 듣는 사람의 의지를 물어보는 것이 된다.

Shall we dance?
(우리 춤출까?)

Shall he go with you?
(그가 너와 같이 가게 할까?)

Speaking practice

나를 뒤돌아 굿남 극ㅓ

What type _____?

나를 뒤돌아 굽아

_____.

02 day

It should be on its way to the car wash.

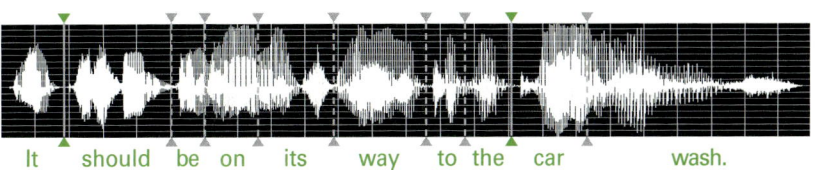

It ∨ should–be–on–its–way–to–the ∨ car–wash.

문법적인 끊어 읽기(It should be / on its way / to the car wash.)와 다르게 발음되므로 문법적으로 해석할 경우에는 알아듣기 어렵다.

Making Sentence reading practice   set ①   set ②   set ③   set ④   set ⑤

- It

- It should

- It should be

- It should be on

- It should be on its

- It should be on its way

- It should be on its way to

- It should be on its way to the

- It should be on its way to the car

- It should be on its way to the car wash.

문장이 완성되는 과정을 차례로 약 1초 정도의 간격을 두고 소리 내어 읽으면서 의미를 생각합니다. 문장이 완성되는 전 과정을 하나의 set로 하여 각각 체크하며 5개의 set를 반복합니다.

여기서 영어문장을 우리말로 설명하는 것은 부득이한 것으로 중요하지 않습니다. 중요한 것은 영어 문장이 완성되는 과정을 통해 영어만으로 이해하는 것입니다.

- **It should**
  (그것 약하게 ~하도록 하겠다.) : 말하는 사람의 약한 의지, 판단
- **It should be**
  (그것 약하게 ~하도록 하겠다. 있다) → (그것은 있을 거다.)
- **It should be on**
  (그것은 있을 거다. 접함)
- **It should be on its way**
  (그것은 있을 거다. 접함 그것의 길) → (그건 그것의 길에 있을 거다.)
- **It should be on its way to the car wash.**
  (그것은 있을 거다. 접함 그것의 길 도착점 그 차 씻음)

  It should be ⬚ its way ➡ the car wash.
  (그것은 있을 거다. 세차로 가는 길에)

🍀 **It should**

should는 말하는 사람의 의지, 판단을 나타내는 shall의 과거형이면서 would와 마찬가지로 문장을 말하는 사람의 의지, 판단을 약하게 나타내기도 한다.
It should는 말하는 사람이 it이 어떨 것이라고 자신의 의지, 판단을 약하게 말하는 것이므로 [그것은 ~일 거다]는 정도의 우리말로 이해할 수 있다.
따라서 It should만으로도 문장의 의미를 어느 정도 파악할 수 있다.

🍀 **전치사 on의 이미지는 [접함]을 나타내는 ⬚ 이다.**

전치사 on의 뜻은 [~ 위에], [~을 타고], [~에게] 등 다양하지만, 공통된 이미지는 [접함]이다. 접함을 나타내는 단어가 우리말에는 없기 때문에 다양한 우리말로 표현되지만, on은 접하는 이미지로 쉽게 이해할 수 있다.
[길 위에]를 나타내는 on the way는 길에 접하는 것인데, 길 위에 있다는 것은 물리적으로 보면 길에 접하는 것이므로 on을 이용한 이유를 알 수 있다.

참고> 우리가 빠트린 영어의 알맹이, 전치사의 이미지 : on

Speaking practice

그건 세차하러 가는 중일 거다.
It should _____.

그건 세차하러 가는 중일 거야.
_____.

 Are all of them done?

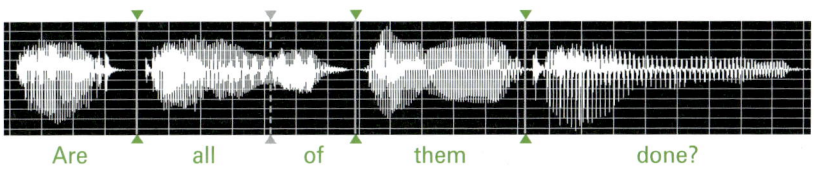

Are ∨ all–of ∨ them ∨ done?

all of가 연음되고 of them 사이가 끊어지는 것이 문법적인 구분과 다른데, 이처럼 전치사 of는 자신이 꾸미는 단어가 아닌 앞의 단어와 연음되는 경향이 있다.

Making Sentence reading practice   set ①   set ②   set ③   set ④   set ⑤

- Are

- Are all

- Are all of

- Are all of them

- Are all of them done?

문장이 완성되는 과정을 차례대로 약 1초 정도의 간격을 두고 소리 내어 읽으면서 의미를 생각합니다. 문장이 완성되는 전 과정을 하나의 set로 하여 각각 체크하며 5개의 set를 반복합니다.

여기서 영어문장을 우리말로 설명하는 것은 부득이한 것으로 중요하지 않습니다. 중요한 것은 영어 문장이 완성되는 과정을 통해 영어만으로 이해하는 것입니다.

- Are all
  (있나? 모두)
- Are all of
  (있나? 모두 더 보니)
- Are all of them
  (있나? 모두 더 보니 그들)
- Are all of them done?
  (있나? 모두 더 보니 그들 했던) → (그들 모두는 행하여졌나?)

  Are all ⟨ them done?
  (그것들은 모두 된 거냐?)

🔵 **tip** 전치사 of의 이미지는 [더 보니]⟨ 이다.

전치사 of를 듣고 떠올려야 하는 이미지는 뭘까?
일반적으로 of를 [~의]라는 우리말 조사로 이해하는데, 이것으로 해석되지 않는 경우도 많고 무엇보다 우리말로 바꾸어 이해하는 문제점이 있다.
영어의 어순대로 빠르게 이해하기 위해서는 of의 이미지로 이해하는 것이 중요하다.
of의 이미지는 시야, 범위를 확장하는 것으로 우리말로 표현하면, [더 보니]라고 할 수 있다.
all of them은 all에 대해 시야를 확장하여 더 보니 them이 있는 것으로
[모두 더 보니 그들 → 그들 중에서 모두, 그들 모두]를 의미한다.

All of them are done.
(그들 모두는 있다. 했던) → (그들 모두는 한 상태이다)
(그들 모두는 다 됐다.)
이 문장을 의문문으로 바꾼 것이 [Are all of them done?]이다.

참고) 우리가 빠트린 영어의 알맹이, 전치사의 이미지 : of

Speaking practice

그들은 모두 있나?
Are all _____.

그들은 모두 다 됐나?

_____.

02 day Why weren't you at school today?

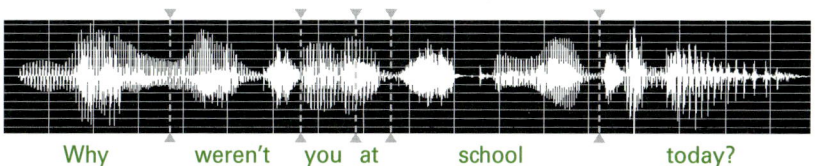

| Why | weren't | you | at | school | today? |

Why–weren't–you–at–school–today?
문법적으로는 at school 앞에서 끊을 것 같지만, 문장 전체가 연음되면서 빨리 말하는 것처럼 들린다. weren't 는 were not의 축약형으로 잘 들리지 않는다.

Making Sentence reading practice　　set ①　set ②　set ③　set ④　set ⑤

- Why

- Why weren't

- Why weren't you

- Why weren't you at

- Why weren't you at school

- Why weren't you at school today?

문장이 완성되는 과정을 차례대로 약 1초 정도의 간격을 두고 소리 내어 읽으면서 의미를 생각합니다. 문장이 완성되는 전 과정을 하나의 set로 하여 각각 체크하며 5개의 set를 반복합니다.

여기서 영어문장을 우리말로 설명하는 것은 부득이한 것으로 중요하지 않습니다. 중요한 것은 영어 문장이 완성되는 과정을 통해 영어만으로 이해하는 것입니다.

- Why weren't you? (= Why were not you?)
  (왜 있지 않았나? 너는)
- Why weren't you at
  (왜 있지 않았나? 너 점의 위치)
- Why weren't you at school
  (왜 있지 않았나? 너 점의 위치 학교)
- Why weren't you at school today?
  (왜 있지 않았나? 너 점의 위치 학교 오늘)

Why weren't you ⊕ school today?
(왜 있지 않았나? 너는 학교에 오늘)

tip 전치사 at의 이미지는 [점의 위치]를 나타내는 ⊕ 이다.
위치를 알려주는 가장 기본적인 전치사는 at이다.
단순히 위치만을 알려주고자 할 때, 손쉽게 at을 쓸 수 있다.
우리는 위치를 나타낼 때 in을 주로 쓰는데, 이것은 위치와 함께 내부를 나타내는 [~안에서]라는 뜻이고 단순히 위치만을 말할 때는 [점의 위치]를 이미지로 하는 at이 적당하다.

in the kitchen → at the kitchen
  (부엌 안에서)   (부엌에서)

in the hall → at the hall
  (홀 안에서)   (홀에서)

참고〉 우리가 빠트린 영어의 알맹이, 전치사의 이미지 : at

tip at the school / at school
장소, 건물이 본래의 목적으로 쓰일 때, the를 생략하는 경향이 있다. 따라서 be at school은 학교라는 건물에 있는 것뿐 아니라 학교에서 수업을 받고 있다는 느낌을 준다.

Speaking practice

너는 왜 오늘 학교에 있지 않았니?
Why weren't _____ .

너는 왜 홀에 있지 않았니?
_____ .

Making Sentence Listening

**day** You have to wear a swimming cap.

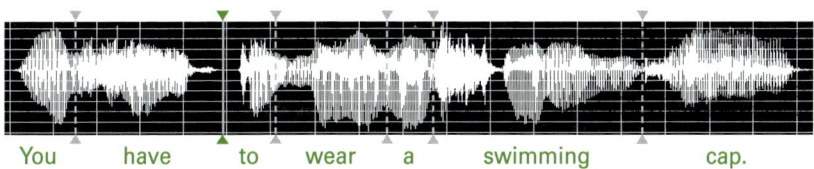

You−have∨to−wear−a−swimming−cap.

have to는 [~해야 한다]의 숙어이기 때문에 연음하여 한 덩어리로 발음될 것 같지만, 실제로는 끊어져 발음되기도 한다.

Making Sentence reading practice   set ① set ② set ③ set ④ set ⑤

- You

- You have

- You have to

- You have to wear

- You have to wear a

- You have to wear a swimming

- You have to wear a swimming cap.

문장이 완성되는 과정을 차례대로 약 1초 정도의 간격을 두고 소리 내어 읽으면서 의미를 생각합니다. 문장이 완성되는 전 과정을 하나의 set로 하여 각각 체크하며 5개의 set를 반복합니다.

여기서 영어문장을 우리말로 설명하는 것은 부득이한 것으로 중요하지 않습니다. 중요한 것은 영어 문장이 완성되는 과정을 통해 영어만으로 이해하는 것입니다.

- You have
  (너는 가지고 있다.)
- You have to
  (너는 가지고 있다. 도착점)
- You have to wear a swimming cap.
  (너는 가지고 있다. 도착점 걸치다 하나의 수영 모자)

You have  wear a swimming cap.
(너는 가지고 있다. 하나의 수영 모자를 걸치는 쪽으로)
(너는 수영 모자를 써야 한다.)

You have → wear a swimming cap

🔟 have to가 [~해야 한다]의 뜻을 가지는 이유

have의 기본적인 이미지는 무엇을 가지고 있는 것이고 to는 [도착점, 방향]을 나타낸다. 따라서 have to는 어느 쪽에 대하여 가지고 있다는 것인데, 어느 쪽에 대하여 계속해서 무엇을 가지고 있는 이미지는 무엇을 해야 한다는 의무감으로 연결될 수 있다. [have to wear]는 wear를 도착점으로 하여 마음을 가지고 있는 것이므로 [wear해야 한다]는 의미로 이해할 수 있다.

🔟 wear의 이미지

wear의 뜻을 [~을 입다]로 외우기 때문에 옷을 입는 것으로만 한정하여 생각하기 쉬운데, [wear glasses : 안경을 쓰다], [wear shoes : 신발을 신다]처럼 옷을 입는 것뿐만 아니라 몸에 걸치는 것을 의미한다. 심지어 화장을 하는 경우에도 wear를 이용한다. 따라서 wear의 이미지는 [~을 몸에 걸치다]로 보는 것이 적당하다

She is wearing a thick make-up.
(그녀는 걸치고 있다. 진한 화장) → (그녀는 진한 화장을 하고 있다.)

Speaking practice

너는 수영 모자를 써야 한다.
You have to _____.

수영 모자를 써야 한다.
_____.

**day** Do I have to visit your company?

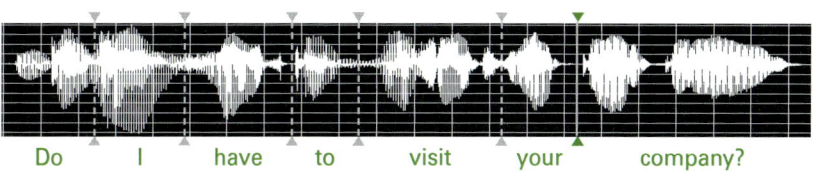

Do—I—have—to—visit—your ∨ company?

문법적인 끊어 읽기(Do I have to visit / your company?)와 다르게 visit와 your가 연음되면서 your company 사이가 끊어져 발음된다.

Making Sentence reading practice   set ①   set ②   set ③   set ④   set ⑤

- Do
- Do I
- Do I have
- Do I have to
- Do I have to visit
- Do I have to visit your
- Do I have to visit your company?

문장이 완성되는 과정을 차례대로 약 1초 정도의 간격을 두고 소리 내어 읽으면서 의미를 생각합니다. 문장이 완성되는 전 과정을 하나의 set로 하여 각각 체크하며 5개의 set를 반복합니다.

여기서 영어문장을 우리말로 설명하는 것은 부득이한 것으로 중요하지 않습니다. 중요한 것은 영어 문장이 완성되는 과정을 통해 영어만으로 이해하는 것입니다.

- Do I?
  (하나? 나는)
- Do I have?
  (하나? 나는 가지고 있다) → (나는 가지고 있나?)
- Do I have to
  (나는 가지고 있나? 도착점)
- Do I have to visit your company?
  (나는 가지고 있나? 도착점 방문하다 너의 회사)
  Do I have  visit your company?
  (나는 가지고 있나? 너의 회사를 방문하는 쪽으로)
  (나는 너의 회사를 방문해야 하나?)

  Do I have ⟶ (visit your company)

🛈 have to의 의문문

[~해야 한다]의 뜻을 가진 have to를
의문문으로 하여 물어볼 때는 어떻게 할까?
일반적으로 위의 문장과 같이 do를 이용한다.
Do I have to ~?

혹, Have you to ~?라고 생각할 수 있는데,
have를 앞세워 의문문으로 만드는 경우는 현재완료일 때이다.

Have you ever seen it?
(너는 그것을 본 적이 있나?)

Speaking practice

내가 시간을 낭비하고 있는 거니?
Do I have to _____ .

내가 주저하고 있어야 하니?
_____ .

Can you polish them when you're done?

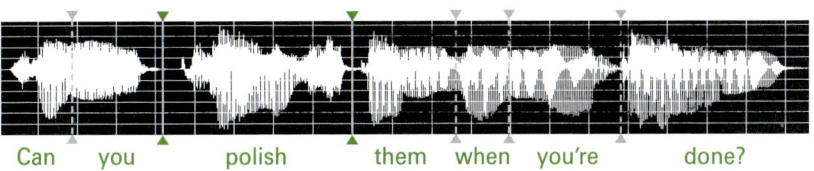

Can–you ∨ polish ∨ them–when–you're–done?

문법적인 끊어 읽기(Can you polish them / when you're done?)와 다르게 them when you're done이 연음 되면서 you are의 축약형인 you're가 잘 들리지 않는다.

Making Sentence reading practice   set ①   set ②   set ③   set ④   set ⑤

- Can

- Can you

- Can you polish

- Can you polish them

- Can you polish them when

- Can you polish them when you're

- Can you polish them when you're done?

문장이 완성되는 과정을 차례대로 약 1초 정도의 간격을 두고 소리 내어 읽으면서 의미를 생각합니다. 문장이 완성되는 전 과정을 하나의 set로 하여 각각 체크하며 5개의 set를 반복합니다.

여기서 영어문장을 우리말로 설명하는 것은 부득이한 것으로 중요하지 않습니다. 중요한 것은 영어 문장이 완성되는 과정을 통해 영어만으로 이해하는 것입니다.

- **Can you**
  (할 수 있나? 너는)
- **Can you polish them**
  (너 닦을 수 있어? 그것들을) : 일단 문장 완성
- **Can you polish them when**
  (너 닦을 수 있어? 그것들을 언제)
- **Can you polish them when you're done?** (= you are done)
  (너 닦을 수 있어? 그것들을 언제 너 있다 했던)
  (너 닦을 수 있어? 네가 한 상태일 때.)
  (너 다 하고 그것들을 광나게 닦아 줄 수 있나?)

🟢 **can**
can은 문장 주어의 능력을 나타낸다.

🟢 **you are done**
you are done은 어떤 의미일까?
어순에 따라 단어의 의미를 이해하면,
are는 현재에 있는 것이고
done은 do의 과거분사로 [~한, ~했던]의 과거에 한 것을 의미한다.

You are
(너는 있다.)

You are done
(너는 있다. 했던)

네가 과거에 했던(done) 것이 현재에 있는(are) 것으로
네가 무엇을 이미 한 상태에 있음을 알려준다.
즉, 네가 무엇을 다 한 것으로 볼 수 있다.

Speaking practice

너 다 하고 그것들을 광나게 닦아 줄 수 있겠니?
Can you _____.

너 다 끝나고 그것들을 닦아 줄 수 있니?
_____.

I know, but I couldn't open the file you sent.

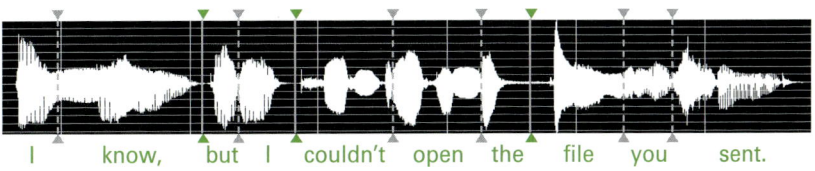

I–know, ∨ but–I ∨ couldn't–open–the ∨ file–you–sent.

the file 사이가 끊어진다. 이처럼 the가 앞의 단어와 연음되면서 막상 the가 꾸미는 단어와는 끊어지는 경우가 흔히 있다.

Making Sentence reading practice set ① set ② set ③ set ④ set ⑤

- I
- I know
- I know, but
- I know, but I
- I know, but I couldn't
- I know, but I couldn't open
- I know, but I couldn't open the
- I know, but I couldn't open the file
- I know, but I couldn't open the file you
- I know, but I couldn't open the file you sent.

문장이 완성되는 과정을 차례대로 약 1초 정도의 간격을 두고 소리 내어 읽으면서 의미를 생각합니다. 문장이 완성되는 전 과정을 하나의 set로 하여 각각 체크하며 5개의 set를 반복합니다.

여기서 영어문장을 우리말로 설명하는 것은 부득이한 것으로 중요하지 않습니다. 중요한 것은 영어 문장이 완성되는 과정을 통해 영어만으로 이해하는 것입니다.

- I know, but
  (나 알고 있다. 하지만)
- I know, but I couldn't (= could not)
  (나 알고 있다. 하지만 나는 할 수 없었다.)
- I know, but I couldn't open the file
  (나 알고 있다. 하지만 나는 할 수 없었다. 열다 그 파일) : 일단 문장 완성
- I know, but I couldn't open the file you sent.
  (나 알고 있다. 하지만 나는 할 수 없었다. 열다 그 파일 네가 보냈다)
  (나 알고 있다. 하지만 나는 열 수 없었다. 네가 보낸 파일을)

🅣 couldn't = could not

could는 주어의 능력을 나타내는 can의 과거형이다.
can과 같은 표현인 be able을 이용하여
과거형에 could 대신에 was able을 쓰기도 하는데,
미래형에는 조동사를 연달아 써서 will can이라고 할 수 없으므로
will be able만이 쓰인다.

I can.
(나는 가능하다.)

I am able.
(나는 능력이 있다.) : able (능력이 있는, 할 수 있는)

I can open the file.
(= I am able to open the file.)

I will be able to open the file.
I could open the file.
(= I was able to open the file.)

Speaking practice

나는 감자튀김 대신 팬케이크 먹을 수 있었다.
I know, but _____.

발야, 아지만 네가 보낸 파일을 볼 수 없었어.
_____.

 **Could you tell me where Centennial Hall is, please?**

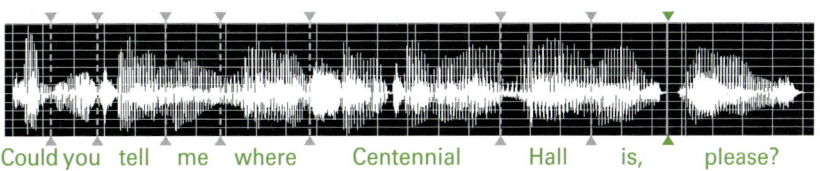

Could–you–tell–me–where–Centennial–Hall–is, V please?

문법적으로는 me와 절이 시작되는 where 사이를 끊어서 발음할 것으로 예상되지만, 문장 전체가 연음되어 빠르게 발음된다.

Making Sentence reading practice   set ①   set ②   set ③   set ④   set ⑤

- Could

- Could you

- Could you tell

- Could you tell me

- Could you tell me where

- Could you tell me where Centennial

- Could you tell me where Centennial Hall

- Could you tell me where Centennial Hall is

- Could you tell me where Centennial Hall is, please?

문장이 완성되는 과정을 차례대로 약 1초 정도의 간격을 두고 소리 내어 읽으면서 의미를 생각합니다. 문장이 완성되는 전 과정을 하나의 set로 하여 각각 체크하며 5개의 set를 반복합니다.

여기서 영어문장을 우리말로 설명하는 것은 부득이한 것으로 중요하지 않습니다. 중요한 것은 영어 문장이 완성되는 과정을 통해 영어만으로 이해하는 것입니다.

- **Could you**
  (할 수 있었나? 너) → (당신은 할 수 있나요?) : 너의 능력을 약하게 물어봄
- **Could you tell me**
  (당신은 말할 수 있나요? 나에게)
- **Could you tell me where**
  (당신은 말할 수 있나요? 나에게 어디)
- **Could you tell me where Centennial Hall is**
  (당신은 말할 수 있나요? 나에게 어디 100주년 홀이 있다)
- **Could you tell me where Centennial Hall is, please?**
  (당신은 말할 수 있나요? 나에게 100주년 홀이 어디에 있는지, 제발)

tip could가 완곡하고 공손한 표현이 되는 이유

could는 can의 과거형이면서 can을 약하게 나타낸다.
could가 문장 주어의 능력을 약하게 나타내는 것은 will의 would와 마찬가지로 과거의 능력이 현재에 와서 약해질 수 있기 때문이다. 약한 표현은 완곡하고 공손한 느낌을 준다.
can you~? 는 문장의 주어인 you가 할 수 있는지 물어보는 것이고
could you~? 는 문장의 주어인 you가 할 수 있는지 약하게 물어보는 것이다.
따라서 보다 완곡하고 공손한 표현이 된다.
우리말로는 [~할 수 있나?]와 [~할 수 있나요?]와 같은 어감의 차이라고 할 수 있겠다.

tip tell

[말하다]의 뜻을 가진 대표적인 단어는 speak, talk, say, tell이다.
우리말로는 모두 [말하다]이지만, 분명한 차이를 가지고 있다.
이 중에서 say는 tell과 유사한데,
say는 [~라고 말하다]이고
tell은 [~에게 말하다]라고 할 수 있다.

Speaking practice

100주년 홀이 어디인지 말해주실 수 있으세요? 제발.
Could you _____ .

100주년 홀이 어디인지 말해주실 수 있으세요?
_____ .

 Is this the first time to have it serviced?

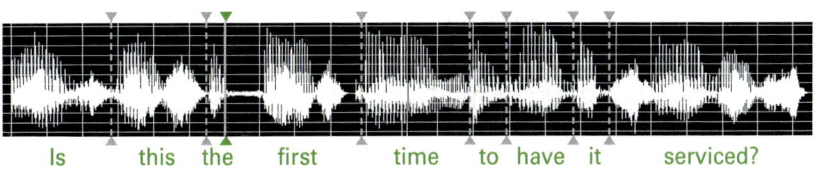

Is–this–the ∨ first–time–to–have–it–serviced?

문법적인 끊어 읽기(Is this / the first time / to have it serviced?)와 다르게 발음된다.

Making Sentence reading practice   set ① set ② set ③ set ④ set ⑤

- Is

- Is this

- Is this the

- Is this the first

- Is this the first time

- Is this the first time to

- Is this the first time to have

- Is this the first time to have it

- Is this the first time to have it serviced?

문장이 완성되는 과정을 차례대로 약 1초 정도의 간격을 두고 소리 내어 읽으면서 의미를 생각합니다. 문장이 완성되는 전 과정을 하나의 set로 하여 각각 체크하며 5개의 set를 반복합니다.

여기서 영어문장을 우리말로 설명하는 것은 부득이한 것으로 중요하지 않습니다. 중요한 것은 영어 문장이 완성되는 과정을 통해 영어만으로 이해하는 것입니다.

- Is this?
  (인가? 이것)
- Is this the first time?
  (이번이 처음이냐?) : 일단 문장 완성
- Is this the first time to
  (이번이 처음이냐? 도착점)
- Is this the first time to have it
  (이번이 처음이냐? 도착점 가지다 그것을)
- Is this the first time to have it serviced?
  (이번이 처음이냐? 도착점 가지다 그것을 서비스가 된)

Is this the first time ↪ have it serviced?
(이번이 처음이냐? 서비스가 된 그것을 가지는 쪽으로)
(서비스를 받은 것은 이번이 처음이냐?)

🗨 **have it serviced**

우리말에는 없는 표현 방식이어서 바로 이해하기 어려울 수 있는데, 문장이 완성되는 과정을 통해 따져보면 영어의 어순대로 이해할 수 있다.

have it
(가지고 있다. 그것을)

have it serviced
(가지고 있다. 그것을 서비스가 된) → (서비스가 된 그것을 가지고 있다.)

전자제품 같은 것이 고장이 나서 수리 서비스를 받는 것인데, 과거에 서비스된 그것을 현재에 가지고 있는 것이다.
이것은 현재완료와 같은 표현방식으로 과거와 현재를 연결시키는 것이다.

Speaking practice

이번에 서비스가 받은 적이 있나요?
Is this the _____.

서비스 받는 게 이번이 처음인가요?
_____.

Have you learned any new tricks?

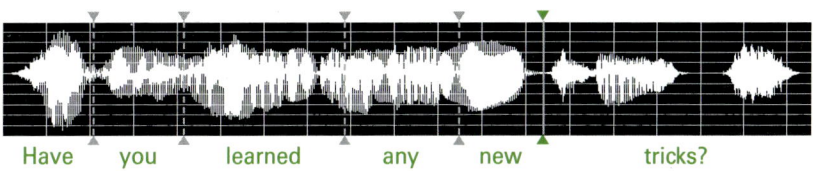

Have–you–learned–any–new ∨ tricks?

문법적인 끊어 읽기(Have you learned / any new tricks?)와 다르게 발음된다.

Making Sentence reading practice   set ①   set ②   set ③   set ④   set ⑤

- Have

- Have you

- Have you learned

- Have you learned any

- Have you learned any new

- Have you learned any new tricks?

문장이 완성되는 과정을 차례대로 약 1초 정도의 간격을 두고 소리 내어 읽으면서 의미를 생각합니다. 문장이 완성되는 전 과정을 하나의 set로 하여 각각 체크하며 5개의 set를 반복합니다.

여기서 영어문장을 우리말로 설명하는 것은 부득이한 것으로 중요하지 않습니다. 중요한 것은 영어 문장이 완성되는 과정을 통해 영어만으로 이해하는 것입니다.

- **Have you?**
  (가지고 있니? 너는)
- **Have you learned?**
  (가지고 있니? 너는 배웠다) → (너는 과거에 배웠던 것을 현재에 가지고 있니?)
  (너는 배운 적이 있니?)
- **Have you learned any**
  (너는 배운 적이 있니? 불특정한)
- **Have you learned any new tricks?**
  (너는 배운 적이 있니? 어떤 새로운 묘기들)

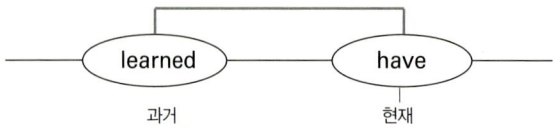

🔵 **현재완료에 대한 간단한 이해 : 현재와 과거의 연결**

위의 문장에서 현재완료가 경험을 나타내는 이유는
과거에 배웠던(learned) 것을 현재에 가지고 있기(have) 때문이다.

🔵 **any의 이미지**

any를 들었을 때 어떤 이미지를 떠올려야 할까? any는 부정관사 a, an과 어원이 같다고 한다. 즉, any에는 [하나]라는 이미지가 들어 있어 불특정한 하나의 개체를 나타낸다. anybody(어떤 사람), anything(어떤 것), anywhere(어떤 곳)

any는 단수와 복수, 개수와 양에 모두 쓰일 수 있는데, 이것은 any가 많은 개체들에 대해 불특정한 개체를 나타내는 불특정성 때문으로 생각할 수 있다.
any books → Do you need any books? (어떤 책들이 필요한가?)
any money(약간의 돈) → some money(어느 정도의 돈)보다 작은 느낌
any와 some은 거의 같은 것으로 일반적으로 긍정문에 some이 쓰이고 의문문, 부정문, 조건문에는 any가 쓰인다.

Speaking practice

너는 새로운 묘기를 배운 적이 있니?
Have you learned _____ .

너는 새로운 묘기를 배웠니?

_____ .

How long have you been working for the city?

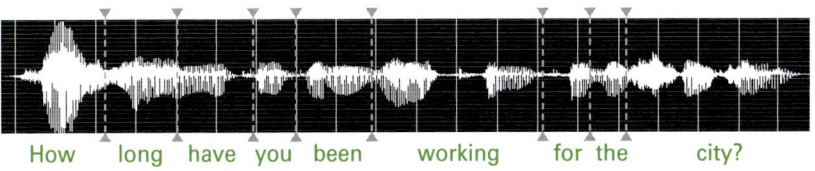

How–long–have–you–been–working–for–the–city?
문법적인 구분 없이 문장의 모든 단어가 연음되어 빠르게 발음된다.

Making Sentence reading practice　set ①　set ②　set ③　set ④　set ⑤

- How

- How long

- How long have

- How long have you

- How long have you been

- How long have you been working

- How long have you been working for

- How long have you been working for the

- How long have you been working for the city?

문장이 완성되는 과정을 차례대로 약 1초 정도의 간격을 두고 소리 내어 읽으면서 의미를 생각합니다. 문장이 완성되는 전 과정을 하나의 set로 하여 각각 체크하며 5개의 set를 반복합니다.

여기서 영어문장을 우리말로 설명하는 것은 부득이한 것으로 중요하지 않습니다. 중요한 것은 영어 문장이 완성되는 과정을 통해 영어만으로 이해하는 것입니다.

- How long have you?
  (어떻게 오래 가지고 있니? 너는)
- How long have you been?
  (어떻게 오래 가지고 있니? 너는 있었던)
  (과거에 있었던 것을 얼마나 가지고 있냐?) → (너는 얼마나 오래 있어 왔니?)
- How long have you been working?
  (너는 얼마나 오래 있어 왔니? 일하면서) : 일단 문장 완성
- How long have you been working for the city?
  (너는 얼마나 오래 있어 왔니? 일하면서 집중 그 도시)
  How long have you been working ⟦⊹⟧ the city?
  (너는 얼마나 오래 있어 왔니? 일하면서 그 도시를 위하여)

tip 현재완료에 대한 간단한 이해 : 현재와 과거의 연결

현재 완료는 우리말에서는 익숙하지 않아 빠르게 이해하기 어려운데, 단순하게 현재와 연결되는 과거라고 생각하면 쉽게 이해할 수 있다.

have been은 과거에 있었던(been) 것을 현재에 가지고 있는(have) 것이고 have been working은 과거에 일하고 있었던(been working) 것을 현재에 have하고 있는 것으로 과거부터 현재까지 계속해서 일하고 있는 것이다.

참고로 과거형과 비교하면,

How long were you working? (너는 얼마나 오래 일하고 있었나?)

이 경우는 단순히 과거에 일하고 있었던 것으로 현재와 연결되지 않으므로 현재에도 일하고 있는지는 알 수 없다.

tip 전치사 for의 이미지는 [집중]이다.

[~을 위하여]의 뜻으로 해석되는 for는 어떤 이미지를 가질까?
우리말 없이 떠올릴 수 있는 for의 이미지는 모든 화살표가 한 곳에 집중된 이미지인 ⟦⊹⟧이다. 따라서 for는 목적, 이유 등을 간단히 나타낼 수 있다.

참고) 우리가 빠트린 영어의 알맹이, 전치사의 이미지 : for

Speaking practice

나는 그 회사에서 일을 해 왔습니다.

How long have _____ .

얼마동안 그 회사에서 일을 해 왔습니까?

_____ .

Do I have to pay late fees as well?

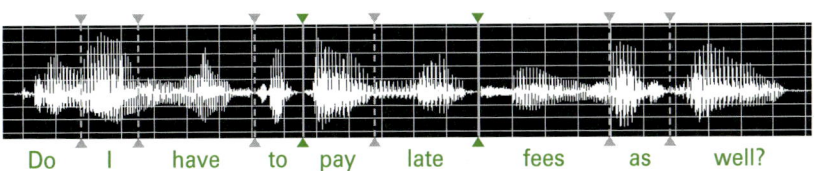

Do–I–have–to ∨ pay–late ∨ fees–as–well?

문법적인 끊어 읽기와 달리 late fees의 사이가 끊어지고 fees as well이 연음되면서 as 등이 잘 들리지 않는다.

Making Sentence reading practice   set ①   set ②   set ③   set ④   set ⑤

- Do

- Do I

- Do I have

- Do I have to

- Do I have to pay

- Do I have to pay late

- Do I have to pay late fees

- Do I have to pay late fees as

- Do I have to pay late fees as well?

문장이 완성되는 과정을 차례대로 약 1초 정도의 간격을 두고 소리 내어 읽으면서 의미를 생각합니다. 문장이 완성되는 전 과정을 하나의 set로 하여 각각 체크하며 5개의 set를 반복합니다.

여기서 영어문장을 우리말로 설명하는 것은 부득이한 것으로 중요하지 않습니다. 중요한 것은 영어 문장이 완성되는 과정을 통해 영어만으로 이해하는 것입니다.

- Do I
  (하나? 나) → (나는 하나?)
- Do I have
  (나는 가지고 있나?)
- Do I have to
  (나는 가지고 있나? 도착점)
- Do I have to pay late fees as well?
  (나는 가지고 있나? 도착점 지불하다 늦은 요금 같은 정도로 잘)

Do I have  pay late fees (=) well?
(나는 가지고 있나? 연체료도 지불하는 쪽으로)
(내가 연체료도 지불해야 하나요?)

```
┌─────────────┐         ╭──────────────────────────╮
│  Do I have  │────────▶│   pay late fees as well  │
└─────────────┘         ╰──────────────────────────╯
```

🟢 **as well**

as는 부사, 전치사, 접속사 등의 품사로 쓰이고 다양한 뜻으로 이용되는데,
as의 근본적인 이미지는 같은 정도의 또 다른 존재로서 수학의 등호(=)와 같다.
as well은 다른 일을 잘 하는 것과 같은 정도로 잘한다는 의미로서
우리말의 [~도, ~도 하다]로 이해할 수 있다.

Speaking practice

내가 지불해야 하는 것을 가지고 있나?
Do I have _____ .

연체료를 내가 지불해야 하는 것 가지고 있나?
_____ .

This could be the best meeting we've ever had.

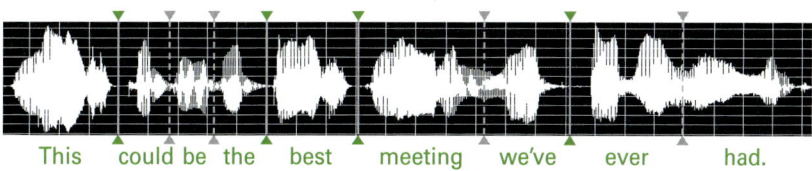

This ∨ could–be–the ∨ best ∨ meeting–we've ∨ ever–had.

we've는 we have의 축약형인데, 앞에 있는 meeting과 연음되어 잘 들리지 않는다.

Making Sentence reading practice　set ①　set ②　set ③　set ④　set ⑤

- This

- This could

- This could be

- This could be the

- This could be the best

- This could be the best meeting

- This could be the best meeting we've

- This could be the best meeting we've ever

- This could be the best meeting we've ever had.

문장이 완성되는 과정을 차례대로 약 1초 정도의 간격을 두고 소리 내어 읽으면서 의미를 생각합니다. 문장이 완성되는 전 과정을 하나의 set로 하여 각각 체크하며 5개의 set를 반복합니다.

여기서 영어문장을 우리말로 설명하는 것은 부득이한 것으로 중요하지 않습니다. 중요한 것은 영어 문장이 완성되는 과정을 통해 영어만으로 이해하는 것입니다.

- **This could**
  (이것은 약하게 가능하다) : 약한 가능성
- **This could be**
  (이것은 약하게 가능하다. 이다) → (이것은 ~일 수 있을 것 같다.)
- **This could be the best meeting**
  (이건 최고의 모임일 것 같다.) : 일단 문장 완성
- **This could be the best meeting we've ever (= we have ever)**
  (이건 최고의 모임일 것 같아. 우리가 가지고 있다. 항상)
- **This could be the best meeting we've ever had.**
  (이건 최고의 모임일 것 같아. 우리가 가져본 적이 있는)

🟢 **ever의 이미지**

ever를 듣고 떠올려야 하는 이미지는 무엇일까?
우선, ever가 나타내는 의미는 [항상, 늘]로 always와 유사하다.
evergreen(항상 녹색 → 녹색 상록수)
보다 구체적인 ever의 이미지는 모든 개체에 대해 일일이 체크하는 것이다. 우리말로 표현하면 [~마다]라고 할 수 있다.
whenever(때마다, 언제든지), wherever(곳마다, 어디서든)

ever가 가지고 있는 [개체를 체크하는 이미지]에 따라 우리말의 [~한 적]과 같은 의미를 나타낸다.

I have ever been to Korea.
(나는 가지고 있다. 있었던 적 한국에 대해 → 나는 한국에 있어 본 적이 있다.)

ever가 의문문에 쓰이면, [~한 적이 있냐?]는 핀잔의 느낌을 나타내고 이런 어감이 [도대체]라는 우리말로 해석된다.

Are you ever on time?
(너는 도대체 제 때 온 적이 있냐?)

Speaking practice

이것은 최고의 가능성이 큰 모임일 것 같다.
This could be _____.

이것은 최고의 모임이 될 가능성이 클것 같다.
_____.

 I've never seen such an impressive speech before.

I've–never–seen–such–an–impressive–speech V before.
I've는 I have의 축약형인데, never와 연음되어 잘 들리지 않는다.

Making Sentence reading practice　set ①　set ②　set ③　set ④　set ⑤

- I've

- I've never

- I've never seen

- I've never seen such

- I've never seen such an

- I've never seen such an impressive

- I've never seen such an impressive speech

- I've never seen such an impressive speech before.

문장이 완성되는 과정을 차례대로 약 1초 정도의 간격을 두고 소리 내어 읽으면서 의미를 생각합니다. 문장이 완성되는 전 과정을 하나의 set로 하여 각각 체크하며 5개의 set를 반복합니다.

여기서 영어문장을 우리말로 설명하는 것은 부득이한 것으로 중요하지 않습니다. 중요한 것은 영어 문장이 완성되는 과정을 통해 영어만으로 이해하는 것입니다.

- I've (= I have)
  (나는 가지고 있다.)
- I've never (= I have not ever)
  (나는 가지고 있지 않다. 항상) → (나는 결코 가지고 있지 않다.)
- I've never seen
  (나는 결코 가지고 있지 않다. 보았던) → (나는 결코 본 적이 없다.)
- I've never seen such an
  (나는 결코 본 적이 없다. 그런 하나의)
- I've never seen such an impressive speech
  (나는 결코 본 적이 없다. 그런 하나의 인상적인 연설)
- I've never seen such an impressive speech before.
  (나는 결코 본 적이 없다. 그런 인상적인 연설을 이전에)

tip never = not ever

never는 not ever의 축약형으로
ever는 [항상, ~마다]의 이미지를 가지고 있으므로
not ever는 [항상 아니다, ~마다 아니다 → 결코 아니다]를 의미한다.

Speaking practice

이전에 그런 인상적인 연설을 본 적이 없다.
I've never _____.

나는 그런 인상적인 연설을 본 적이 없다.
_____.

 I haven't been sleeping well lately, Tom.

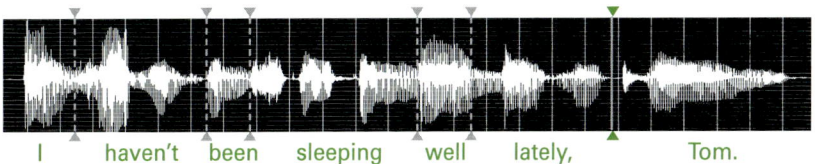

I–haven't–been–sleeping–well–lately, ∨ Tom.

haven't는 have not의 축약형으로 이웃한 단어와 연음되어 빠르게 발음되면서 잘 들리지 않는다.

Making Sentence reading practice   set ①   set ②   set ③   set ④   set ⑤

- I
- I haven't
- I haven't been
- I haven't been sleeping
- I haven't been sleeping well
- I haven't been sleeping well lately
- I haven't been sleeping well lately, Tom.

문장이 완성되는 과정을 차례대로 약 1초 정도의 간격을 두고 소리 내어 읽으면서 의미를 생각합니다. 문장이 완성되는 전 과정을 하나의 set로 하여 각각 체크하며 5개의 set를 반복합니다.

여기서 영어문장을 우리말로 설명하는 것은 부득이한 것으로 중요하지 않습니다. 중요한 것은 영어 문장이 완성되는 과정을 통해 영어만으로 이해하는 것입니다.

- I haven't (= I have not)
  (나는 가지고 있지 않다.)
- I haven't been
  (나는 가지고 있지 않다. 있었던)
- I haven't been sleeping
  (나는 가지고 있지 않다. 있었던 잠자면서) → (과거에 잠자고 있었던 것을 현재에 가지고 있지 않다.)
- I haven't been sleeping well
  (나는 가지고 있지 않다. 있었던 잠자면서 잘)
- I haven't been sleeping well lately
  (나는 가지고 있지 않다. 있었던 잠자면서 잘 최근에)
- I haven't been sleeping well lately, Tom.
  (나는 최근에 잘 자지 못하고 있다. 탐.)

tip I have not been sleeping well

[I have not been sleeping well.]을 어떻게 즉각적으로 이해해야 할까?
과거에 [been sleeping well]인 것을 현재에 가지고 있지 않다(have not)는 것이다.
즉, 과거에 잘 자고 있음을 현재에 가지고 있지 않으므로 현재까지 잘 자고 있지 못함을 의미한다.

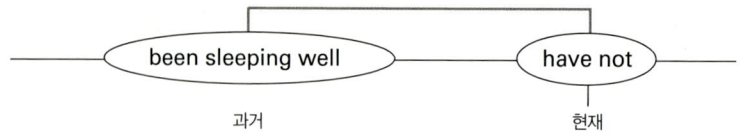

과거   현재

Speaking practice

나는 요즘 잘 자지 못해왔다. 탐.
I haven't been _____.

나는 요즘 잘 자지 못해 왔어. 탐.
_____.

One person's trash may be another's treasure.

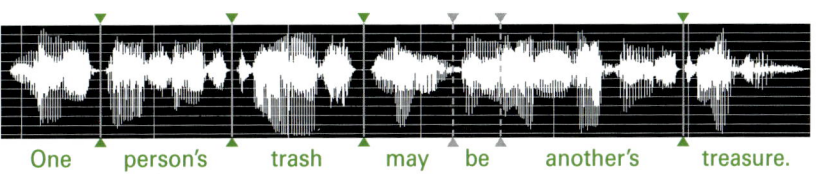

One ∨ person's ∨ trash ∨ may–be–another's ∨ treasure.

문법적인 끊어 읽기(One person's trash / may be / another's treasure.)와 다르게 발음된다.

Making Sentence reading practice   set ①   set ②   set ③   set ④   set ⑤

- One
- One person's
- One person's trash
- One person's trash may
- One person's trash may be
- One person's trash may be another's
- One person's trash may be another's treasure.

문장이 완성되는 과정을 차례대로 약 1초 정도의 간격을 두고 소리 내어 읽으면서 의미를 생각합니다. 문장이 완성되는 전 과정을 하나의 set로 하여 각각 체크하며 5개의 set를 반복합니다.

여기서 영어문장을 우리말로 설명하는 것은 부득이한 것으로 중요하지 않습니다. 중요한 것은 영어 문장이 완성되는 과정을 통해 영어만으로 이해하는 것입니다.

- One person's trash may
  (한 사람의 쓰레기는 여건상 가능하다.)
- One person's trash may be
  (한 사람의 쓰레기는 여건상 ~일 가능성이 있다.)
- One person's trash may be another's treasure.
  (한 사람의 쓰레기는 여건상 다른 사람의 보물이 될 가능성이 있다.)
  (한 사람의 쓰레기가 다른 사람에게는 보물일지 모른다.)

tip may : can과 may

may는 can과 유사한데,
can이 문장 주어의 가능성을 말하고
may는 여건, 환경에서의 가능성을 말한다.
may가 허가(~할 수 있다)와 추측(~일지 모른다)의 2가지 뜻을 모두 나타낼 수 있는 것은 may가 여건, 환경에서의 가능성을 말하기 때문이다.

You may go.
(너는 여건상 가능하다. 가다) → (너는 가도 된다.)

You may be wrong.
(너는 여건상 가능하다. 틀리다) → (네가 틀렸을지 모른다.)

Speaking practice

한 사람의 쓰레기는 다시 다른 사람의 보물이 될 수 있다.
One person's trash _____.

어떤 사람의 쓰레기는 다른 사람에게는 보물일지도 모른다.
_____.

Making Sentence Listening   64

It may be cancelled due to rain.

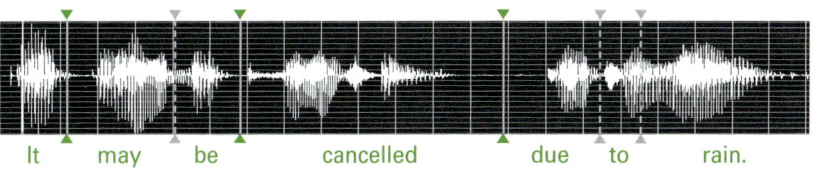

It∨may–be∨cancelled∨due–to–rain.

may be가 연음되어 maybe(아마도)로 들릴 수 있다.

Making Sentence reading practice　set ①　set ②　set ③　set ④　set ⑤

- It

- It may

- It may be

- It may be cancelled

- It may be cancelled due

- It may be cancelled due to

- It may be cancelled due to rain.

문장이 완성되는 과정을 차례대로 약 1초 정도의 간격을 두고 소리 내어 읽으면서 의미를 생각합니다. 문장이 완성되는 전 과정을 하나의 set로 하여 각각 체크하며 5개의 set를 반복합니다.

여기서 영어문장을 우리말로 설명하는 것은 부득이한 것으로 중요하지 않습니다. 중요한 것은 영어 문장이 완성되는 과정을 통해 영어만으로 이해하는 것입니다.

- It may
  (그것은 여건상 가능하다)
- It may be
  (그건 여건상 ~일 수 있다.) / (그건 ~일지 모른다.)
- It may be cancelled
  (그것은 여건상 취소될 수 있다.) / (그것은 취소될지 모른다.)
- It may be cancelled due to rain.
  (그것은 여건상 취소될 수 있다. 꼭 갚아야 하는 도착점 비)

  It may be cancelled due →• rain.
  (그것은 여건상 취소될 수 있다. 비 때문에) / (그것은 취소될지 모른다. 비 때문에)

🔟 due to가 [~ 때문에]로 해석되는 이유

due는 [지급기일이 다 된, 마땅히 지불해야 할, 마땅한, 당연한]을 뜻하고

The bill is due.
(그 어음은 만기이다.)

The homework is due coming Friday.
(숙제는 오는 금요일이 마감이다.)

due to에서 to는 due의 도착점을 나타낸다. 그런데, due는 이동하는 것이 아니므로 to는 도착점의 방향을 나타낸다.

due to rain
(마땅한 도착점 비) → (마땅한 것이 비 쪽으로 있다) → (비 때문에)

many deaths due to the accident
(그 사고로 인한 많은 죽음들)

이와 유사한 것으로 owing to가 있다. owing(빚지고 있는)

owing to rain
(빚지고 있는 도착점 비) → (빚진 것이 비 쪽으로 있다.) → (비 때문에)

Speaking practice

그것은 취소될지 모른다. 비 때문에.
It may be _____.

비 때문에 취소될 수 있다.
_____

 You might think this is unusual.

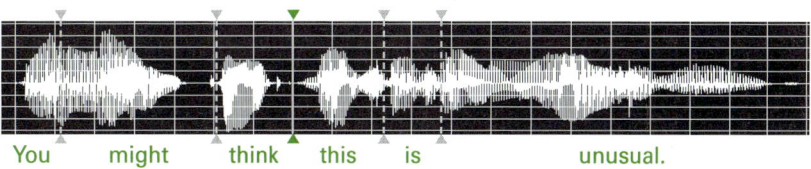

You–might–think V this–is–unusual.
you might think가 연음되어 발음되는데, 조동사인 might가 주요 동사인 think보다 크고 분명하게 발음된다.

Making Sentence reading practice   set ①   set ②   set ③   set ④   set ⑤

- You

- You might

- You might think

- You might think this

- You might think this is

- You might think this is unusual.

문장이 완성되는 과정을 차례대로 약 1초 정도의 간격을 두고 소리 내어 읽으면서 의미를 생각합니다. 문장이 완성되는 전 과정을 하나의 set로 하여 각각 체크하며 5개의 set를 반복합니다.

여기서 영어문장을 우리말로 설명하는 것은 부득이한 것으로 중요하지 않습니다. 중요한 것은 영어 문장이 완성되는 과정을 통해 영어만으로 이해하는 것입니다.

- You might
  (너는 여건상 약하게 가능하다.) → (너는 약하게 ~일지 모른다.)
- You might think
  (너는 여건상 약하게 가능하다. 생각하다.) → (너는 생각할 수도 있다.)
- You might think this is unusual.
  (너는 생각할 수도 있다. 이것은 일반적이지 않다고)

tip might

might는 may의 과거형이지만,
will의 would, can의 could와 마찬가지로
시제와 관계없이 may을 약하게 나타내기도 하다.
즉, might는 여건, 환경의 가능성을 약하게 말하는 것이다.

You may go.
(너는 여건상 가는 것이 가능하다.) → (너는 가도 된다.)

You might go.
(너는 여건상 가는 것이 약하게 가능하다.) → (너는 갈 수 있을지도 모른다.)

Speaking practice

너는 이야기 받아들지 않을수도 할수 있다.

You might _____ .

너는 이야기 받아들지 않을수도 받아들지 모른다.

_____ .

day

It looks like it may have been in an accident, though.

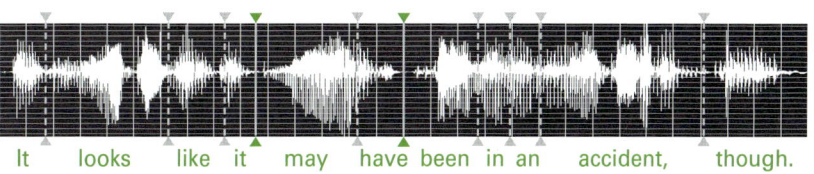

It looks like it may have been in an accident, though.

It–looks–like it ∨ may–have ∨ been–in–an–accident,–though.

It looks like와 절이 시작되는 it이 연음된다. 이처럼 원어민이 실제 말하는 것은 우리에게 익숙한 문법적인 끊어 읽기와 무관할 수 있다.

Making Sentence reading practice   set ①   set ②   set ③   set ④   set ⑤

- It
- It looks
- It looks like
- It looks like it
- It looks like it may
- It looks like it may have
- It looks like it may have been
- It looks like it may have been in
- It looks like it may have been in an
- It looks like it may have been in an accident
- It looks like it may have been in an accident, though.

문장이 완성되는 과정을 차례대로 약 1초 정도의 간격을 두고 소리 내어 읽으면서 의미를 생각합니다. 문장이 완성되는 전 과정을 하나의 set로 하여 각각 체크하며 5개의 set를 반복합니다.

여기서 영어문장을 우리말로 설명하는 것은 부득이한 것으로 중요하지 않습니다. 중요한 것은 영어 문장이 완성되는 과정을 통해 영어만으로 이해하는 것입니다.

- **It looks like**
  (그것은 보인다. 유사하게) → (그것은 보인다. ~처럼)
- **It looks like it may**
  (그것은 보인다. 유사하게 그것은 여건상 가능하다)
- **It looks like it may have been**
  (그것은 보인다. 유사하게 그것은 여건상 가능하다 가지고 있다 있었던)
  (그것은 보인다. 유사하게 그것은 과거에 있었던 것을 현재에 가지고 있는 것이 가능하다)
- **It looks like it may have been in an accident, though.**
  (그것은 보인다. 유사하게 그것은 과거에 있었던 것을 가지고 있는 것이 가능하다 영역 하나의 사고 불구하고)

  It looks like it may have been 🟩 an accident, though.
  (그것은 과거에 사고에 있었던 것이 가능한 것처럼 보인다. 불구하고)

🆙 추측하는 may의 과거형

여건상 가능성을 말하는 may가 허가(~해도 된다)가 아닌 추측(~일지 모른다)을 나타낼 때에는 과거를 완료형으로 나타낸다. 왜 그럴까?

might는 may를 약하게 나타내는 경향이 있으므로 과거형일 때와의 구분을 정확히 하기 위해 완료형을 이용하는 것으로 생각할 수 있다.

It may have been wrong.
(그것은 여건상 가능하다. 과거에 틀렸던 것을 가지고 있다)
(그것은 틀렸을 가능성이 있다.) → (그것은 틀렸을지 모른다.)

It might be wrong.
(그것은 여건상 약하게 틀렸을 가능성이 있다.) → (그것은 틀린 것일지 모른다.)

🆙 전치사 in의 이미지는 [영역]이다.

일반적으로 in을 [~의 안에]로 알고 있지만, in의 다양한 뜻을 즉각적으로 이해하기 위해서는 [영역]을 나타내는 🟩의 이미지로 이해하는 것이 필요하다. in an accident는 어떤 사고의 영역에 속함을 의미한다.

참고 우리가 빠트린 영어의 알맹이, 전치사의 이미지 : in

Speaking practice

그대로는 걷는다는 사실이 믿어지지 않을 정도로 일그러져 있다.

It looks like it _____.

아무튼 그것은 사고가 있었던 것 같다.

_____.

The dizziness may even result in throwing up.

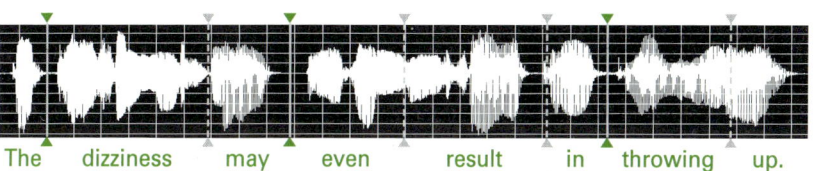

The∨dizziness–may∨even–result–in∨throwing–up.

문법적인 끊어 읽기(The dizziness / may even result / in throwing up.)와 다르게 발음된다.

Making Sentence reading practice   set ①   set ②   set ③   set ④   set ⑤

- The

- The dizziness

- The dizziness may

- The dizziness may even

- The dizziness may even result

- The dizziness may even result in

- The dizziness may even result in throwing

- The dizziness may even result in throwing up.

문장이 완성되는 과정을 차례대로 약 1초 정도의 간격을 두고 소리 내어 읽으면서 의미를 생각합니다. 문장이 완성되는 전 과정을 하나의 set로 하여 각각 체크하며 5개의 set를 반복합니다.

여기서 영어문장을 우리말로 설명하는 것은 부득이한 것으로 중요하지 않습니다. 중요한 것은 영어 문장이 완성되는 과정을 통해 영어만으로 이해하는 것입니다.

- The dizziness may
  (그 현기증은 여건상 가능하다.)
- The dizziness may even
  (그 현기증은 여건상 가능하다. 고른) : even(평평한, 고른, 마찬가지)
- The dizziness may even result
  (그 현기증은 여건상 가능하다. 마찬가지로 결과가 되다)
- The dizziness may even result in
  (그 현기증은 여건상 가능하다. 마찬가지로 결과가 되다 영역)
  result in (결과가 일어나 영역으로 들어가다. ~의 결과가 되다)
- The dizziness may even result in throwing up.
  (그 현기증은 여건상 가능하다. 마찬가지로 결과가 되다 영역 구토하는 것)

  The dizziness may even result ☐ throwing up.
  (그 현기증은 심지어 구토의 결과로 나타날 수도 있다.)

🟢 tip even

even을 들었을 때, 어떤 이미지를 떠올려야 할까?
even과 odd는 서로 반대되는 단어로 even은 짝이 맞는, 평평한, 짝수를 나타내고 odd는 짝이 맞지 않는, 특이한, 홀수를 나타낸다.
even은 튀어나온 데 없이 평평하고 길이가 고른, 일정한 이미지를 가지고 있어 [~도, ~조차도, 마찬가지]의 뜻으로 이해할 수 있다.

Even I can do it.
(나도 그것을 할 수 있다.)

Even I can't do it.
(나조차도 그것을 할 수 없다.)

이 문장에서 even이 [심지어]의 뜻으로 해석되는 것은 어떤 결과도 일어난다는 것을 강조하기 때문이다.

Speaking practice

그 현기증은 발코니를 향할 수도 있다.
The dizziness may _____ .

그 현기증은 바닥에 부딪힐 수도 있다.
_____ .

 I'm afraid that he might be getting worse.

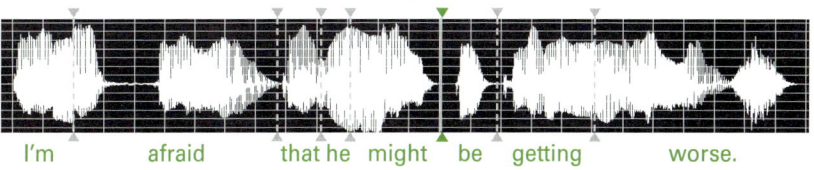

I'm−afraid−that−he−might ∨ be−getting−worse.

문법적인 끊어 읽기(I'm afraid / that / he might be getting worse.)와 다르게 발음된다.

Making Sentence reading practice　　set ①　set ②　set ③　set ④　set ⑤

- I'm

- I'm afraid

- I'm afraid that

- I'm afraid that he

- I'm afraid that he might

- I'm afraid that he might be

- I'm afraid that he might be getting

- I'm afraid that he might be getting worse.

문장이 완성되는 과정을 차례대로 약 1초 정도의 간격을 두고 소리 내어 읽으면서 의미를 생각합니다. 문장이 완성되는 전 과정을 하나의 set로 하여 각각 체크하며 5개의 set를 반복합니다.

여기서 영어문장을 우리말로 설명하는 것은 부득이한 것으로 중요하지 않습니다. 중요한 것은 영어 문장이 완성되는 과정을 통해 영어만으로 이해하는 것입니다.

- I'm afraid (= I am afraid)
  (나는 두렵다.)
- I'm afraid that
  (나는 두렵다. 그것) : that → 그것
- I'm afraid that he might
  (나는 두렵다. 그것 그가 여건상 약하게 가능하다)
- I'm afraid that he might be getting
  (나는 두렵다. 그게 그가 여건상 약하게 가능하다 있다 가면서)
- I'm afraid that he might be getting worse.
  (나는 두렵다. 그게 그가 여건상 약하게 가능하다 있다 가면서 더 나쁘게)
  (나는 두렵다. 그게 그가 더 악화될 것 같다)

tip that

that의 뜻은 this의 [이것]과 구분이 되는 [저것]이지만, that은 it을 보다 구체적으로 나타내는 것이므로 경우에 따라서는 [그것]으로 이해하는 것이 우리말로는 보다 자연스럽다.
that 다음에 새로운 주어, 동사가 추가되며 문장의 내용이 구체화할 때는 that의 역할을 우리말의 [그게] 정도로 볼 수 있다.

tip be getting worse

be getting worse는 어떤 이미지일까?
get은 우리말에 일치하는 단어가 없어 이미지를 잡기가 애매한데,
get을 간단히 말하면 [가서 잡는 것]으로 움직임의 느낌이 강하여 go와 유사하게 자동사로 쓰이기도 한다.
worse는 부사로서 [더 나쁘게]의 뜻을 가지므로 get worse는 [더 나쁘게 되다]는 의미가 되고 진행형 be getting worse는 더 나쁘게 되고 있음을 나타낸다.

Speaking practice

그가 더 나빠지고 있는 듯하다.
I'm afraid that _____ .

그가 상태가 나빠지고 있다.
_____ .

06 day It's due at 5 p.m.

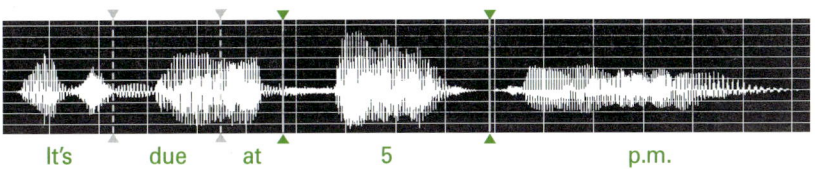

It's–due–at ∨ 5 ∨ p.m.

전치사 at이 자신이 꾸미는 5가 아닌 앞의 단어와 연음되어 It's due at이 마치 하나의 단어처럼 빠르게 발음된다.

Making Sentence reading practice   set ①   set ②   set ③   set ④   set ⑤

- It's

- It's due

- It's due at

- It's due at 5

- It's due at 5 p.m.

문장이 완성되는 과정을 차례대로 약 1초 정도의 간격을 두고 소리 내어 읽으면서 의미를 생각합니다. 문장이 완성되는 전 과정을 하나의 set로 하여 각각 체크하며 5개의 set를 반복합니다.

여기서 영어문장을 우리말로 설명하는 것은 부득이한 것으로 중요하지 않습니다. 중요한 것은 영어 문장이 완성되는 과정을 통해 영어만으로 이해하는 것입니다.

- It's due (= It is due)
  (그것은 만기이다.)
- It's due at
  (그것은 만기이다. 점의 위치)
- It's due at 5 p.m.
  (그것은 만기이다. 점의 위치 오후 5)

  It's due ⊕ 5 p.m.
  (그것은 오후 5시에 마감이다.)

tip 전치사 at의 이미지 : 정확한 점의 위치

전치사 at은 다른 전치사와 달리 위치만을 나타내는데, 이런 특징 때문인지 정확한 위치를 나타내는 쪽으로 발전되어 이용된다.

시계바늘의 끝으로 정확히 나타내는 시각, 때를 at을 이용하여 나타내는 것은 at의 이미지가 시계바늘의 끝과 같은 정확한 점의 위치를 나타내는 것이기 때문이다.

참고> 우리가 빠트린 영어의 알맹이, 전치사의 이미지 : at

Speaking practice

그것은 오후 5시가 마감이다.
It's due _____ .

오후 5시에 마감이다.
_____ .

06 day I might as well change my color, too.

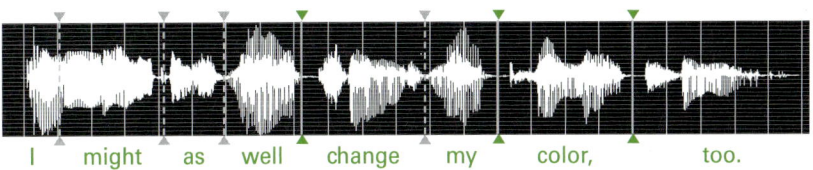

I–might–as well ∨ change–my ∨ color, ∨ too.

I might as well이 연음되어 빠르게 발음되고 문법적으로 끊어질 것으로 예상되는 change my가 연음되어 발음된다.

Making Sentence reading practice   set ①   set ②   set ③   set ④   set ⑤

- I
- I might
- I might as
- I might as well
- I might as well change
- I might as well change my
- I might as well change my color
- I might as well change my color, too.

문장이 완성되는 과정을 차례대로 약 1초 정도의 간격을 두고 소리 내어 읽으면서 의미를 생각합니다. 문장이 완성되는 전 과정을 하나의 set로 하여 각각 체크하며 5개의 set를 반복합니다.

여기서 영어문장을 우리말로 설명하는 것은 부득이한 것으로 중요하지 않습니다. 중요한 것은 영어 문장이 완성되는 과정을 통해 영어만으로 이해하는 것입니다.

- I might
  (나는 여건상 약하게 가능하다)
- I might as well
  (나는 여건상 약하게 가능하다 같은 정도로 잘)
- I might as well change
  (나는 여건상 약하게 가능하다 같은 정도로 잘 바꾸다)
  (나는 바꾸는 것도 좋을 것 같다.)
- I might as well change my color, too.
  (나는 바꾸는 것도 좋을 것 같다. 나의 색을, 또한)

tip may well / may as well / might as well

may가 여건상의 가능성을 말하는데, well이 추가되면 어떤 의미가 될까? well은 may의 가능성을 강조하여 [충분히 가능하다]라는 뜻을 나타낸다.

You may well get angry.
(너는 충분히 가능하다 화내다.) → (네가 화내는 것도 당연하다.)
may well (= have good reason to, ~하는 것도 당연하다)

may as well의 의미를 살펴보면,
as well은 [같은 정도로 잘 → ~도]를 나타내므로 may as well은 [~도 충분히 가능하다 → ~하는 것도 좋다, ~하는 것이 더 낫다]로 이해할 수 있다.

You may as well stay home.
(너는 집에 머무는 것도 좋다.)
(너는 집에 머무는 것이 더 낫다.)

might는 약한 may이므로 보다 약한 가능성, 완곡한 표현을 나타낸다.
might as well (~하는 것도 좋을 것 같다, ~하는 것이 더 나을 것 같다)

Speaking practice

나는 저녁에 책을 읽는 것도 좋을 것 같다.
I might as well _____.

나는 아이 책을 사는데 기다리는 것도 좋겠다.
_____.

I was wondering if I could ask you a huge favor.

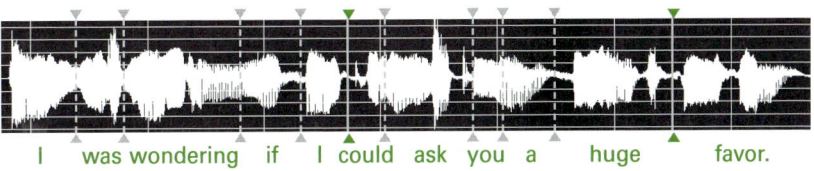

I–was–wondering–if–I ∨could–ask–you–a–huge ∨favor.

문법적인 끊어 읽기(I was wondering / if I could ask / you / a huge favor.)와 다르게 발음된다.

Making Sentence reading practice   set ①   set ②   set ③   set ④   set ⑤

- I

- I was

- I was wondering

- I was wondering if

- I was wondering if I

- I was wondering if I could

- I was wondering if I could ask

- I was wondering if I could ask you

- I was wondering if I could ask you a

- I was wondering if I could ask you a huge

- I was wondering if I could ask you a huge favor.

문장이 완성되는 과정을 차례대로 약 1초 정도의 간격을 두고 소리 내어 읽으면서 의미를 생각합니다. 문장이 완성되는 전 과정을 하나의 set로 하여 각각 체크하며 5개의 set를 반복합니다.

여기서 영어문장을 우리말로 설명하는 것은 부득이한 것으로 중요하지 않습니다. 중요한 것은 영어 문장이 완성되는 과정을 통해 영어만으로 이해하는 것입니다.

- **I was wondering**
  (나는 궁금해 하고 있었다.) : 일단 문장 완성
- **I was wondering if**
  (나는 궁금해 하고 있었다. 인지 아닌지)
- **I was wondering if I could**
  (나는 궁금해 하고 있었다. 인지 아닌지 나는 할 수 있었다.)
- **I was wondering if I could ask you a huge favor.**
  (나는 궁금해 하고 있었다. 내가 너에게 큰 호의를 구할 수 있었는지 아닌지)

tip if

if를 들으면서 떠올려야 하는 이미지는 뭘까?
if의 대표적인 뜻은 [만약 ~하면,]이지만,
보다 간단하면서도 근본적인 뜻은 [~인지 아닌지]이다.
if는 아직 정해지지 않은 불확실한 상황을 의미한다.

If you ask him, he will help you.
(인지 아닌지 너는 요청한다 그에게. 그가 너를 도울 것이다.)
(불확실 너는 요청한다 그에게. 그가 너를 도울 것이다.)
(네가 그에게 요청하면, 그가 너를 도울 것이다.)

Speaking practice

나는 대가 너에게 큰 호의를 구할 수 있었는지 궁금해 하고 있었다.
I was wondering _____.

나에게 부탁 하나 들어줄 수 있는지 궁금해.
_____.

Well, it might be a good idea to start exercising.

1/5

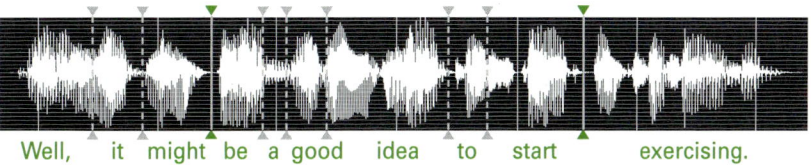

Well,–it–might∨be–a–good–idea–to–start∨exercising.

well 다음에 쉼표가 있지만, 실제로는 쉬지 않는다. 문법적인 끊어 읽기(Well, / it might be / a good idea / to start exercising.)와 다르게 발음된다.

Making Sentence reading practice　set ①　set ②　set ③　set ④　set ⑤

- Well

- Well, it

- Well, it might

- Well, it might be

- Well, it might be a

- Well, it might be a good

- Well, it might be a good idea

- Well, it might be a good idea to

- Well, it might be a good idea to start

- Well, it might be a good idea to start exercising.

문장이 완성되는 과정을 차례대로 약 1초 정도의 간격을 두고 소리 내어 읽으면서 의미를 생각합니다. 문장이 완성되는 전 과정을 하나의 set로 하여 각각 체크하며 5개의 set를 반복합니다.

여기서 영어문장을 우리말로 설명하는 것은 부득이한 것으로 중요하지 않습니다. 중요한 것은 영어 문장이 완성되는 과정을 통해 영어만으로 이해하는 것입니다.

- **Well, it might**
  (글쎄, 그것은 여건상 약하게 가능하다.)
- **Well, it might be a good idea**
  (글쎄, 그것은 여건상 약하게 가능하다. 이다 하나의 좋은 생각이.)
  (글쎄, 그것은 하나의 좋은 생각이 될 수 있을 것 같다.)
- **Well, it might be a good idea to**
  (글쎄, 그것은 여건상 약하게 가능하다. 하나의 좋은 생각이다 도착점)
- **Well, it might be a good idea to start exercising.**
  (글쎄, 그것은 여건상 약하게 가능하다. 하나의 좋은 생각이다 도착점 시작하다 운동)

Well, it might be a good idea →• start exercising.
(글쎄, 그것은 하나의 좋은 생각일 수 있을 것 같다. 운동을 시작하는 쪽으로)
(글쎄, 운동을 시작하는 것은 좋은 생각일 수 있을 것 같다.)

| It might be a good idea | → | start exercising |

💡 가짜주어와 진짜주어

위의 문장에서 it은 to start exercising과 같은 것으로 볼 수 있다.
문법적으로는 it을 가짜주어, to 부정사인 to start exercising을 진짜주어라고 한다. 꼼꼼한 분석이지만, 실제로 위의 문장을 듣고 말할 때에는 이런 것을 따지지 않는다.
좋은 생각이라는 것을 먼저 말하기 위해, It might be a good idea라고 말하고 이를 구체적으로 하기 위해서 to start exercising이라고 덧붙일 뿐이다.
문장이 완성되자마자 이해하기 위해서는 이런 문법적인 것까지 생각할 시간적인 여유가 없고 필요도 없다. it과 to의 이미지에 따라 어순대로 이해하는 것이 중요하다.

Speaking practice

빨래 세탁기를 사용하는 것은 좋은 수 있겠다 것 같다.
Well, it might be _____ .

빨래 세탁기를 사용하는 것은 좋은 생각이다.
_____ .

day But I can't guarantee that I can fix the bent frame.

2/5

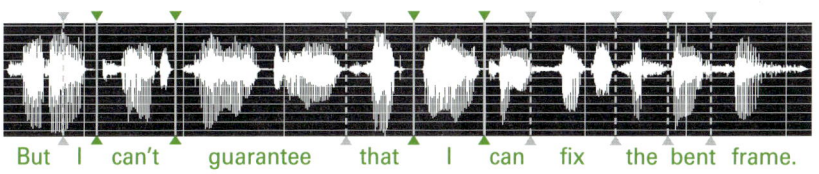

But–I∨can't∨guarantee–that∨I∨can–fix–the–bent–frame.

문법적인 끊어 읽기(But / I can't guarantee / that / I can fix / the bent frame.)와 다르게 발음된다.

Making Sentence reading practice   set ①   set ②   set ③   set ④   set ⑤

- But
- But I
- But I can't
- But I can't guarantee
- But I can't guarantee that
- But I can't guarantee that I
- But I can't guarantee that I can
- But I can't guarantee that I can fix
- But I can't guarantee that I can fix the
- But I can't guarantee that I can fix the bent
- But I can't guarantee that I can fix the bent frame.

문장이 완성되는 과정을 차례대로 약 1초 정도의 간격을 두고 소리 내어 읽으면서 의미를 생각합니다. 문장이 완성되는 전 과정을 하나의 set로 하여 각각 체크하며 5개의 set를 반복합니다.

여기서 영어문장을 우리말로 설명하는 것은 부득이한 것으로 중요하지 않습니다. 중요한 것은 영어 문장이 완성되는 과정을 통해 영어만으로 이해하는 것입니다.

- But I can't (= But I can not)
  (그러나 나는 할 수 없다.)
- But I can't guarantee
  (그러나 나는 할 수 없다. 보장하다) → (그러나 나는 보장할 수 없다.)
- But I can't guarantee that
  (그러나 나는 보장할 수 없다. 그것을)
- But I can't guarantee that I can fix
  (그러나 나는 보장할 수 없다. 그것을 나는 고칠 수 있다.)
- But I can't guarantee that I can fix the bent frame.
  (그러나 나는 보장할 수 없다. 그것을 나는 고칠 수 있다. 구부러진 틀)
  (그러나 나는 보장할 수 없다. 나는 구부러진 틀을 고칠 수 있다는 것을)

💡 명사절을 나타내는 that

that 다음에 새로운 주어, 동사가 추가되어 that을 꾸민다.

I can't guarantee that.
(나는 보장할 수 없다. 그것을)

이 상태로도 문장은 완성된 것이지만,

that 이후에 새로운 주어와 동사가 추가되면서 that을 설명한다.

I can't guarantee that I can fix the bent frame.
(나는 보장할 수 없다. 내가 구부러진 틀을 고칠 수 있다는 것을)

Speaking practice

저에게 구부러진 틀을 고칠 수 있다고 장담할 수는 없습니다.
But I can't _____.

그러나 나는 구부러진 틀을 고칠 수 있다고 장담할 수 없다.
_____.

 If you're busy, I could take him there for you.

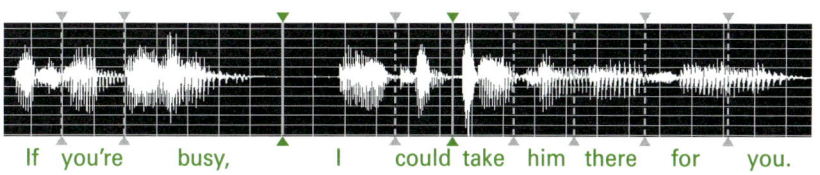

If–you're–busy, ∨ I–could ∨ take–him–there–for–you.

문법적인 끊어 읽기(If you're busy, / I could take him there / for you.)와 다르게 발음된다.

Making Sentence reading practice   set ①   set ②   set ③   set ④   set ⑤

- If
- If you're
- If you're busy
- If you're busy, I
- If you're busy, I could
- If you're busy, I could take
- If you're busy, I could take him
- If you're busy, I could take him there
- If you're busy, I could take him there for
- If you're busy, I could take him there for you.

문장이 완성되는 과정을 차례대로 약 1초 정도의 간격을 두고 소리 내어 읽으면서 의미를 생각합니다. 문장이 완성되는 전 과정을 하나의 set로 하여 각각 체크하며 5개의 set를 반복합니다.

여기서 영어문장을 우리말로 설명하는 것은 부득이한 것으로 중요하지 않습니다. 중요한 것은 영어 문장이 완성되는 과정을 통해 영어만으로 이해하는 것입니다.

- If you're busy (= If you are busy)
  (인지 아닌지 네가 바쁘다) → (만약 내가 바쁘다면.)
- If you're busy, I could
  (만약 내가 바쁘다면, 나는 약하게 가능하다.)
- If you're busy, I could take him there
  (만약 내가 바쁘다면, 내가 약하게 가능하다. 잡다 그를 거기에)
- If you're busy, I could take him there for you.
  (네가 바쁘다면, 내가 그를 거기에 데려갈 수 있을 것 같다. 집중 너)

  If you're busy, I could take him there 🔄 you.
  (네가 바쁘다면, 내가 그를 거기에 데려갈 수 있을 것 같다. 너를 대신하여)

🔟 가정법과 could

could는 can의 과거형이면서, 약한 can이므로 [할 수 있을 것 같다], [할 수 있겠다.] 등으로 해석할 수 있고 가정법에서는 보다 자연스럽게 [할 텐데] 등으로 해석할 수 있다.
그런데, could를 우리말로 어떻게 표현할지 문장별로 정하여 외우는 것은 바람직하지 않다. 이보다는 could의 이미지로 이해하는 것이 중요하다.

🔟 take의 이미지

have, take, get의 차이점을 무엇일까요?
have는 가지고 있다는 상태를 나타내고
get은 이동하여 무엇을 잡는 느낌을 주고
take는 제 자리에서 무엇을 잡는 동작을 나타낸다.
누군가를 어디로 데려간다는 표현은 주로 take를 이용하는데, 이것은 누군가를 먼저 잡고 이동하는 이미지가 take와 어울리기 때문이다.

I will take her to the airport.
(나는 그녀를 잡아서 공항으로 갈 것이다.)
(나는 그녀를 공항으로 데려 갈 것이다.)

Speaking practice

나는 그를 거기에 데려갈 수 있을 것 같다.

If you're busy, _____.

나는 그를 거기에 너를 대신하여 데려갈 수 있을 것 같다.

_____.

day He'll be fine after getting some rest.

4/5

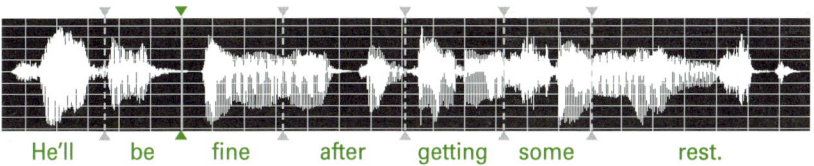

He'll–be∨fine–after–getting–some–rest.

문법적인 끊어 읽기(He'll be fine / after getting some rest.)와 다르게 발음된다.

Making Sentence reading practice　　set ①　set ②　set ③　set ④　set ⑤

- He'll

- He'll be

- He'll be fine

- He'll be fine after

- He'll be fine after getting

- He'll be fine after getting some

- He'll be fine after getting some rest.

문장이 완성되는 과정을 차례대로 약 1초 정도의 간격을 두고 소리 내어 읽으면서 의미를 생각합니다. 문장이 완성되는 전 과정을 하나의 set로 하여 각각 체크하며 5개의 set를 반복합니다.

여기서 영어문장을 우리말로 설명하는 것은 부득이한 것으로 중요하지 않습니다. 중요한 것은 영어 문장이 완성되는 과정을 통해 영어만으로 이해하는 것입니다.

- He'll (= He will)
  (그는 ~일 것이다.)
- He'll be fine
  (그는 좋아질 것이다.)
- He'll be fine after
  (그는 좋아질 것이다. 뒤에)
- He'll be fine after getting some rest.
  (그는 좋아질 것이다. 뒤에 가지는 것 어느 정도의 휴식)
  (그는 좋아질 것이다. 어느 정도의 휴식을 취한 후에)

🟢 tip get some rest

get some rest에서의 get은 이미지는 뭘까?
get은 가서 잡는다. 즉, 어떤 움직임을 한 후에 얻는 이미지를 가지고 있으므로 get some rest는 어떤 행동을 한 후에 어느 정도의 휴식을 취하는 것으로 볼 수 있다.

🟢 tip after

after는 원래 어떤 대상의 뒤를 말한다.
예를 들어, after you는 너의 뒤를 뜻하므로 [너 다음에 하겠다] 즉, [너 먼저 하라]는 의미가 된다.

After you, please.
(당신 먼저 하세요.)

after가 때, 시간을 나타낼 때에도 마찬가지로 뒤를 나타내는데, 일반적으로 시간은 미래에서 현재로 이동하므로 어느 때의 뒤는 [~한 후]의 뜻으로 이해할 수 있다.
예를 들어, after lunch는 점심을 먹은 후를 나타낸다.

I will call you after lunch.
(나는 점심 후에 너에게 전화하겠다.)

Speaking practice

그는 어느 정도의 휴식을 취한 후에 좋아질 것이다.
He'll be _____.

그는 점심을 먹은 후에 좋아질 것이다.
_____.

Making Sentence Listening

07 day Would you like me to bring any food to the party?

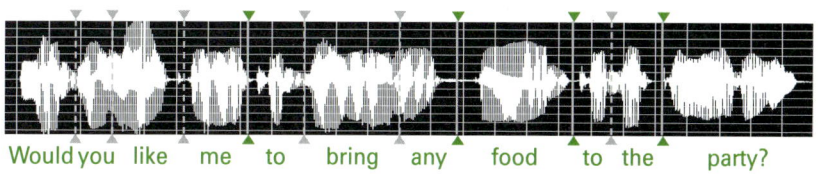

Would–you–like–me V to–bring–any V food V to–the V party?

any food가 서로 가까이 발음될 것 같지만, 실제 원어민이 말할 때에 any는 앞의 단어와 연음되면서 정작 any가 꾸미는 단어와는 연음되지 않을 수도 있다.

Making Sentence reading practice   set ①   set ②   set ③   set ④   set ⑤

- Would

- Would you

- Would you like

- Would you like me

- Would you like me to

- Would you like me to bring

- Would you like me to bring any

- Would you like me to bring any food

- Would you like me to bring any food to

- Would you like me to bring any food to the

- Would you like me to bring any food to the party?

문장이 완성되는 과정을 차례대로 약 1초 정도의 간격을 두고 소리 내어 읽으면서 의미를 생각합니다. 문장이 완성되는 전 과정을 하나의 set로 하여 각각 체크하며 5개의 set를 반복합니다.

여기서 영어문장을 우리말로 설명하는 것은 부득이한 것으로 중요하지 않습니다. 중요한 것은 영어 문장이 완성되는 과정을 통해 영어만으로 이해하는 것입니다.

- Would you
  (너는 할 건가요?) : 너의 의지를 약하고 완곡하게 물어봄.
- Would you like me
  (너는 나를 좋아할 건가요?) : 일단 문장 완성
- Would you like me to
  (너는 나를 좋아할 건가요? 도착점)
- Would you like me to bring any food
  (너는 나를 좋아할 건가요? 도착점 가져오다 약간의 음식)
- Would you like me to bring any food to
  (너는 나를 좋아할 건가요? 도착점 가져오다 약간의 음식 도착점)
- Would you like me to bring any food to the party?
  (너는 나를 좋아할 건가요? 도착점 가져오다 약간의 음식 도착점 그 파티)

  Would you like me ➡● bring any food ➡● the party?
  (너는 나를 좋아할 건가요? 그 파티에 약간의 음식을 가져오는 쪽으로)
  (당신은 내가 그 파티에 약간의 음식을 가지고 오기를 바라나요?)

🅣🅘🅟 any food와 some food

any food는 약간의 음식을 뜻하여 some food보다 적은 느낌을 준다.
[약간, 조금]을 나타내는 any와 some은 거의 같은 것으로 일반적으로 긍정문에는 some이 쓰이고 의문문, 부정문에는 any가 주로 쓰인다.

🅣🅘🅟 to부정사의 to와 전치사 to

to 부정사의 to는 전치사 to와 마찬가지로 [도착점]을 의미한다.
일부에서는 to 부정사의 to를 전치사 to와 관계없는 별개의 것으로 보는 경향이 있는데, to 부정사에서 to를 쓰는 것은 to의 이미지가 있기 때문이다.

Speaking practice

내가 당신을 위하여 그 파티에 음식을 가져다 줄까요?
Would you like me _____.

내가 너에게 음식을 좀 갖다줄까?
_____.

day I can send the items by e-mail.

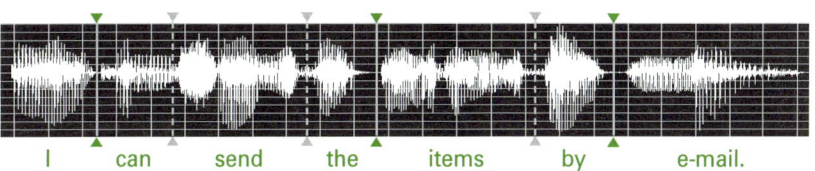

I∨can–send–the∨items–by∨e-mail.

문법적인 끊어 읽기(I can send the items / by e-mail.)와 다르게 발음된다.

Making Sentence reading practice   set ①   set ②   set ③   set ④   set ⑤

- I
- I can
- I can send
- I can send the
- I can send the items
- I can send the items by
- I can send the items by e-mail.

문장이 완성되는 과정을 차례대로 약 1초 정도의 간격을 두고 소리 내어 읽으면서 의미를 생각합니다. 문장이 완성되는 전 과정을 하나의 set로 하여 각각 체크하며 5개의 set를 반복합니다.

여기서 영어문장을 우리말로 설명하는 것은 부득이한 것으로 중요하지 않습니다. 중요한 것은 영어 문장이 완성되는 과정을 통해 영어만으로 이해하는 것입니다.

- I can
  (나는 할 수 있다.)
- I can send
  (나는 할 수 있다. 보내다.) → (나는 보낼 수 있다.)
- I can send the items
  (나는 보낼 수 있다. 그 아이템들) : 일단 문장 완성
- I can send the items by
  (나는 보낼 수 있다. 그 아이템들 영향)
- I can send the items by e-mail.
  (나는 보낼 수 있다. 그 아이템들 영향 이메일)

  I can send the items ☼ e-mail.
  (나는 보낼 수 있다. 그 아이템들 이메일의 영향으로)

tip 전치사 by의 이미지는 [영향]이다.

by를 듣고 떠올릴 수 있는 이미지, 느낌은 무엇일까?

by의 이미지는 [영향, 힘]을 나타내는 ☼ 이다.

by의 대표적인 뜻인 [~에 의하여], [~의 옆에]는 [영향]의 이미지로 쉽게 이해할 수 있다.

[~에 의하여]는 [영향, 힘]이 작용함을 우리말로 표현한 것이고
[~의 옆에]는 영향, 힘이 미치는 범위를 뜻한다.

예를 들어, by the fire는 불의 힘, 영향과 더불어 불의 힘, 열기를 느낄 수 있는 영향권, 범위를 나타낸다.

by e-mail은 이메일의 힘을 나타내므로 [이메일에 의하여], [이메일의 힘으로]의 뜻으로 이해할 수 있다.

참고〉 우리가 빠트린 영어의 알맹이, 전치사의 이미지 : by

Speaking practice

나는 그 아이템들을 이메일로 보낼 수 있다.
I can send _____.

나는 그 아이템들을 이메일로 보낼 수 있다.
_____.

There was nothing but junk and old equipment.

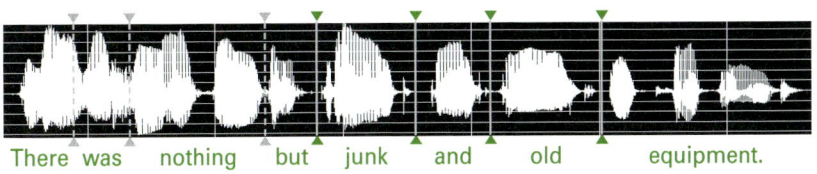

There–was–nothing–but ∨ junk ∨ and ∨ old ∨ equipment.

there was nothing but이 연음되어 빠르게 발음된다.

Making Sentence reading practice　　set ①　set ②　set ③　set ④　set ⑤

- There

- There was

- There was nothing

- There was nothing but

- There was nothing but junk

- There was nothing but junk and

- There was nothing but junk and old

- There was nothing but junk and old equipment.

문장이 완성되는 과정을 차례대로 약 1초 정도의 간격을 두고 소리 내어 읽으면서 의미를 생각합니다. 문장이 완성되는 전 과정을 하나의 set로 하여 각각 체크하며 5개의 set를 반복합니다.

여기서 영어문장을 우리말로 설명하는 것은 부득이한 것으로 중요하지 않습니다. 중요한 것은 영어 문장이 완성되는 과정을 통해 영어만으로 이해하는 것입니다.

- **There was nothing**
  (거기 있었다. 아무것도) → (아무것도 없었다.)
- **There was nothing but junk**
  (거기에 아무것도 없었다. 하지만 쓰레기)
- **There was nothing but junk and**
  (거기에 아무것도 없었다. 하지만 쓰레기 그리고)
- **There was nothing but junk and old equipment.**
  (거기에 아무것도 없었다. 하지만 쓰레기 그리고 오래 된 설비)
  (거기에 아무것도 없었다. 쓰레기와 오래 된 설비 외에)

tip nothing but = only

[nothing but은 only와 같다.]라고 숙어로 외우는 경우가 많은데, 실제 영어를 들을 때, nothing but을 듣고 only(단지, ~일 뿐)와 같은 것이라고 기억하고 우리말로 해석할 시간적인 여유가 없다.
nothing but은 [아무것도 없다. 하지만]의 의미이므로 이것의 이미지만으로도 바로 이해할 수 있다. 영어문장이 완성되자마자 그 의미를 이해하기 위해서는 각 단어를 이미지로 익히는 것이 중요하다.

Speaking practice

거기에는 쓰레기밖에 없었다.
There was nothing _____.

거기에는 쓰레기밖에 없었다.
_____.

Would you like to go ahead with the reservation?

3/5

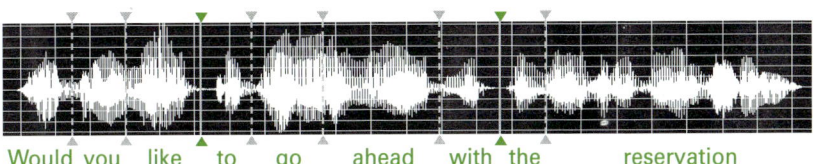

Would you like to go ahead with the reservation

Would–you–like ∨ to–go–ahead–with ∨ the–reservation?
to go ahead with가 연음되면서 with가 자신이 꾸미는 the reservation과는 끊어져 발음된다.

Making Sentence reading practice   set ①   set ②   set ③   set ④   set ⑤

- Would

- Would you

- Would you like

- Would you like to

- Would you like to go

- Would you like to go ahead

- Would you like to go ahead with

- Would you like to go ahead with the

- Would you like to go ahead with the reservation?

문장이 완성되는 과정을 차례대로 약 1초 정도의 간격을 두고 소리 내어 읽으면서 의미를 생각합니다. 문장이 완성되는 전 과정을 하나의 set로 하여 각각 체크하며 5개의 set를 반복합니다.

여기서 영어문장을 우리말로 설명하는 것은 부득이한 것으로 중요하지 않습니다. 중요한 것은 영어 문장이 완성되는 과정을 통해 영어만으로 이해하는 것입니다.

- Would you?
  (할 것 같나요? 당신은)
- Would you like to
  (당신은 좋아할 것 같나요? 도착점)
- Would you like to go ahead
  (당신은 좋아할 것 같나요? 도착점 가다 앞에서)
- Would you like to go ahead with the reservation?
  (당신은 좋아할 것 같나요? 도착점 가다 앞에서 /함께 있는 존재/ 그 예약)

Would you like to go ahead □○ the reservation?
(당신은 좋아할 것 같나요? 그 예약과 함께 앞으로 나가는 쪽으로)

tip ahead

ahead는 at과 head의 합성어로 볼 수 있는데, [앞에서]를 의미한다. 따라서 go ahead는 앞에서 가는 것이므로 진전하는 것, 진행하는 것으로 볼 수 있다.

tip 전치사 with의 이미지는 [함께 있는 존재]이다.

with의 대표적인 뜻은 [~을 가지고], [~와 함께]인데, 이 두 가지 뜻의 공통점은 [함께 있는 존재]이다. with의 이미지는 같은 시간, 같은 장소에 있는 또 다른 존재를 나타내는 □○ 라고 할 수 있다.

with의 이미지를 쉽게 알 수 있는 예를 들면,
Be careful with the dog.
(그 개를 조심해라.)

여기서 with the dog를 [그 개와 함께]라고 하면, 엉뚱한 해석이 되고 [그 개와 같이 있을 때]를 의미한다.

with the reservation은 [그 예약과 함께], [그 예약을 가지고] 등으로 다양하게 해석할 수 있지만, 이미지는 함께 존재하는 것이다.

참고〉 우리가 빠트린 영어의 알맹이, 전치사의 이미지 : with

Speaking practice

음식을 그 예약에 대해서 계속 나아가고 싶나요?
Would you like to _____.

메일을 뉴욕 경찰서에게 쓰세요.

_____

I'm getting rid of these clothes.

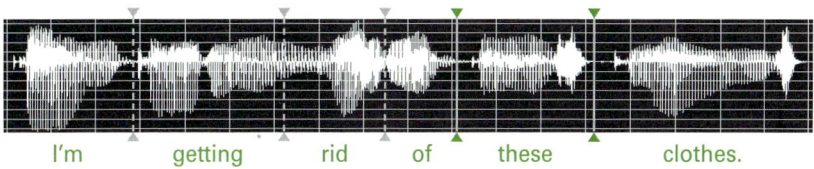

I'm–getting–rid–of V these–clothes.

I'm getting rid of가 연음되어 빠르게 발음된다.

Making Sentence reading practice   set ①   set ②   set ③   set ④   set ⑤

- I'm

- I'm getting

- I'm getting rid

- I'm getting rid of

- I'm getting rid of these

- I'm getting rid of these clothes.

문장이 완성되는 과정을 차례대로 약 1초 정도의 간격을 두고 소리 내어 읽으면서 의미를 생각합니다. 문장이 완성되는 전 과정을 하나의 set로 하여 각각 체크하며 5개의 set를 반복합니다.

여기서 영어문장을 우리말로 설명하는 것은 부득이한 것으로 중요하지 않습니다. 중요한 것은 영어 문장이 완성되는 과정을 통해 영어만으로 이해하는 것입니다.

- I'm (= I am)
  (나는 있다.)
- I'm getting
  (나는 가서 잡고 있다.)
- I'm getting rid
  (나는 가서 잡고 있다. 제거를) : rid(제거)
- I'm getting rid of
  (나는 가서 잡고 있다. 제거를 더 보니)
- I'm getting rid of these clothes.
  (나는 가서 잡고 있다. 제거를 더 보니 이 옷들)

  I'm getting rid ⟨ these clothes.
  (나는 제거하려고 한다. 이 옷들을)

💡 get rid
앞서 설명한 대로 get의 이미지는 [가서 잡는 것]이고
get rid는 가서 rid(제거)를 잡는 것이므로 [제거하다]라는 뜻으로 이해할 수 있다.

💡 of의 이미지 : [더 보니]
[I'm getting rid.]로 어느 정도 문장이 완성되지만, 무엇을 제거하는지가 빠져 있다. 이 상태에서 of를 이용하여 시야를 확대하여 더 본 것이 these clothes이므로 이 옷들을 제거한다는 것을 알 수 있다.
get rid of는 [~을 제거하다]라는 숙어로 많이 외우는데, 우리말의 도움없이 영어만으로 빠르게 이해하기 위해서는 각 단어의 이미지에 따라 어순대로 이해하는 것이 중요하다.

Speaking practice

나는 이 옷들을 제거하려고 한다.

I'm getting rid _____.

나는 옷들을 벌써 제거하려고 한다.

_____.

Could you give me some money for the fines?

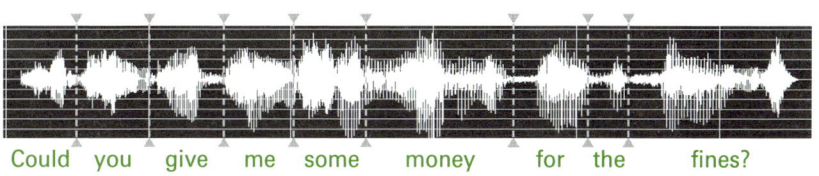

Could–you–give–me–some–money–for–the–fines?
문법적인 구분 없이 모든 단어들이 연음되어 발음된다.

Making Sentence reading practice   set ①   set ②   set ③   set ④   set ⑤

- Could

- Could you

- Could you give

- Could you give me

- Could you give me some

- Could you give me some money

- Could you give me some money for

- Could you give me some money for the

- Could you give me some money for the fines?

문장이 완성되는 과정을 차례대로 약 1초 정도의 간격을 두고 소리 내어 읽으면서 의미를 생각합니다. 문장이 완성되는 전 과정을 하나의 set로 하여 각각 체크하며 5개의 set를 반복합니다.

여기서 영어문장을 우리말로 설명하는 것은 부득이한 것으로 중요하지 않습니다. 중요한 것은 영어 문장이 완성되는 과정을 통해 영어만으로 이해하는 것입니다.

- Could you
  (할 수 있겠어요? 당신)
- Could you give
  (할 수 있겠어요? 당신은 주다)
- Could you give me some money
  (할 수 있겠어요? 당신은 주다 나에게 약간의 돈을)
- Could you give me some money for
  (당신은 줄 수 있겠어요? 나에게 약간의 돈을 집중)
- Could you give me some money for the fines?
  (당신은 줄 수 있겠어요? 나에게 약간의 돈을 집중 그 벌금들)

Could you give me some money ✦ the fines?
(당신은 줄 수 있겠어요? 나에게 약간의 돈을 그 벌금들을 내도록)

💡 **for의 이미지 : [집중]**

전치사 for의 다양한 뜻이 가지는 공통점은 [집중]하는 이미지이다.
for의 집중하는 이미지는 목적을 나타내어 주로 [~을 위하여]로 해석할 수 있는데, 문장에 따라 [~을 위하여]라고 해석하면 어색한 경우가 많다.
이미지만으로 이해하고 넘어갈 수 있는 능력이 필요하다.
위의 문장에서 for the fines는 [벌금을 위하여]라고 하면 어색하지만,
나에게 돈을 주는 것이 벌금에 집중하고 있으므로 벌금을 목적으로 돈을 주는 것으로 쉽게 이해할 수 있다.

Speaking practice

당신은 저에게 돈 좀 줄 수 있나요?
Could you give _____.

벌금 낼 돈 좀 있으세요?
_____.

It won't be easy to find another person like Jane.

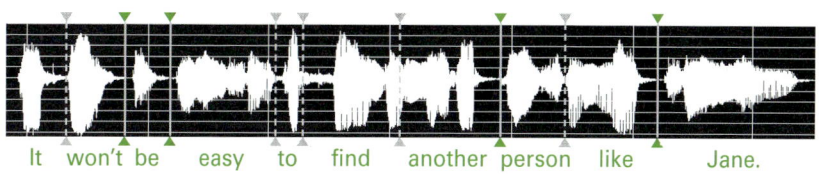

It–won't∨ be∨ easy–to–find–another∨ person–like∨ Jane.

문법적인 끊어 읽기(It won't be easy / to find another person / like Jane.)와 다르다. won't는 will not의 축약형으로 익숙하지 않으면 잘 들리지 않는다.

Making Sentence reading practice   set ①   set ②   set ③   set ④   set ⑤

- It

- It won't

- It won't be

- It won't be easy

- It won't be easy to

- It won't be easy to find

- It won't be easy to find another

- It won't be easy to find another person

- It won't be easy to find another person like

- It won't be easy to find another person like Jane.

문장이 완성되는 과정을 차례대로 약 1초 정도의 간격을 두고 소리 내어 읽으면서 의미를 생각합니다. 문장이 완성되는 전 과정을 하나의 set로 하여 각각 체크하며 5개의 set를 반복합니다.

여기서 영어문장을 우리말로 설명하는 것은 부득이한 것으로 중요하지 않습니다. 중요한 것은 영어 문장이 완성되는 과정을 통해 영어만으로 이해하는 것입니다.

- **It won't** (= It will not)
  (그것은 아닐 것이다.)
- **It won't be easy**
  (그것은 쉽지 않을 것이다.) : 일단 문장 완성
- **It won't be easy to**
  (그것은 쉽지 않을 것이다. 도착점)
- **It won't be easy to find another person**
  (그것은 쉽지 않을 것이다. 도착점 찾다 또 다른 사람)
- **It won't be easy to find another person like Jane.**
  (그것은 쉽지 않을 것이다. 도착점 찾다 또 다른 사람 같은 제인)

It won't be easy →● find another person like Jane.
(그것은 쉽지 않을 것이다. 제인과 같은 또 다른 사람을 찾는 쪽으로)
(제인 같은 사람을 찾는 것은 쉽지 않을 것이다.)

| It won't be easy | → | find another person like Jane |

Speaking practice

찾기 쉽지 않을 것이다. 제인과 같은 사람을 찾는 것.

It won't be _____.

제인 같은 다른 사람을 찾는 것은 쉽지 않을 것이다.

_____.

09 day What kind of table should we get?

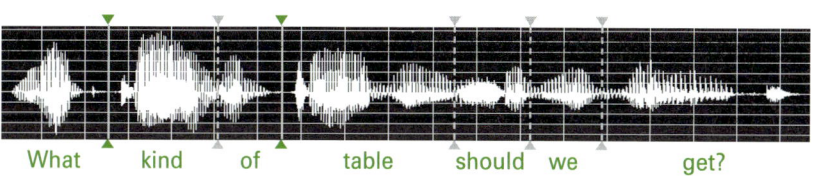

What∨ kind of∨ table–should–we–get?

문법적인 끊어 읽기(What kind of table / should we get?)와 다르게 발음된다.

Making Sentence reading practice   set ① set ② set ③ set ④ set ⑤

- What

- What kind

- What kind of

- What kind of table

- What kind of table should

- What kind of table should we

- What kind of table should we get?

문장이 완성되는 과정을 차례대로 약 1초 정도의 간격을 두고 소리 내어 읽으면서 의미를 생각합니다. 문장이 완성되는 전 과정을 하나의 set로 하여 각각 체크하며 5개의 set를 반복합니다.

여기서 영어문장을 우리말로 설명하는 것은 부득이한 것으로 중요하지 않습니다. 중요한 것은 영어 문장이 완성되는 과정을 통해 영어만으로 이해하는 것입니다.

- **What kind of table**
  (무슨 종류 더 보니 탁자) → (어떤 종류의 탁자)
- **What kind of table should**
  (무슨 종류 더 보니 탁자 할까요?) : 이 말을 듣는 사람의 의지, 판단을 약하게 묻는다.
- **What kind of table should we get?**
  (무슨 종류 더 보니 탁자 할까요? 우리 가지다)

  What kind ◁ table should we get?
  (우리는 어떤 종류의 탁자를 가질까요?)

🆙 should

should는 shall의 과거형이면서 shall을 약하게 나타낸다.
shall이 말하는 사람의 의지, 판단을 나타내므로
should는 말하는 사람의 의지, 판단을 shall보다 약하게 나타낸다고 할 수 있다.

과거형인 should가 약한 표현이 되는 이유는 앞서 설명한 would의 경우와 같다.
과거에 말하는 사람의 의지, 판단이 현재에는 변할 수 있기 때문에 shall보다 약하게 표현되고 약한 표현이기 때문에 완곡하고 공손한 느낌을 갖는다.

따라서 should는 도덕적, 사회적인 의무감을 나타내는 데에 어울리고

We should respect the old.
(우리는 노인들을 존경해야 한다.)

shall은 법률적인 확고하고 분명한 의무감을 나타내는 데에 적당하다.

The government shall protect the private property.
(정부는 사유재산을 보호해야 한다.)

Speaking practice

우리는 어떤 종류의 탁자를 가질까요?

What kind of table _____.

많은 종류의 탁자를 만들까?

_____.

They said no more than thirty minutes.

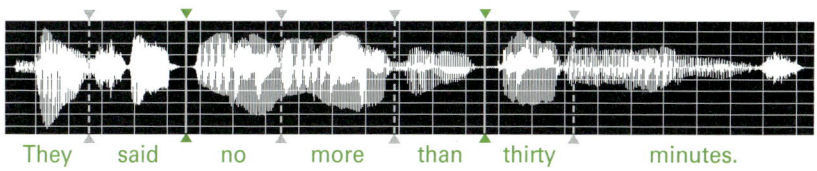

They–said ∨ no–more–than ∨ thirty–minutes.

no more than이 연음되며 마치 하나의 단어처럼 발음된다.

Making Sentence reading practice   set ①   set ②   set ③   set ④   set ⑤

- They

- They said

- They said no

- They said no more

- They said no more than

- They said no more than thirty

- They said no more than thirty minutes.

문장이 완성되는 과정을 차례대로 약 1초 정도의 간격을 두고 소리 내어 읽으면서 의미를 생각합니다. 문장이 완성되는 전 과정을 하나의 set로 하여 각각 체크하며 5개의 set를 반복합니다.

여기서 영어문장을 우리말로 설명하는 것은 부득이한 것으로 중요하지 않습니다. 중요한 것은 영어 문장이 완성되는 과정을 통해 영어만으로 이해하는 것입니다.

- **They said**
  (그들은 말했다.)
- **They said no more**
  (그들은 말했다. 없다 더 많은)
- **They said no more than**
  (그들은 말했다. 없다 더 많은 보다)
- **They said no more than thirty minutes.**
  (그들은 말했다. 없다 더 많은 보다 30분)
  (그들은 말했다. 30분보다 많은 시간은 없다)
  (그들은 말했다. 30분이상은 아니라고)

🟢 **no와 not의 차이**

언제 no를 쓰고 언제 not을 쓰는지 헷갈리는 경우가 많은데, not은 [아니다], no는 [없다]로 다음과 같이 간단하게 정리할 수 있다.

I do not have a book.
(not은 동사 부정 : 나는 책을 가지고 있지 않다.)

I have no book.
(no는 없음을 나타냄 : 나는 없는 책을 가지고 있다.)
(나는 가지고 있는 책이 없다.)

따라서 위의 문장에서 not을 쓰면 말하지 않았다는 뜻이 된다.

They did not say more than thirty minutes.
(그들은 말하지 않았다. 30분보다 많다고)
(그들은 30분보다 많이 걸린다고 말하지 않았다.)

Speaking practice

그들은 말했다. 30분보다 시간이 더 많이 걸리지 않는다고.

They said _____ .

그들은 30분 이상은 안 걸린다고 말했다.

_____ .

Could you send some money to them as my present?

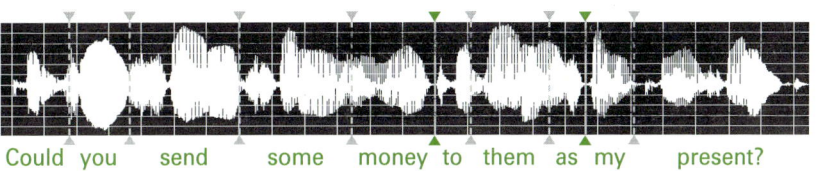

Could–you–send–some–money ∨ to–them–as ∨ my–present?

문법적인 끊어 읽기(Could you send / some money / to them / as my present?)와 다르게 발음된다.

Making Sentence reading practice　set ①　set ②　set ③　set ④　set ⑤

- Could

- Could you

- Could you send

- Could you send some

- Could you send some money

- Could you send some money to

- Could you send some money to them

- Could you send some money to them as

- Could you send some money to them as my

- Could you send some money to them as my present?

문장이 완성되는 과정을 차례대로 약 1초 정도의 간격을 두고 소리 내어 읽으면서 의미를 생각합니다. 문장이 완성되는 전 과정을 하나의 set로 하여 각각 체크하며 5개의 set를 반복합니다.

여기서 영어문장을 우리말로 설명하는 것은 부득이한 것으로 중요하지 않습니다. 중요한 것은 영어 문장이 완성되는 과정을 통해 영어만으로 이해하는 것입니다.

- **Could you**
  (당신의 능력을 약하게 물어봄 → 할 수 있을 같아요? 당신)
- **Could you send**
  (할 수 있을 같아요? 당신 보내다) → (당신 보낼 수 있을 것 같아요?)
- **Could you send some money to them**
  (당신 보낼 수 있을 것 같아요? 약간의 돈 도착점 그들) : 일단 문장 완성
- **Could you send some money to them as**
  (당신 보낼 수 있을 것 같아요? 약간의 돈 도착점 그들 같은 정도)
- **Could you send some money to them as my present?**
  (당신 보낼 수 있을 것 같아요? 약간의 돈 도착점 그들 같은 정도 나의 선물)

  Could you send some money ➡● them (=) my present?
  (당신 보낼 수 있을 것 같아요? 약간의 돈을 그들에게 나의 선물로)

tip as my present

as는 같은 정도의 또 다른 존재를 나타내므로
수학의 등호(=)와 같은 역할을 한다.
as my present는 같은 정도의 존재로서 나의 선물을 보여주는 것이다.
위의 문장에서 some money와 같은 정도의 것은 my present이다.
즉, [그들에게 보낸 약간의 돈 = 나의 선물]의 식이 성립한다.
이것을 나타내는 자연스러운 우리말이 [나의 선물로서]이다.

Speaking practice

당신은 나의 선물로서 그들에게 약간의 돈을 보내줄 수 있나요?
Could you send _____ .

나의 선물로 그들에게 약간의 돈을 보내줄 수 있나요?
_____ .

But I heard we don't have to take any food these days.

5/5

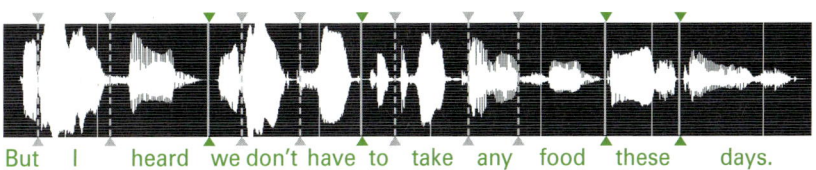

But–I–heard ∨ we–don't–have ∨ to–take–any–food ∨ these ∨ days.

have to는 [~해야 한다]의 숙어이기 때문에 당연히 묶어서 발음할 것 같지만, 위의 경우처럼 have to 사이를 끊어서 발음할 수도 있다.

Making Sentence reading practice   set ①   set ②   set ③   set ④   set ⑤

- But
- But I
- But I heard
- But I heard we
- But I heard we don't
- But I heard we don't have
- But I heard we don't have to
- But I heard we don't have to take
- But I heard we don't have to take any
- But I heard we don't have to take any food
- But I heard we don't have to take any food these
- But I heard we don't have to take any food these days.

문장이 완성되는 과정을 차례대로 약 1초 정도의 간격을 두고 소리 내어 읽으면서 의미를 생각합니다. 문장이 완성되는 전 과정을 하나의 set로 하여 각각 체크하며 5개의 set를 반복합니다.

여기서 영어문장을 우리말로 설명하는 것은 부득이한 것으로 중요하지 않습니다. 중요한 것은 영어 문장이 완성되는 과정을 통해 영어만으로 이해하는 것입니다.

- But I heard
  (하지만 나는 들었다.) : 일단 문장 완성
- But I heard we don't have
  (하지만 나는 들었다. 우리는 가지고 있지 않다.)
- But I heard we don't have to take
  (하지만 나는 들었다. 우리는 가지고 있지 않다. 도착점 잡다.)
- But I heard we don't have to take any food.
  (하지만 나는 들었다. 우리는 가지고 있지 않다. 도착점 잡다 어떤 음식.)
- But I heard we don't have to take any food these days.
  (하지만 나는 들었다. 우리는 가지고 있지 않다. 도착점 잡다 어떤 음식 이 날들.)

  But I heard we don't have ➜ take any food these days.
  (하지만 나는 들었다. 우리는 어떤 음식도 가져갈 필요가 없다 요즘에.)

🛈 don't have to

don't have to는 무슨 뜻일까?
have to가 [~해야 한다]고 해석하기 때문에
don't have to는 [~하지 말아야 한다]라고 해석하기 쉬운데,
단어의 이미지를 따라 어순대로 이해하면 [~쪽으로 가지고 있지 않다]이므로
[~할 필요가 없다]라고 해석하는 것이 적당하다.
참고로 [~하지 말아야 한다]라고 할 때는 주로 should not을 이용한다.

You should not be late.
(너는 늦지 말아야 한다.)

🛈 take food

take food를 어떻게 해석할까? take의 이미지는 제자리에서 잡고 이동하는 것이다. 따라서 take food를 음식을 챙겨서 어디로 가는 것으로 볼 수 있다. 반면에 get은 이동한 후에 잡는 것이므로 get food는 가서 먹는 것으로 볼 수 있다.

Speaking practice

하지만 나는 들었다 우리가 음식을 가져갈 필요가 없다고 들었다.
But I heard we _____.

하지만 나는 들었다 우리가 음식을 많이 가져갈 필요가 없다고 들었다.
_____.

I'm busy getting ready for the presentation tomorrow.

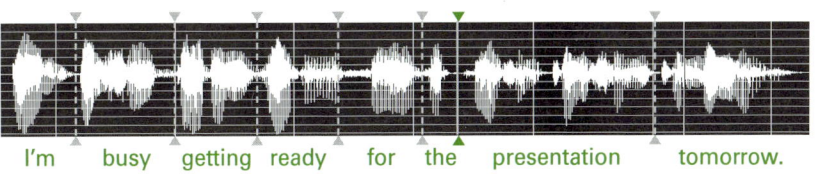

I'm–busy–getting–ready–for–the ∨ presentation–tomorrow.

문법적인 끊어 읽기(I'm busy / getting ready / for the presentation / tomorrow.)와 다르게 발음된다.

Making Sentence reading practice　　set ①　set ②　set ③　set ④　set ⑤

- I'm

- I'm busy

- I'm busy getting

- I'm busy getting ready

- I'm busy getting ready for

- I'm busy getting ready for the

- I'm busy getting ready for the presentation

- I'm busy getting ready for the presentation tomorrow.

문장이 완성되는 과정을 차례대로 약 1초 정도의 간격을 두고 소리 내어 읽으면서 의미를 생각합니다. 문장이 완성되는 전 과정을 하나의 set로 하여 각각 체크하며 5개의 set를 반복합니다.

여기서 영어문장을 우리말로 설명하는 것은 부득이한 것으로 중요하지 않습니다. 중요한 것은 영어 문장이 완성되는 과정을 통해 영어만으로 이해하는 것입니다.

- I'm busy (= I am busy)
  (나는 바쁘다.)
- I'm busy getting
  (나는 바쁘다. 가서 잡으면서)
- I'm busy getting ready
  (나는 바쁘다. 가서 잡으면서 준비된) → (나는 바쁘다. 준비하면서)
- I'm busy getting ready for
  (나는 바쁘다. 준비하면서 집중)
- I'm busy getting ready for the presentation tomorrow.
  (나는 바쁘다. 준비하면서 집중 그 발표 내일)

I'm busy getting ready 🎯 the presentation tomorrow.
(나는 바쁘다. 준비하면서 내일 발표를 목적으로 하여)

🛈 get ready for

get은 [가서 잡다]는 뜻으로 자동사가 될 수도 있다.
get ready는 가서 준비가 된 상태가 되는 것으로 [준비를 갖추다, 준비하다]라는 의미가 된다. 그리고 [집중]의 이미지를 가지는 for는 목적을 나타내므로 준비의 목적이 무엇인지 알려준다.

Speaking practice

나는 내일 발표를 준비하느라 바쁘다.
I'm busy _____ .

나는 내일 발표를 준비하느라 바쁘다.
_____ .

10day It takes two hours to get to the airport from here.

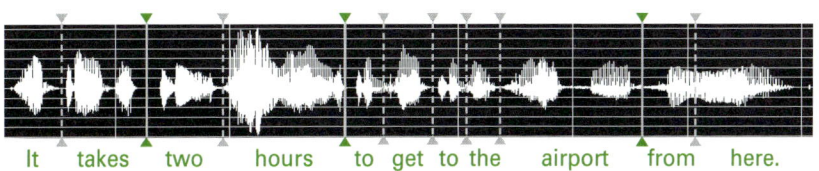

It–takes∨two–hours∨to–get–to–the–airport∨from–here.

이번의 경우에는 우리가 알고 있는 문법적인 끊어 읽기와 거의 일치하지만, 원어민은 문법적인 고려 없이 발음한다. 따라서 단어가 하나씩 추가되며 문장이 완성되는 과정을 통해 알아듣는 것이 중요하다.

Making Sentence reading practice　　set ①　set ②　set ③　set ④　set ⑤

- It
- It takes
- It takes two
- It takes two hours
- It takes two hours to
- It takes two hours to get
- It takes two hours to get to
- It takes two hours to get to the
- It takes two hours to get to the airport
- It takes two hours to get to the airport from
- It takes two hours to get to the airport from here.

문장이 완성되는 과정을 차례대로 약 1초 정도의 간격을 두고 소리 내어 읽으면서 의미를 생각합니다. 문장이 완성되는 전 과정을 하나의 set로 하여 각각 체크하며 5개의 set를 반복합니다.

여기서 영어문장을 우리말로 설명하는 것은 부득이한 것으로 중요하지 않습니다. 중요한 것은 영어 문장이 완성되는 과정을 통해 영어만으로 이해하는 것입니다.

- It takes two hours
  (그것은 제자리에서 잡는다. 2시간) → (그건 2시간이 걸린다.)
- It takes two hours to
  (그것은 제자리에서 잡는다. 2시간 도착점)
- It takes two hours to get to the airport
  (그것은 제자리에서 잡는다. 2시간 도착점 가지다 도착점 그 공항)
- It takes two hours to get to the airport from
  (그것은 제자리에서 잡는다. 2시간 도착점 가지다 도착점 그 공항 출발점)
- It takes two hours to get to the airport from here.
  (그것은 제자리에서 잡는다. 2시간 도착점 가지다 도착점 그 공항 출발점 여기)

It takes two hours →● get →● the airport ●← here.
(그것은 2시간이 걸린다. 여기서부터 공항에 도착하는 쪽으로)

💡 take와 get

take는 제자리에서 무엇을 잡는 것으로 확실한 타동사이다.
위의 문장처럼 시간을 take할 때는 시간이 걸린다는 뜻이 되고
사람을 take할 때는 일단 잡고 어디로 이동한다, 데려다 준다는 뜻이 된다.

I will take him to the school.
(나는 그를 태워 학교에 데려다 줄 것이다.)

반면에 get는 가서 무엇을 잡는 것으로 움직임이 먼저 이루어지기 때문에 무엇을 잡는 것이 생략되기도 하는데, 이런 경우에는 자동사가 된다.
예를 들어, get there는 거기에 가는 것으로 go there와 유사하지만, [도착하다], [이렇게 저렇게 해서 거기에 가다]라는 느낌이 강하다.

💡 from의 이미지는 [출발점]을 나타내는 ●← 이다.

from의 이미지는 [출발점]으로 [도착점]을 이미지로 하는 to와 반대된다. from은 출발점으로부터의 이동, 움직임을 나타낸다.

참고〉 우리가 빠트린 영어의 알맹이, 전치사의 이미지 : from

Speaking practice

여기서 공항에 도착하는 데까지 2시간이 걸린다.
It takes two hours _____ .

나가서 그 운동 기구 데려오는 데 2시간이 걸린다.
_____ .

They should've been returned four days ago.

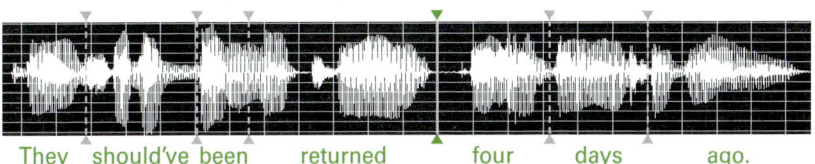

They–should've–been–returned V four–days–ago.

should've는 should have의 축약형으로 They should've been returned가 연음되어 잘 들리지 않는다. 하지만, 음파에서 알 수 있듯이 모든 단어가 분명하게 발음된다.

Making Sentence reading practice　set ①　set ②　set ③　set ④　set ⑤

- They

- They should've

- They should've been

- They should've been returned

- They should've been returned four

- They should've been returned four days

- They should've been returned four days ago.

문장이 완성되는 과정을 차례대로 약 1초 정도의 간격을 두고 소리 내어 읽으면서 의미를 생각합니다. 문장이 완성되는 전 과정을 하나의 set로 하여 각각 체크하며 5개의 set를 반복합니다.

여기서 영어문장을 우리말로 설명하는 것은 부득이한 것으로 중요하지 않습니다. 중요한 것은 영어 문장이 완성되는 과정을 통해 영어만으로 이해하는 것입니다.

- They should've (=They should have)
  (그들은 말하는 사람의 의지로 약하게 가지고 있다.) → (그들은 가지고 있어야 했다.)
- They should've been returned
  (그들은 가지고 있어야 했다. 있었던 돌려보내어진) : they(그들은, 그것들은)
  (그들은 돌려보내졌어야 했다.)
- They should've been returned four days ago.
  (그들은 돌려보내졌어야 했다. 4일 지금으로부터)
  (그들은 돌려보내졌어야 했다. 4일 전에)

tip should have pp : [~했어야 한다, ~했어야 했다]고 해석되는 이유

should는 말하는 사람의 의지, 판단을 약하게 말하는 것이므로
should have been returned의 경우에도 have been returned이어야 한다고 약하게 말하는 것이다.
현재완료 have been returned는 과거에 돌려보내졌던(been returned) 것을 현재에 가지고 있다(have)는 것이므로
should have been returned는 [과거에 돌려보내졌던 것을 현재에 가지고 있어야 한다]는 의미가 된다.
즉, 과거에 어떤 행동이 현재에 있어야 한다고 말하는 것이므로 실제로는 그렇지 못했음을 알 수 있다.

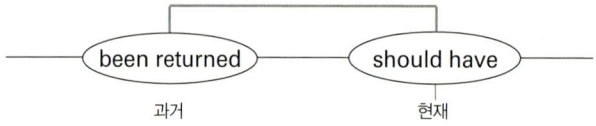

Speaking practice

그들은 가지고 있어야 했다. 4일 전에 돌려보내어졌어야 했다.

They should've _____ .

그들은 4일 전에 돌려보내어졌어야 했다.

_____ .

 **We shouldn't have bought the same model.**

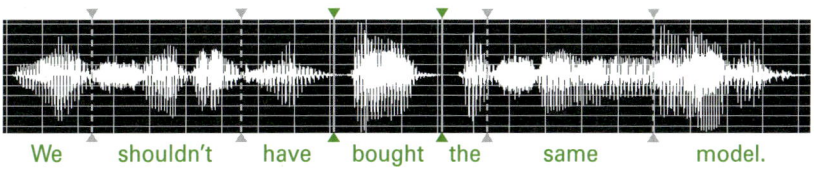

We-shouldn't-have ∨ bought ∨ the-same-model.

shouldn't은 should not의 축약형인데, we shouldn't have가 연음되어 잘 들리지 않는다.

Making Sentence reading practice　set ①　set ②　set ③　set ④　set ⑤

- We
- We shouldn't
- We shouldn't have
- We shouldn't have bought
- We shouldn't have bought the
- We shouldn't have bought the same
- We shouldn't have bought the same model.

문장이 완성되는 과정을 차례대로 약 1초 정도의 간격을 두고 소리 내어 읽으면서 의미를 생각합니다. 문장이 완성되는 전 과정을 하나의 set로 하여 각각 체크하며 5개의 set를 반복합니다.

여기서 영어문장을 우리말로 설명하는 것은 부득이한 것으로 중요하지 않습니다. 중요한 것은 영어 문장이 완성되는 과정을 통해 영어만으로 이해하는 것입니다.

- We shouldn't (= We should not)
  (우리는 약하게 해야 한다. 아니다) → (우리는 하지 말아야 한다.)
- We shouldn't have
  (우리는 하지 말아야 한다. 가지고 있다)
- We shouldn't have bought
  (우리는 하지 말아야 한다. 가지고 있다 샀던)
  (우리는 가지고 있지 말아야 한다. 과거에 샀던 것을)
  (우리는 사지 않았어야 했다.)
- We shouldn't have bought the same model.
  (우리는 사지 않았어야 했다. 같은 모델을)

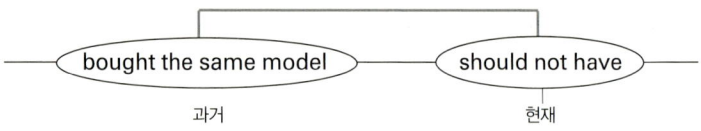

과거   현재

🔟 **should not have pp** : [~하지 않았어야 했다]라고 해석되는 이유

should는 말하는 사람의 의지, 판단을 약하게 말하는 것인데,
should not에서 not은 should를 부정하는 것이 아닌 다음의 have를 부정하는 것이다.
have bought는 과거에 샀던 것을 현재에 가지고 있다는 것이므로,
should not have bought는 과거에 샀던 것을 현재에 가지고 있지 않아야 한다고 말하는 사람이 자신의 판단을 표현하는 것이다.
따라서 이것은 우리말의 [사지 말았어야 했다]로 이해할 수 있다.

Speaking practice

우리는 같은 모델을 사지 말았어야 했다.
We shouldn't _____ .

우리는 같은 모델을 사지 말았어야 했다.

_____ .

There are so many people on the telephones and computers.

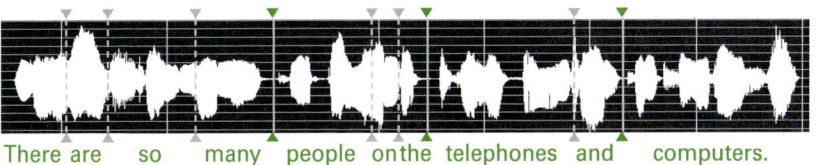

There–are–so–many∨ people–on–the∨ telephones–and∨ computers.

people on the가 연음되며 빠르게 발음되기 때문에 전치사 on을 알아듣기가 어렵지만, 음파에서 볼 수 있듯이 분명하게 발음된다.

Making Sentence reading practice   set ①   set ②   set ③   set ④   set ⑤

- There
- There are
- There are so
- There are so many
- There are so many people
- There are so many people on
- There are so many people on the
- There are so many people on the telephones
- There are so many people on the telephones and
- There are so many people on the telephones and computers.

문장이 완성되는 과정을 차례대로 약 1초 정도의 간격을 두고 소리 내어 읽으면서 의미를 생각합니다. 문장이 완성되는 전 과정을 하나의 set로 하여 각각 체크하며 5개의 set를 반복합니다.

여기서 영어문장을 우리말로 설명하는 것은 부득이한 것으로 중요하지 않습니다. 중요한 것은 영어 문장이 완성되는 과정을 통해 영어만으로 이해하는 것입니다.

- There are so many people
  (거기에 있다. 그렇게 많은 사람들)
- There are so many people on
  (거기에 있다. 그렇게 많은 사람들 접함)
- There are so many people on the telephones
  (거기에 있다. 그렇게 많은 사람들 접함 전화기들)
- There are so many people on the telephones and
  (거기에 있다. 그렇게 많은 사람들 접함 전화기들 그리고)
- There are so many people on the telephones and computers.
  (거기에 있다. 그렇게 많은 사람들 접함 전화기들 그리고 컴퓨터들)

There are so many people 🔍 the telephones and computers.
(거기에 있다. 그렇게 많은 사람들이 전화기들과 컴퓨터들에 접하여)

tip 전치사 on의 이미지 : 접함

접함을 나타내는 단어가 우리말에는 없기 때문에 on을 [~ 위에] 등으로 다양하게 해석하는데, on이 나타내는 [접함]의 이미지를 알면 쉽고 빠르게 이해할 수 있다.
[people on the telephones and computers]는 사람들이 전화기들과 컴퓨터들에 접하여 있는 것으로 [전화기와 컴퓨터를 이용하는 사람들]로 이해할 수 있다.
역으로 [전화기와 컴퓨터를 하는 사람들]을 영어로 말할 때, on을 이용하여 간단히 표현할 수 있다.

Speaking practice

전화기에 접하여 있는 사람들이 그렇게 많이 있다.
There are _____.

많은 사람들이 전화기에 접하여 있다.
_____.

Do the monitors have to be the same model?

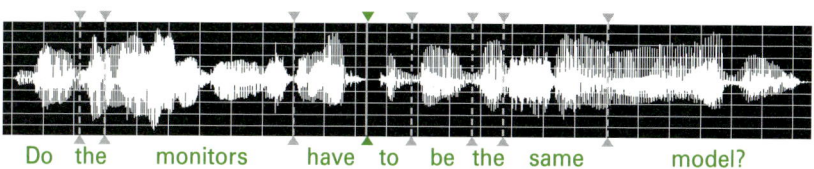

Do–the–monitors–have V to–be–the–same–model?

숙어인 have to가 끊어져 have는 앞의 단어와 연음되고 to는 다음의 단어들과 연음된다.

Making Sentence reading practice   set ①   set ②   set ③   set ④   set ⑤

- Do
- Do the
- Do the monitors
- Do the monitors have
- Do the monitors have to
- Do the monitors have to be
- Do the monitors have to be the
- Do the monitors have to be the same
- Do the monitors have to be the same model?

문장이 완성되는 과정을 차례대로 약 1초 정도의 간격을 두고 소리 내어 읽으면서 의미를 생각합니다. 문장이 완성되는 전 과정을 하나의 set로 하여 각각 체크하며 5개의 set를 반복합니다.

여기서 영어문장을 우리말로 설명하는 것은 부득이한 것으로 중요하지 않습니다. 중요한 것은 영어 문장이 완성되는 과정을 통해 영어만으로 이해하는 것입니다.

- Do the monitors?
  (하나? 그 모니터들)
- Do the monitors have?
  (하나? 그 모니터들 가지고 있다)
- Do the monitors have to
  (그 모니터들은 가지고 있나? 도착점)
- Do the monitors have to be the same model?
  (그 모니터들은 가지고 있나? 도착점 이다 같은 모델)

  Do the monitors have →● be the same model?
  (그 모니터들은 같은 모델이어야 하나?)

  | Do the monitors have | → | be the same model |

tip the monitors have to
사물에도 have to를 쓸 수 있다.

The monitors have to be the same model.
(모니터들은 같은 모델이어야 한다.)

have to를 의문문으로 만들 때,
have가 조동사가 아닌 본동사이므로 do를 쓰거나 should를 쓸 수 있는데, should를 쓰는 경우에는 [~해야 한다]는 의무감이 강화되거나 상대의 의도를 묻는 공손한 표현이 된다.

Should the monitors have to be the same model?
(모니터들은 같은 모델이어야만 하나요?)

Speaking practice

그 모니터들은 꼭 같은 모델이어야 하나요?
Do the monitors _____.

그 모니터들은 꼭 같은 모델이어야 하나요?
_____.

I was thinking of getting him a new blanket.

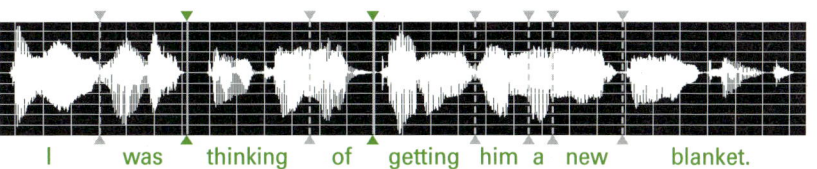

I–was∨thinking–of∨getting–him–a–new–blanket.

문법적인 끊어 읽기(I was thinking / of getting / him / a new blanket.)와 다르게 발음된다.

Making Sentence reading practice　　set ①　set ②　set ③　set ④　set ⑤

- I

- I was

- I was thinking

- I was thinking of

- I was thinking of getting

- I was thinking of getting him

- I was thinking of getting him a

- I was thinking of getting him a new

- I was thinking of getting him a new blanket.

문장이 완성되는 과정을 차례대로 약 1초 정도의 간격을 두고 소리 내어 읽으면서 의미를 생각합니다. 문장이 완성되는 전 과정을 하나의 set로 하여 각각 체크하며 5개의 set를 반복합니다.

여기서 영어문장을 우리말로 설명하는 것은 부득이한 것으로 중요하지 않습니다. 중요한 것은 영어 문장이 완성되는 과정을 통해 영어만으로 이해하는 것입니다.

- I was thinking
  (나는 있었다. 생각하면서)
- I was thinking of
  (나는 생각하고 있었다. 더 보니)
- I was thinking of getting
  (나는 생각하고 있었다. 더 보니 가서 잡는 것)
  (나는 생각하고 있었다. 가서 잡는 것에 대하여)
- I was thinking of getting him a new blanket.
  (나는 생각하고 있었다. 더 보니 가서 잡는 것 그를 하나의 새로운 담요)

I was thinking ⟨ getting him a new blanket.
(나는 생각하고 있었다. 그에게 새로운 담요를 주는 것에 대해)

🟢 tip get him a new blanket

get의 이미지가 [가서 잡는 것]이므로 get him은 가서 그를 잡는 것이고
get him a new blanket은 가서 그에게 새로운 담요를 주는 것이다.
참고로 get를 give와 비교하면,
give him a new blanket은 같은 공간에서 그에게 새로운 담요를 주는 것이고 get의 경우에는 다른 공간에 있는 그에게 가서 새로운 담요를 주는 것이라고 할 수 있다.

🟢 tip think of

think는 단순히 생각하는 것이고
of가 가지는 [확장, 더 보니]의 이미지에 따라
think of는 [생각하다 더 보니]인데, 이것은 생각의 대상을 보여주는 것으로 [~에 대해 생각하다]의 의미로 이해할 수 있다.

Speaking practice

나는 그에게 새로운 담요를 주는 것에 대하여 생각하고 있었다.

I was thinking _____.

나는 그에게 새로운 담요를 줄 생각을 하고 있었다.

_____.

 Have you decided on how to get there?

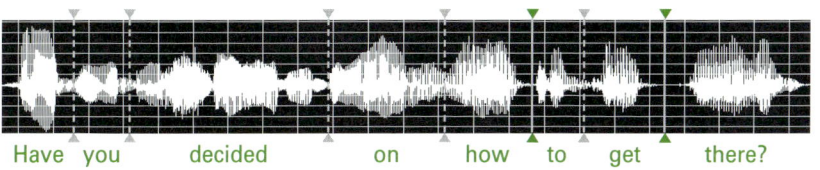

Have–you–decided–on–how ∨ to–get ∨ there?

Have you decided on how가 연음되어 발음된다.

Making Sentence reading practice   set ①   set ②   set ③   set ④   set ⑤

- Have

- Have you

- Have you decided

- Have you decided on

- Have you decided on how

- Have you decided on how to

- Have you decided on how to get

- Have you decided on how to get there?

문장이 완성되는 과정을 차례대로 약 1초 정도의 간격을 두고 소리 내어 읽으면서 의미를 생각합니다. 문장이 완성되는 전 과정을 하나의 set로 하여 각각 체크하며 5개의 set를 반복합니다.

여기서 영어문장을 우리말로 설명하는 것은 부득이한 것으로 중요하지 않습니다. 중요한 것은 영어 문장이 완성되는 과정을 통해 영어만으로 이해하는 것입니다.

- Have you?
  (가지고 있나? 너)

- Have you decided?
  (가지고 있나? 너 결정했던) → (너는 과거에 결정했던 것을 가지고 있나?)

- Have you decided on
  (가지고 있나? 너 결정했던 접함)

- Have you decided on how
  (가지고 있나? 너 결정했던 접함 어떻게) → (너는 어떻게 할지 결정했나?)

- Have you decided on how to get there?
  (가지고 있나? 너 결정했던 접함 어떻게 도착점 가지다 거기)

- Have you decided 〇 how ▸● get there?
  (너는 어떻게 할지 결정했나? 거기에 도착하는 쪽으로)
  (너는 거기에 어떻게 도착할지 결정했나?)

🛈 decide on

[~을 결정하다]의 뜻으로 해석되는 decide on에서 on이 쓰인 이유는
on의 이미지를 통해 어느 정도 이해할 수 있다.
무엇을 결정하는 것은
여러 물건 중 하나를 손가락으로 짚어 정하는 것 또는
여러 후보가 쓰여 있는 종이의 표면에서 하나를 정하는 것인데,
이러한 상황들은 모두 접하는 이미지를 가진다.
decide on에서의 on은 이러한 [점함]의 이미지를 간단히 나타내는 것이다.

참고) 우리가 빠트린 영어의 알맹이, 전치사의 이미지 : on

Speaking practice

너는 어디에 도착할지 결정했니?

Have you decided on _____ .

너는 어디에 갈지 결정했니?

_____ .

Making Sentence Listening   **126**

I won't be able to finish by the deadline!

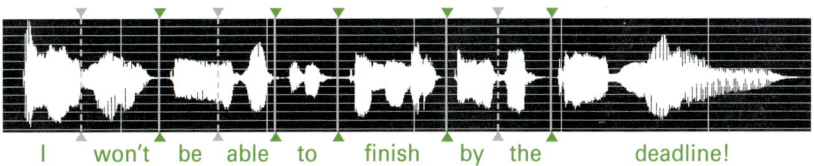

I–won't ∨ be–able ∨ to ∨ finish ∨ by–the ∨ deadline!
I won't에서 끊는 것은 won't을 정확히 말하기 위한 것으로 볼 수 있다.

Making Sentence reading practice set ① set ② set ③ set ④ set ⑤

- I

- I won't

- I won't be

- I won't be able

- I won't be able to

- I won't be able to finish

- I won't be able to finish by

- I won't be able to finish by the

- I won't be able to finish by the deadline!

문장이 완성되는 과정을 차례대로 약 1초 정도의 간격을 두고 소리 내어 읽으면서 의미를 생각합니다. 문장이 완성되는 전 과정을 하나의 set로 하여 각각 체크하며 5개의 set를 반복합니다.

여기서 영어문장을 우리말로 설명하는 것은 부득이한 것으로 중요하지 않습니다. 중요한 것은 영어 문장이 완성되는 과정을 통해 영어만으로 이해하는 것입니다.

- I won't (= I will not)
  (나는 일 것이다. 아니다) → (나는 아닐 것이다.)
- I won't be able
  (나는 아닐 것이다. 이다 능력 있는) → (나는 할 수 없을 것이다.)
- I won't be able to
  (나는 할 수 없을 것이다. 도착점)
- I won't be able to finish
  (나는 할 수 없을 것이다. 도착점 끝내다)
- I won't be able to finish by
  (나는 할 수 없을 것이다. 도착점 끝내다 영향)
- I won't be able to finish by the deadline!
  (나는 할 수 없을 것이다. 도착점 끝내다 영향 그 데드라인)

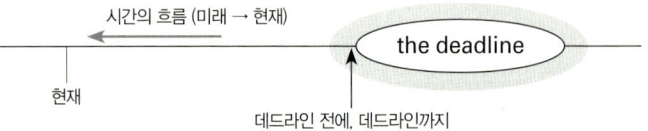

(나는 할 수 없을 것이다. 끝내는 쪽으로 그 데드라인까지)

🔵 by the deadline

by는 영향을 나타내어 영향이 미치는 힘(영향력), 영향이 미치는 범위(영향권)를 의미한다.

by the deadline은 deadline의 영향이 미치는 범위를 나타내는데, 시간이 미래에서 현재로 진행하므로 by the deadline은 deadline의 직전을 의미하게 되어 결과적으로 [데드라인까지]의 뜻으로 이해할 수 있다.

```
         시간의 흐름 (미래 → 현재)
    ←─────────────────────     ╭─────────╮
────┼──────────────↑──────────│the deadline│──────
    현재          데드라인 전에, 데드라인까지  ╰─────────╯
```

참고〉 우리가 빠트린 영어의 알맹이, 전치사의 이미지 : by

Speaking practice

나는 마감일까지 끝낼 수 없을 것이다.

I won't be _____ .

나는 마감일까지 끝낼 수 있을 것이다.

_____ .

And all this happened in one morning.

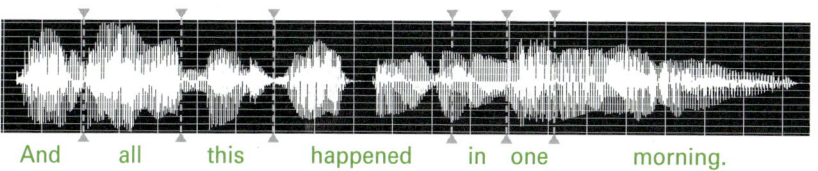

And all this happened in one morning.

And–all–this–happened–in–one–morning.
문법적인 구분 없이 문장의 모든 단어들이 연음되어 빠르게 발음된다.

Making Sentence reading practice　set ①　set ②　set ③　set ④　set ⑤

- And
- And all
- And all this
- And all this happened
- And all this happened in
- And all this happened in one
- And all this happened in one morning.

문장이 완성되는 과정을 차례대로 약 1초 정도의 간격을 두고 소리 내어 읽으면서 의미를 생각합니다. 문장이 완성되는 전 과정을 하나의 set로 하여 각각 체크하며 5개의 set를 반복합니다.

여기서 영어문장을 우리말로 설명하는 것은 부득이한 것으로 중요하지 않습니다. 중요한 것은 영어 문장이 완성되는 과정을 통해 영어만으로 이해하는 것입니다.

- And all
  (그리고 모두)
- And all this
  (그리고 모두 이것) → (그리고 이 모든 것들)
- And all this happened
  (그리고 모두 이것 일어났다) : 일단 문장 완성
- And all this happened in
  (그리고 모두 이것 일어났다. 영역)
- And all this happened in one morning.
  (그리고 모두 이것 일어났다. 영역 하나의 아침)

And all this happened ☐ one morning.
(그리고 이 모든 것들 일어났다. 하루아침에)

tip **in one morning**

전치사 in의 이미지는 [영역]이다. 일반적으로 in은 내부를 나타내지만, 근본적인 이미지는 경계와 내부를 포함하는 [영역]이라고 할 수 있다.

in an hour와 같이 in이 시간을 꾸밀 때는 영역 전체를 나타내어 한 시간 전체를 나타낸다. 따라서 이것은 [한 시간이 지나서]의 뜻으로 이해할 수 있다.

in one morning은 전치사 in이 one morning의 전체를 나타내므로 [one morning이 지나서], [하루아침에]라는 의미로 이해할 수 있다.

참고) 우리가 빠트린 영어의 알맹이, 전치사의 이미지 : in

Speaking practice

그리고 이 모든 것들은 하루아침에 일어났다.
And all this _____.

그리고 이 모든 것들은 하루아침에 일어났다.
_____.

12day I haven't decided which graph I'll use.

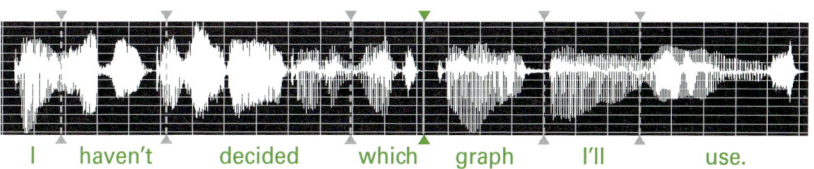

I haven't decided which graph I'll use.

I–haven't–decided–which ∨ graph–I'll–use.

I haven't decided which가 연음되어 발음되는데, have not의 축약형인 haven't의 t가 약하지만 분명하게 발음된다.

Making Sentence reading practice   set ①   set ②   set ③   set ④   set ⑤

- I

- I haven't

- I haven't decided

- I haven't decided which

- I haven't decided which graph

- I haven't decided which graph I'll

- I haven't decided which graph I'll use.

문장이 완성되는 과정을 차례대로 약 1초 정도의 간격을 두고 소리 내어 읽으면서 의미를 생각합니다. 문장이 완성되는 전 과정을 하나의 set로 하여 각각 체크하며 5개의 set를 반복합니다.

여기서 영어문장을 우리말로 설명하는 것은 부득이한 것으로 중요하지 않습니다. 중요한 것은 영어 문장이 완성되는 과정을 통해 영어만으로 이해하는 것입니다.

- I haven't (= I have not)
  (나는 가지고 있지 않다.)
- I haven't decided
  (나는 가지고 있지 않다. 결정했던) → (나는 과거에 결정했던 것을 가지고 있지 않다.)
- I haven't decided which
  (나는 가지고 있지 않다. 결정했던 어떤)
- I haven't decided which graph
  (나는 가지고 있지 않다. 결정했던 어떤 그래프)
- I haven't decided which graph I'll use.
  (나는 가지고 있지 않다. 결정했던 어떤 그래프 내가 이용할 것이다.)
  (나는 현재까지 결정하고 있지 않다. 내가 어떤 그래프를 이용할 것인지를.)

tip decide on과 decide의 차이

decide on은 decide의 차이는 이미지의 차이이다.
decide on은 여러 개 중에서 손가락으로 접하여 정하는 신중한 느낌이 있고
on 없이 decide만을 쓰는 경우는 바로 보면서 결정하는 경우라고 할 수 있다.

Speaking practice

나는 그래프를 이용할지 결정하지 못했다.
I haven't decided _____ .

내가 어떤 그래프를 이용할지 결정하지 못했다.
_____ .

12day He won't stop crying at all.

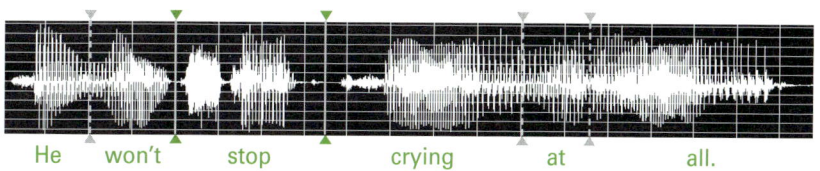

He won't stop crying at all.

He–won't ∨ stop ∨ crying–at–all.

crying at all이 연음되며 마치 하나의 단어처럼 발음된다.

Making Sentence reading practice   set ①   set ②   set ③   set ④   set ⑤

- He

- He won't

- He won't stop

- He won't stop crying

- He won't stop crying at

- He won't stop crying at all.

문장이 완성되는 과정을 차례대로 약 1초 정도의 간격을 두고 소리 내어 읽으면서 의미를 생각합니다. 문장이 완성되는 전 과정을 하나의 set로 하여 각각 체크하며 5개의 set를 반복합니다.

여기서 영어문장을 우리말로 설명하는 것은 부득이한 것으로 중요하지 않습니다. 중요한 것은 영어 문장이 완성되는 과정을 통해 영어만으로 이해하는 것입니다.

- He won't (= He will not)
  (그는 일 것이다. 아니다) → (그는 아닐 것이다.)
- He won't stop
  (그는 아닐 것이다. 멈추다) → (그는 멈추지 않을 것이다.)
- He won't stop crying
  (그는 아닐 것이다. 멈추다 우는 것) → (그는 우는 것을 멈추지 않을 것이다.)
- He won't stop crying at all.
  (그는 아닐 것이다. 멈추다 우는 것 점의 위치 모두)

  He won't stop crying ⊕ all.
  (그는 우는 것을 결코 멈추지 않을 것이다.)

  tip at all

  부정문에서 at all은 [결코]의 뜻으로 해석되는데,
  그 이유는 전치사 at의 이미지가 [점의 위치]인 것을 참고하면 쉽게 알 수 있다.

  at all
  (점의 위치 모두) → (모든 것에서)

  at all은 모든 것의 위치를 나타내므로 [모든 것에서]라고 이해할 수 있고
  부정문 not ~ at all은 모든 것에서 아니므로 자연스럽게 [결코 ~아니다]라는 뜻이 된다.

  부정문이 아닌 경우에 at all은 [모든 것에서 ~하다 → 기왕에 하다]는 뜻으로 이해할 수 있다.

  Do it well, if you do it at all.
  (그것을 잘 해라, 네가 기왕에 그것을 하려면.)
  참고) 우리가 빠트린 영어의 알맹이, 전치사의 이미지 : at

Speaking practice

그는 결코 갖을 멈추지 않을 것이다.
He won't _____.

그는 결코 갖을 먹지 않을 것이다.
_____.

12day I dropped it and stepped on it by mistake.

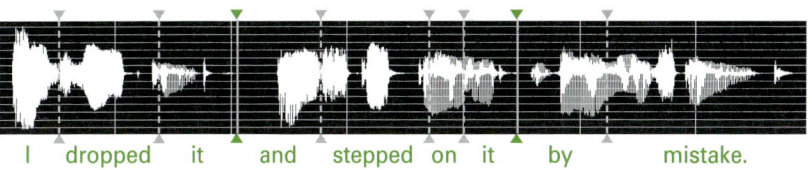

I–dropped–it∨ and–stepped–on–it∨ by–mistake.

이 경우에는 문법적인 끊어 읽기와 거의 동일하게 발음되지만, 사실 원어민은 문법적인 의미의 구분과 관계없이 연음하거나 끊어서 발음한다.

Making Sentence reading practice   set ①   set ②   set ③   set ④   set ⑤

- I

- I dropped

- I dropped it

- I dropped it and

- I dropped it and stepped

- I dropped it and stepped on

- I dropped it and stepped on it

- I dropped it and stepped on it by

- I dropped it and stepped on it by mistake.

문장이 완성되는 과정을 차례대로 약 1초 정도의 간격을 두고 소리 내어 읽으면서 의미를 생각합니다. 문장이 완성되는 전 과정을 하나의 set로 하여 각각 체크하며 5개의 set를 반복합니다.

여기서 영어문장을 우리말로 설명하는 것은 부득이한 것으로 중요하지 않습니다. 중요한 것은 영어 문장이 완성되는 과정을 통해 영어만으로 이해하는 것입니다.

- I dropped it
  (나는 떨어뜨렸다. 그것을)
- I dropped it and
  (나는 떨어뜨렸다. 그것을 그리고)
- I dropped it and stepped on
  (나는 떨어뜨렸다. 그것을 그리고 걸었다 접함)
- I dropped it and stepped on it
  (나는 떨어뜨렸다. 그것을 그리고 걸었다 접함 그것)
- I dropped it and stepped on it by mistake.
  (나는 떨어뜨렸다. 그것을 그리고 걸었다 접함 그것 영향 실수)

I dropped it and stepped ⊙ it ✲ mistake.
(나는 떨어뜨렸다. 그것을 그리고 밟았다. 실수의 영향으로)

💡 step on

step(걸음, 걷다)+on(접함)
걸어서 접하는 것은 간단히 말해 밟은 것이다.

Speaking practice

나는 그것을 밟았다, 실수로.
I dropped _____ .

나는 그것을 실수로 밟았다.
_____ .

12 day

Why don't we get him something together?

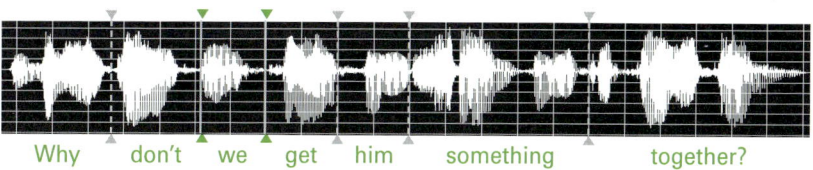

Why–don't ∨we ∨get–him–something–together?

원어민이 문장의 단어들을 어떻게 연음하고 끊어 발음하는가는 상황에 따라 달라질 수 있는데, 학습자의 입장에서는 듣기에 어려움이 있을 수 있다. 이 문제를 해결하는 방법은 단어가 추가되어 문장이 완성되는 과정에 익숙해지는 것이다.

Making Sentence reading practice set ① set ② set ③ set ④ set ⑤

- Why

- Why don't

- Why don't we

- Why don't we get

- Why don't we get him

- Why don't we get him something

- Why don't we get him something together?

문장이 완성되는 과정을 차례대로 약 1초 정도의 간격을 두고 소리 내어 읽으면서 의미를 생각합니다. 문장이 완성되는 전 과정을 하나의 set로 하여 각각 체크하며 5개의 set를 반복합니다.

여기서 영어문장을 우리말로 설명하는 것은 부득이한 것으로 중요하지 않습니다. 중요한 것은 영어 문장이
완성되는 과정을 통해 영어만으로 이해하는 것입니다.

- Why don't
  (왜 하지 않나?)
- Why don't we
  (왜 하지 않나? 우리)
- Why don't we get him
  (왜 하지 않나? 우리 가서 잡다 그를)
- Why don't we get him something
  (왜 하지 않나? 우리 가서 잡다 그를 무언가를)
- Why don't we get him something together?
  (왜 하지 않나? 우리 가서 잡다 그를 무언가를 함께)
  (왜 우리는 함께 그에게 무언가를 주지 않나?)

🟢 **why don't ~?**

[why don't ~?]는 [왜 하지 않나?]의 뜻으로 권하는 의미가 있어
우리말로 간단히 [어때?]하고 의역할 수 있지만,
표현상으로는 분명히 [왜 하지 않나?]라고 물어보는 것이다.

🟢 **get him something**

get의 이미지가 가서 잡는 것이므로
get him은 가서 그를 잡는 것이고
get him something은 그에게 가서 무언가를 주는 것이다.

Speaking practice

함께 그에게 무언가를 주는게 어때?

Why don't _____ .

함께 그에게 무언가를 주는게 어때?

_____ .

That means it'll take a total of three hours.

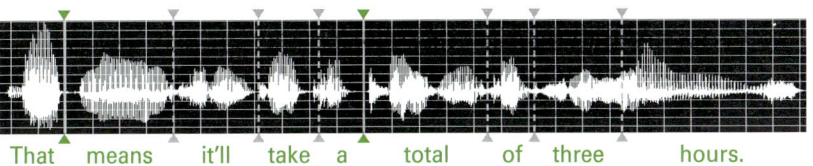

That∨means–it'll–take–a∨total–of–three–hours.

means it'll take a가 연음되며 빠르게 발음된다. 덕분에 문법적으로 구분하여 이해할 여유없이 빨리 말하는 것처럼 들린다.

Making Sentence reading practice   set ①   set ②   set ③   set ④   set ⑤

- That

- That means

- That means it'll

- That means it'll take

- That means it'll take a

- That means it'll take a total

- That means it'll take a total of

- That means it'll take a total of three

- That means it'll take a total of three hours.

문장이 완성되는 과정을 차례대로 약 1초 정도의 간격을 두고 소리 내어 읽으면서 의미를 생각합니다. 문장이 완성되는 전 과정을 하나의 set로 하여 각각 체크하며 5개의 set를 반복합니다.

여기서 영어문장을 우리말로 설명하는 것은 부득이한 것으로 중요하지 않습니다. 중요한 것은 영어 문장이 완성되는 과정을 통해 영어만으로 이해하는 것입니다.

- That means
  (저것은 의미한다.)
- That means it'll take (=it will take)
  (저것은 의미한다. 그것은 잡을 것이다)
- That means it'll take a total of
  (저것은 의미한다. 그것은 잡을 것이다 하나의 합계 더 보니)
- That means it'll take a total of three hours.
  (저것은 의미한다. 그것은 잡을 것이다 하나의 합계 더 보니 3시간)

  That means it'll take a total ⟨ three hours.
  (저것은 의미한다. 그것은 잡을 것이다 3시간이라는 합계)
  (그것은 의미한다. 3시간이라는 합계가 걸릴 것이라는 것을)

🅣 a total of three hours

a total of three hours에서 [확장, 더 보니]의 이미지를 가진 of는 a total과 three hours가 같은 것임을 나타낸다.

a total of 3 hours
(하나의 합계 더 보니 3시간) → (a total = 3 hours)

the city of Seoul
(그 도시 더 보니 서울) → (city = Seoul) → (서울이라는 도시)

참고) 우리가 빠트린 영어의 알맹이, 전치사의 이미지 : of

Speaking practice

그것은 의미합니다. 총 3시간이 걸릴 것이라고요.
That means it'll _____ .

총 3시간이 걸릴 것이라는 의미입니다.

_____ .

 Starting on August 3rd, it'll last 5 days.

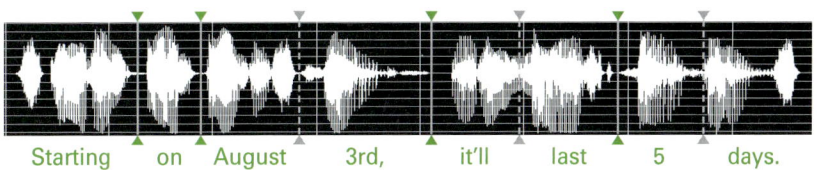

Starting∨on∨August–3rd,∨it'll–last∨5–days.

전치사 on이 분명하게 발음되고, it will의 축약형인 it'll과 last가 연음되면서 [L]의 발음이 겹쳐 알아듣기 까다로울 수 있다.

Making Sentence reading practice   set ①   set ②   set ③   set ④   set ⑤

- Starting

- Starting on

- Starting on August

- Starting on August 3rd

- Starting on August 3rd, it'll

- Starting on August 3rd, it'll last

- Starting on August 3rd, it'll last 5

- Starting on August 3rd, it'll last 5 days.

문장이 완성되는 과정을 차례대로 약 1초 정도의 간격을 두고 소리 내어 읽으면서 의미를 생각합니다. 문장이 완성되는 전 과정을 하나의 set로 하여 각각 체크하며 5개의 set를 반복합니다.

여기서 영어문장을 우리말로 설명하는 것은 부득이한 것으로 중요하지 않습니다. 중요한 것은 영어 문장이 완성되는 과정을 통해 영어만으로 이해하는 것입니다.

- **Starting on**
  (출발하면서 접함)
- **Starting on August 3rd**
  (출발하면서 접함 8월 3일)
- **Starting on August 3rd, it'll (= it will)**
  (출발하면서 접함 8월 3일 그것은 할 것이다.)
- **Starting on August 3rd, it'll last**
  (출발하면서 접함 8월 3일 그것은 할 것이다. 지속하다)
- **Starting on August 3rd, it'll last 5 days.**
  (출발하면서 접함 8월 3일 그것은 할 것이다. 지속하다 5일)

Starting on August 3rd, it'll last 5 days.
(8월 3일에 출발하면서 그것은 5일간 지속될 것이다.)

🔟 **날짜, 요일은 on으로 나타내는 이유**

년, 월, 계절, 아침, 저녁 등은 모두 in으로 나타내면서
in 2013, in Summer, in July, in the morning
유독 날짜, 요일에 on을 쓰는 이유는 뭘까?
on July 12, on Monday
날짜, 요일은 달력을 통해 정확히 알 수 있기 때문으로 볼 수 있다. 달력과 같이 표면에 정보가 있는 경우에는 on으로 나타낸다.

참고〉 우리가 빠트린 영어의 알맹이, 전치사의 이미지 : on

Speaking practice

8월 3일에 출발하면서 5일간 계속될 것이다.
Starting on _____ .

8월 3일에 출발해서 5일간 계속될 것이다.
_____

13 day   The deadline for registration is July 15th, 2009.

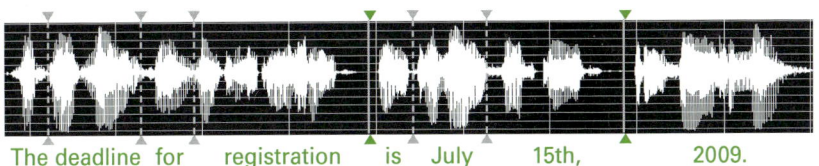

The deadline for registration ∨is–July–15th, ∨2009.

다소 긴 주어인 the deadline for registration이 연음되고 is July 15th가 연음되어 잘 들리지 않는다.

Making Sentence reading practice   set ①   set ②   set ③   set ④   set ⑤

- The

- The deadline

- The deadline for

- The deadline for registration

- The deadline for registration is

- The deadline for registration is July

- The deadline for registration is July 15th

- The deadline for registration is July 15th, 2009.

문장이 완성되는 과정을 차례대로 약 1초 정도의 간격을 두고 소리 내어 읽으면서 의미를 생각합니다. 문장이 완성되는 전 과정을 하나의 set로 하여 각각 체크하며 5개의 set를 반복합니다.

여기서 영어문장을 우리말로 설명하는 것은 부득이한 것으로 중요하지 않습니다. 중요한 것은 영어 문장이 완성되는 과정을 통해 영어만으로 이해하는 것입니다.

- **The deadline for**
  (마감시간 집중)
- **The deadline for registration**
  (마감시간 집중 등록) → (등록 마감시간)
- **The deadline for registration is**
  (마감시간 집중 등록 이다)
- **The deadline for registration is July 15th, 2009.**
  (마감시간 집중 등록 이다. 7월 15일 2009년)

  The deadline ⊕ registration is July 15th, 2009.
  (등록 마감시간은 7월 15일이다. 2009년)

🔵 **for / of**

the deadline for registration,
the deadline of registration
이 둘의 차이점은 전치사 for와 of의 이미지의 차이이다.

the deadline ⊕ registration
(마감시간 집중 등록) → (등록을 위한 마감시간)

the deadline ◁ registration
(마감시간 더 보니 등록) → (등록의 마감시간)

Speaking practice

음록 하란 마감시간은 2009년 7월 15일이다.
The deadline _____ .

음록 마감시간은 2009년 7월 15일이다.
_____ .

13day You were here yesterday, weren't you?

You–were–here–yesterday,–weren't–you?

weren't는 were not의 축약형으로 문법적으로는 weren't you가 앞부분과 구분이 될 것 같지만, 문장 전체가 연음되어 빠르게 발음된다.

Making Sentence reading practice   set ①   set ②   set ③   set ④   set ⑤

- You

- You were

- You were here

- You were here yesterday

- You were here yesterday, weren't

- You were here yesterday, weren't you?

문장이 완성되는 과정을 차례대로 약 1초 정도의 간격을 두고 소리 내어 읽으면서 의미를 생각합니다. 문장이 완성되는 전 과정을 하나의 set로 하여 각각 체크하며 5개의 set를 반복합니다.

여기서 영어문장을 우리말로 설명하는 것은 부득이한 것으로 중요하지 않습니다. 중요한 것은 영어 문장이 완성되는 과정을 통해 영어만으로 이해하는 것입니다.

- You were
  (너는 있었다.)
- You were here yesterday
  (너는 있었다. 여기 어제) : 일단 문장 완성
- You were here yesterday, weren't (= were not)
  (너는 있었다. 여기 어제, 있지 않았다)
- You were here yesterday, weren't you?
  (너는 있었다. 여기 어제, 있지 않았나? 너)
  (너는 어제 여기 있었다. 그렇지 않아?)

tip were

be 동사 중에서 이상하게 낯설고 알아듣지 못하는 단어가 were이다.
You were ~ → Were you ~?
We were ~ → Were we ~?
They were ~ → Were they ~?

were의 발음을 대개는 [워]라고 알고 있고 그렇게 발음하지만,
실제 발음기호는 [wə:r]으로서 [워얼]이고 [r]발음이 강하다.
주로 you, we, they와 연음되기 때문에 알아듣기 어렵고 발음하기도 애매한 단어이다. 특히, were not의 축약형인 weren't은 더욱 알아듣기 어렵다. 따라서 평소에 듣고 말하는 연습이 필요하다.

Speaking practice

너는 어제 집에 있었다. 그렇지 않았어?
You were _____ .

너는 어제 학교에 있었다. 아니었어?
_____ .

13 day   You'd have to get up really early.

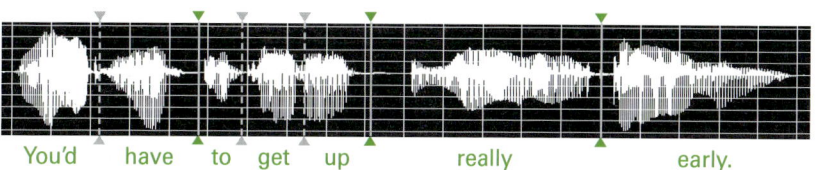

You'd have to get up really early.

You'd–have∨to–get–up∨really∨early.

you'd have가 연음되어 발음되고 살짝 쉬었다가 to가 나오기 때문에 우리가 알고 있는 [~해야 한다]의 have to를 생각하지 못할 수도 있다. 이 문제를 극복하는 방법은 각 단어를 이미지대로 이해하는 것이다.

Making Sentence reading practice   set ①   set ②   set ③   set ④   set ⑤

- You'd
- You'd have
- You'd have to
- You'd have to get
- You'd have to get up
- You'd have to get up really
- You'd have to get up really early.

문장이 완성되는 과정을 차례대로 약 1초 정도의 간격을 두고 소리 내어 읽으면서 의미를 생각합니다. 문장이 완성되는 전 과정을 하나의 set로 하여 각각 체크하며 5개의 set를 반복합니다.

여기서 영어문장을 우리말로 설명하는 것은 부득이한 것으로 중요하지 않습니다. 중요한 것은 영어 문장이 완성되는 과정을 통해 영어만으로 이해하는 것입니다.

- **You'd (=You would)**
  (너는 약하게 ~일 것이다.) : would (약한 will)
- **You'd have to**
  (너는 가지고 있을 것 같다. 도착점)
- **You'd have to get up really early.**
  (너는 가지고 있을 것 같다. 도착점 일어나다 정말 일찍)

  You'd have ↬ get up really early.
  (너는 가지고 있을 것 같다. 정말 일찍 일어나는 쪽으로)
  (너는 정말 일찍 일어나야 할 것 같다.)

💡 you'd는 무엇의 축약형일까?

you'd로 축약할 수 있는 것은 you would, you had의 2가지이다.
(could나 should는 일반적으로 축약형을 쓰지 않는다.)
이 두 가지 중에서 어떤 것인지는 문장의 전체를 통해 알 수 있다.

You'd get angry. (=You would get angry.)
(너는 화낼 것 같다.)

I hope you'd a good meal. (= I hope you had a good meal.)
(나는 희망한다. 네가 식사를 잘 했기를)

[You'd have to get up.]에서는 have to가 있어 you had는 안되므로 you would가 축약된 것임을 알 수 있다.

참고로 would 대신에 will을 쓰면 주어인 you의 미래가 보다 강하게 나타난다.

You will have to get up early.
(너는 일찍 일어나야 할 것이다.)

Speaking practice

너는 많은 돈을 모아가야 할 것 같다.
You'd have _____.

너는 많은 돈을 모아가야 할 것 같다.
_____.

 **What about taking them on a city tour?**

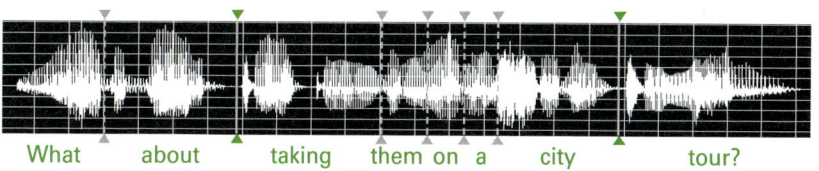

What–about ∨ taking–them–on–a–city ∨ tour?

them on a가 연음되며 [뎀오너]로 마치 하나의 단어처럼 발음된다.

Making Sentence reading practice   set ①   set ②   set ③   set ④   set ⑤

- What

- What about

- What about taking

- What about taking them

- What about taking them on

- What about taking them on a

- What about taking them on a city

- What about taking them on a city tour?

문장이 완성되는 과정을 차례대로 약 1초 정도의 간격을 두고 소리 내어 읽으면서 의미를 생각합니다. 문장이 완성되는 전 과정을 하나의 set로 하여 각각 체크하며 5개의 set를 반복합니다.

여기서 영어문장을 우리말로 설명하는 것은 부득이한 것으로 중요하지 않습니다. 중요한 것은 영어 문장이 완성되는 과정을 통해 영어만으로 이해하는 것입니다.

- What about
  (무엇? 여기저기)
- What about taking them
  (무엇 여기저기 잡는 것 그들을) → (그들을 잡는 것에 관하여 무엇?)
  (그들을 잡는 게 어때?)
- What about taking them on
  (무엇 여기저기 잡는 것 그들을 접함)
- What about taking them on a city tour?
  (무엇 여기저기 잡는 것 그들을 접함 하나의 도시 여행)
  What ◌ taking them ◯ a city tour?
  (어때? 그들을 잡아서 하나의 도시 여행에 접하도록 하는 것에 관하여)

🄣 what about ~ing / how about ~ing

about의 이미지는 [여기저기]을 의미하는 ◌로
about taking them은 [taking them의 여기저기]를 의미한다.
what about taking them은 taking them의 여기저기, 이것저것에 관해 what이라고 의견을 물어보는 것이므로 [그들을 데려가는 게 어때?]라는 의미가 된다.
how about의 경우도 마찬가지이다.

참고〉 우리가 빠트린 영어의 알맹이, 전치사의 이미지 : about

🄣 on a city tour

on a city tour에서 왜 on이 이용될까?
tour, way, travel, picnic, journey 등과 같이 사람이 움직이는 것은 행적이 선과 같고 선의 위치를 나타내는 것에는 [접함]을 이미지로 하는 on이 적당하기 때문이다.

참고〉 우리가 빠트린 영어의 알맹이, 전치사의 이미지 : on

taking them on a city tour는 그들을 잡아서 city tour에 갖다 붙이는 것이다. 즉, 그들에게 시내 관광을 시켜 준다는 뜻이 된다.

Speaking practice

그들을 낚시에 데려가는 것이 어때?
What about taking _____.

그들을 시내 산책에 데려가는 게 어때?
_____.

14day You don't necessarily need a prescription for this.

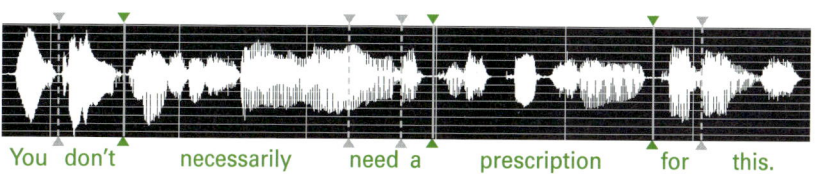

You–don't ∨ necessarily–need–a ∨ prescription ∨ for–this.

necessarily need a가 연음되며 빠르게 발음되기 때문에 need와 a가 잘 들리지 않을 수 있는데, 음파에서 알 수 있듯이 원어민은 모두 분명히 발음한다.

Making Sentence reading practice   set ①   set ②   set ③   set ④   set ⑤

- You

- You don't

- You don't necessarily

- You don't necessarily need

- You don't necessarily need a

- You don't necessarily need a prescription

- You don't necessarily need a prescription for

- You don't necessarily need a prescription for this.

문장이 완성되는 과정을 차례대로 약 1초 정도의 간격을 두고 소리 내어 읽으면서 의미를 생각합니다. 문장이 완성되는 전 과정을 하나의 set로 하여 각각 체크하며 5개의 set를 반복합니다.

여기서 영어문장을 우리말로 설명하는 것은 부득이한 것으로 중요하지 않습니다. 중요한 것은 영어 문장이 완성되는 과정을 통해 영어만으로 이해하는 것입니다.

- You don't
  (너는 하지 않다.)
- You don't necessarily
  (너는 하지 않다. 필수적으로.)
- You don't necessarily need a prescription
  (너는 하지 않다. 필수적으로 필요하다 하나의 처방전.)
  ↓ 필수적으로 필요하다는 것을 don't하다.
  (너는 처방전이 필수적으로 필요한 것은 아니다.)
- You don't necessarily need a prescription for
  (너는 하지 않다. 필수적으로 필요하다 하나의 처방전 집중)
- You don't necessarily need a prescription for this.
  (너는 하지 않다. 필수적으로 필요하다 하나의 처방전 집중 이것)

You don't necessarily need a prescription ⤢ this.
(너는 필수적으로 필요하지는 않다. 이것을 위한 하나의 처방전)

tip You don't necessarily / You necessarily don't

You don't necessarily는 필수적이라는 것을 하지 않는 것이므로 필수적인 것이 아니라는 의미가 된다.

It's not necessarily so.
(그것이 필수적으로 그런 것은 아니다.) → (반드시 그렇다는 것은 아니다.)

반면에 necessarily가 don't 앞에 오면, 필수적으로 하지 않는 것이므로 절대로 하지 않는다는 강한 부정이 된다.

He necessarily don't lie. (그는 절대로 거짓말하지 않는다.)

Absolutely not! (절대로 안 된다.)

영문법에서는 이런 것을 부정의 종류로 외우는데, 단어의 순서에 따라 이미지를 잡는 것만으로 자연스럽고 빠르게 이해할 수 있다.

Speaking practice

이 약을 위해 반드시 처방전이 필요한 것은 아닙니다.
You don't _____.

이 들은 네 친구들이 꼭 그런 것은 아니다.
_____.

But you have to clean the bathroom for the next week.

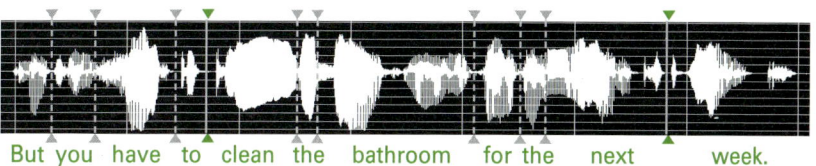

But–you–have–to ∨clean–the–bathroom–for–the–next ∨week.

clean the bathroom for the next가 연음되어 빠르게 발음되기 때문에 for the가 잘 들리지 않을 수 있는데, 문장의 의미를 제대로 파악하기 위해서는 모두 알아들어야 한다.

Making Sentence reading practice   set ①   set ②   set ③   set ④   set ⑤

- But

- But you

- But you have

- But you have to

- But you have to clean

- But you have to clean the

- But you have to clean the bathroom

- But you have to clean the bathroom for

- But you have to clean the bathroom for the

- But you have to clean the bathroom for the next

- But you have to clean the bathroom for the next week.

문장이 완성되는 과정을 차례대로 약 1초 정도의 간격을 두고 소리 내어 읽으면서 의미를 생각합니다. 문장이 완성되는 전 과정을 하나의 set로 하여 각각 체크하며 5개의 set를 반복합니다.

여기서 영어문장을 우리말로 설명하는 것은 부득이한 것으로 중요하지 않습니다. 중요한 것은 영어 문장이 완성되는 과정을 통해 영어만으로 이해하는 것입니다.

- But you have to
  (그러나 너는 가지고 있다. 도착점)
- But you have to clean the bathroom
  (그러나 너는 가지고 있다. 도착점 청소하다 그 욕실)
- But you have to clean the bathroom for
  (그러나 너는 가지고 있다. 도착점 청소하다 그 욕실 집중)
- But you have to clean the bathroom for the next week.
  (그러나 너는 가지고 있다. 도착점 청소하다 그 욕실 집중 다음 주)

But you have 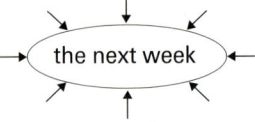 clean the bathroom the next week.
(그러나 너는 가지고 있다. 그 욕실을 청소하는 쪽으로 다음 주 동안)
(그러나 너는 그 욕실을 다음 주 동안 청소해야 한다.)

| But you have to clean the bathroom | → | the next week |

🟢 for the next week

for one hour가 [한 시간 동안]인 것처럼
for the next week는 [다음 주 동안]을 의미한다.
그런데, 여기에 왜 for가 쓰일까?
for를 단순히 [~을 위하여]로 해석하면, [다음 주를 위하여]가 되어 어색하지만,
[집중, 목적]을 나타내는 for의 이미지에 맞추어 [다음 주가 되도록]이라고 보면, [다음 주 동안, 다음 주 내내]의 뜻으로 이해할 수 있다.
우리말로 일단 이해한 후에는 영어의 이미지로 익히는 것이 중요하다.

참고) 우리가 빠트린 영어의 알맹이, 전치사의 이미지 : for

Speaking practice

그러나 너는 다음 주 동안 욕실을 청소해야 한다.
But you have _____ .

미안, 나는 다음 주 내내 욕실을 청소해야 한다.
_____ .

What am I supposed to do while you're working?

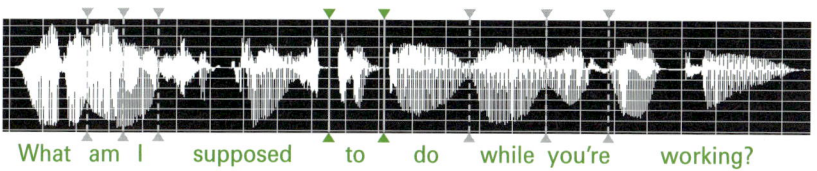

What–am–I–supposed ∨ to ∨ do–while–you're–working?

do while you're working이 연음되어 빠르게 발음되기 때문에 while, you're가 잘 들리지 않는다.

Making Sentence reading practice   set ①   set ②   set ③   set ④   set ⑤

- What

- What am

- What am I

- What am I supposed

- What am I supposed to

- What am I supposed to do

- What am I supposed to do while

- What am I supposed to do while you're

- What am I supposed to do while you're working?

문장이 완성되는 과정을 차례대로 약 1초 정도의 간격을 두고 소리 내어 읽으면서 의미를 생각합니다. 문장이 완성되는 전 과정을 하나의 set로 하여 각각 체크하며 5개의 set를 반복합니다.

여기서 영어문장을 우리말로 설명하는 것은 부득이한 것으로 중요하지 않습니다. 중요한 것은 영어 문장이 완성되는 과정을 통해 영어만으로 이해하는 것입니다.

- What am I
  (무엇 인가? 나)
- What am I supposed
  (무엇 인가? 나는 상상된)
  (무엇으로 나는 상상되는가?)
- What am I supposed to do
  (무엇으로 나는 상상되는가? 도착점 하다)
  (나는 상상되는가? 무엇을 하는 쪽으로)
- What am I supposed to do while
  (무엇으로 나는 상상되는가? 도착점 하다 ~하는 동안)
- What am I supposed to do while you're working?
  (무엇으로 나는 상상되는가? 도착점 하다 네가 일하고 있는 동안)

  What am I supposed →● do while you're working?
  (나는 상상되는가? 무엇을 하는 쪽으로 네가 일하고 있는 동안)
  (나는 무엇을 하기로 상상되는가? 네가 일하고 있는 동안)

tip you're = you are

you are의 축약형인 you're는 문장에서 [juəːr], [jɔːr], [jəːr]로 발음되는데, 일반적으로 your와 발음이 같다.

tip be supposed

suppose의 뜻이 [가정하다, 상상하다]이므로
be supposed는 [~으로 가정되다, ~으로 상상되다]인데,
이것은 우리말에는 드문 영어식의 표현이지만, 영어의 어순에 따른 각 단어의 이미지로 쉽게 이해할 수 있다.

Speaking practice

당신이 일하고 있는 동안 나는 무엇을 하라는 거지?

What am I _____.

당신이 일하고 있는 동안 나는 뭘 하지?

_____.

You'd be surprised at what jobs women are doing these days.

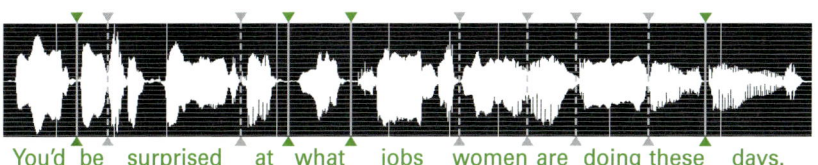

You'd be surprised at what jobs women are doing these days.

You'd∨be–surprised–at∨what∨jobs–women–are–doing–these∨days.

be surprised at이 연음되어 잘 들리지 않는데, 음파에서 알 수 있듯이 원어민은 문장의 모든 단어를 정확히 발음하고 알아듣는다.

Making Sentence reading practice   set ①   set ②   set ③   set ④   set ⑤

- You'd
- You'd be
- You'd be surprised
- You'd be surprised at
- You'd be surprised at what
- You'd be surprised at what jobs
- You'd be surprised at what jobs women
- You'd be surprised at what jobs women are
- You'd be surprised at what jobs women are doing
- You'd be surprised at what jobs women are doing these
- You'd be surprised at what jobs women are doing these days.

문장이 완성되는 과정을 차례대로 약 1초 정도의 간격을 두고 소리 내어 읽으면서 의미를 생각합니다. 문장이 완성되는 전 과정을 하나의 set로 하여 각각 체크하며 5개의 set를 반복합니다.

여기서 영어문장을 우리말로 설명하는 것은 부득이한 것으로 중요하지 않습니다. 중요한 것은 영어 문장이 완성되는 과정을 통해 영어만으로 이해하는 것입니다.

- You'd (= You would)
  (너는 약하게 ~일 것이다.)
- You'd be surprised
  (너는 약하게 놀랄 것이다.) → (당신은 놀랄 거예요.)
- You'd be surprised at
  (너는 약하게 놀랄 것이다. 점의 위치)
- You'd be surprised at what jobs
  (너는 약하게 놀랄 것이다. 점의 위치 무슨 직업들)
- You'd be surprised at what jobs women are doing these days.
  (너는 약하게 놀랄 것이다. 점의 위치 무슨 직업들 여자들이 하고 있다 요즘)

  You'd be surprised ⊕ what jobs women are doing these days.
  (너는 약하게 놀랄 것이다. 요즘 여자들이 일하고 있는 무슨 직업들에)
  (당신은 놀랄 거예요. 요즘 여자들이 일하고 있는 무슨 직업들에)

🔟 **You'd = You would**

would는 will의 과거형이면서 will을 약하게 나타내는 것이므로
you would는 you의 의지, 미래를 약하게 표현하거나 완곡한 표현으로 공손함을 나타낸다. 이것은 will인 경우와 비교하면 분명하게 알 수 있다.

You will be surprised.
(너는 놀랄 것이다.)

You would be surprised.
(너는 좀 놀랄 것이다.)
(당신은 놀라실 거예요.)

🔟 **be surprised at**

정확한 [점의 위치]를 나타내는 at의 이미지에 따라
be surprised at에서 at은 놀라게 된 원인이 어디인지 정확히 알려주는 역할을 한다.

Speaking practice

요즘 사람들이 얼마나 많은 돈을 기부하고 있는지 들으면 놀라실거에요.
You'd be surprised _____.

요즘 사람들이 얼마나 많은 것을 알고 있는지 들으면 놀랄거다.
_____.

Making Sentence Listening

We all want to be news reporters and photographers.

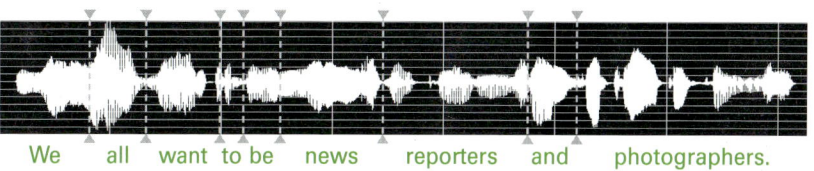

We–all–want–to–be–news–reporters–and–photographers.
we all이 마치 하나의 단어처럼 연음되어 발음되기 때문에 잘 들리지 않는다.

Making Sentence reading practice　set ①　set ②　set ③　set ④　set ⑤

- We

- We all

- We all want

- We all want to

- We all want to be

- We all want to be news

- We all want to be news reporters

- We all want to be news reporters and

- We all want to be news reporters and photographers.

문장이 완성되는 과정을 차례대로 약 1초 정도의 간격을 두고 소리 내어 읽으면서 의미를 생각합니다. 문장이 완성되는 전 과정을 하나의 set로 하여 각각 체크하며 5개의 set를 반복합니다.

여기서 영어문장을 우리말로 설명하는 것은 부득이한 것으로 중요하지 않습니다. 중요한 것은 영어 문장이 완성되는 과정을 통해 영어만으로 이해하는 것입니다.

- We all
  (우리 모두)
- We all want
  (우리 모두는 원한다)
- We all want to
  (우리 모두는 원한다. 도착점)
- We all want to be news reporters and photographers.
  (우리 모두는 원한다. 도착점 이다 뉴스리포터들과 사진작가들)
- We all want  be news reporters and photographers.
  (우리 모두는 원한다. 뉴스리포터들과 사진가들이 되는 쪽으로)

We all want ⟶ be news reporters and photographers

We all / All of us

all the money, all men, all day 등처럼 all은 일반적으로 앞에서 꾸미지만, all이 we, they와 같은 인칭대명사를 꾸밀 때에는 뒤에 온다.

They all are girls.
(그들은 모두 소녀들이다.)

I need them all.
(나는 그것들이 모두 필요하다.)

all을 먼저 말할 때는 전치사 of를 이용해서 all of us, all of them이라고 한다.

Speaking practice

우리 모두는 뉴스리포터들과 사진작가들이 되기를 원합니다.
We all want _____.

우리들 모두 뉴스리포터와 사진작가가 되기를 원합니다.
_____.

This is where we write our articles.

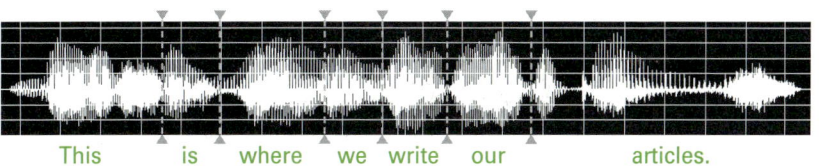

This–is–where–we–write–our–articles.
문장 전체가 연음되어 발음되는데, 특히 where we write our가 빠르게 발음되어 we, our가 잘 들리지 않는다.

Making Sentence reading practice　　set ①　set ②　set ③　set ④　set ⑤

- This

- This is

- This is where

- This is where we

- This is where we write

- This is where we write our

- This is where we write our articles.

문장이 완성되는 과정을 차례대로 약 1초 정도의 간격을 두고 소리 내어 읽으면서 의미를 생각합니다. 문장이 완성되는 전 과정을 하나의 set로 하여 각각 체크하며 5개의 set를 반복합니다.

여기서 영어문장을 우리말로 설명하는 것은 부득이한 것으로 중요하지 않습니다. 중요한 것은 영어 문장이 완성되는 과정을 통해 영어만으로 이해하는 것입니다.

- **This is where**
  (이것은 이다. 어떤 곳)
- **This is where we**
  (이것은 이다. 어떤 곳 우리)
- **This is where we write**
  (이것은 이다. 어떤 곳 우리가 쓰다)
- **This is where we write our articles.**
  (이것은 이다. 어떤 곳 우리가 쓰다 우리의 기사들을)
  (이것은 우리가 우리의 기사들을 쓰는 곳이다.)

tip where

where를 [어디, 어디에서]라는 의문사로만 생각하는 경우가 많은데, where가 의문사, 의문대명사, 관계사 등으로 다양하게 쓰이는 것은 where가 불특정한 장소, 어떤 곳을 의미하기 때문이다.

Where are you?
(너는 어디에 있나?)

I know where you are.
(나는 네가 있는 곳을 알고 있다.)

The house where you live was mine.
(네가 살고 있는 그 집은 내 소유였다.)

Speaking practice

이곳은 우리가 우리의 기사를 쓰는 곳이다.

This is _____.

내가가 방식을 쓰는 곳은 방이다.

_____.

Making Sentence Listening 162

I had pork two nights ago, so I'll go with beef.

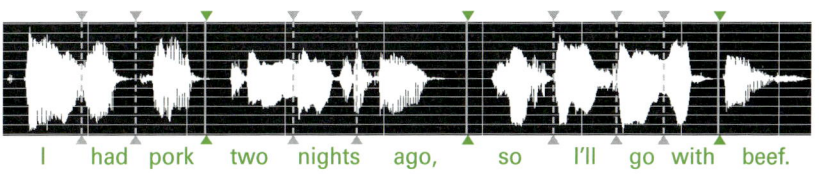

I–had–pork ∨ two–nights–ago, ∨ so–I'll–go–with ∨ beef.

so I'll go with가 연음되면서 빠르게 발음되어 I'll, with가 잘 들리지 않는다.

Making Sentence reading practice   set ①   set ②   set ③   set ④   set ⑤

- I

- I had

- I had pork

- I had pork two

- I had pork two nights

- I had pork two nights ago

- I had pork two nights ago, so

- I had pork two nights ago, so I'll

- I had pork two nights ago, so I'll go

- I had pork two nights ago, so I'll go with

- I had pork two nights ago, so I'll go with beef.

문장이 완성되는 과정을 차례대로 약 1초 정도의 간격을 두고 소리 내어 읽으면서 의미를 생각합니다. 문장이 완성되는 전 과정을 하나의 set로 하여 각각 체크하며 5개의 set를 반복합니다.

여기서 영어문장을 우리말로 설명하는 것은 부득이한 것으로 중요하지 않습니다. 중요한 것은 영어 문장이 완성되는 과정을 통해 영어만으로 이해하는 것입니다.

- I had pork
  (나는 가졌다. 돼지고기)
- I had pork two nights ago
  (나는 가졌다. 돼지고기 두 번의 밤 전에)
- I had pork two nights ago, so
  (나는 가졌다. 돼지고기를 두 밤 전에 그래서)
- I had pork two nights ago, so I'll go
  (나는 가졌다. 돼지고기를 두 밤 전에 그래서 나는 갈 것이다)
- I had pork two nights ago, so I'll go with
  (나는 가졌다. 돼지고기를 두 밤 전에 그래서 나는 갈 것이다 함께 있는 존재)
- I had pork two nights ago, so I'll go with beef.
  (나는 가졌다. 돼지고기를 두 밤 전에 그래서 나는 갈 것이다 / 함께 있는 존재 / 쇠고기)

I had pork two nights ago, so I'll go ☐ beef.
(나는 가졌다. 돼지고기를 두 밤 전에 그래서 나는 쇠고기를 가져 갈 것이다.)

🔵 have pork

have는 기본적으로 가지고 있는 상태를 말하는데, 음식을 목적어로 할 때는 먹는다는 의미를 나타낸다.

🔵 day와 night

day는 하루, 일을 나타내지만, 근본적으로는 night의 반대인 낮을 의미한다. 참고로 1박 2일을 영어로 말하면, [one night two days]이다.

Speaking practice

나는 두 밤 전에 돼지고기를 먹었다. 그래서 쇠고기를 가져 갈 것이다.

I had _____ .

그는 전에 쇠고기를 먹었다. 그래서 돼지고기를 가져 갈 것이다.

_____ .

 It should be ready for pickup in about half an hour.

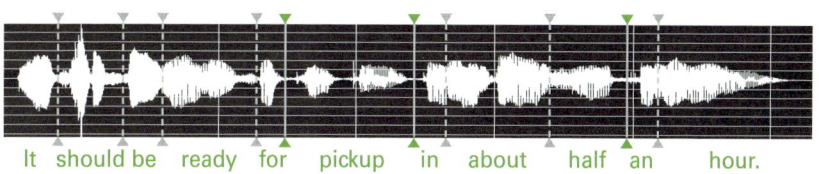

It–should–be–ready–for∨pickup∨in–about–half∨an–hour.

문법적인 끊어 읽기(It should be ready / for pickup / in / about / half an hour.)와 다르게 발음된다.

Making Sentence reading practice　　set ①　set ②　set ③　set ④　set ⑤

- It

- It should

- It should be

- It should be ready

- It should be ready for

- It should be ready for pickup

- It should be ready for pickup in

- It should be ready for pickup in about

- It should be ready for pickup in about half

- It should be ready for pickup in about half an

- It should be ready for pickup in about half an hour.

문장이 완성되는 과정을 차례대로 약 1초 정도의 간격을 두고 소리 내어 읽으면서 의미를 생각합니다. 문장이 완성되는 전 과정을 하나의 set로 하여 각각 체크하며 5개의 set를 반복합니다.

여기서 영어문장을 우리말로 설명하는 것은 부득이한 것으로 중요하지 않습니다. 중요한 것은 영어 문장이 완성되는 과정을 통해 영어만으로 이해하는 것입니다.

- **It should**
  (그것 약하게 ~ 하겠다.) → (말하는 사람의 약한 의지, 판단)
- **It should be ready**
  (그것 약하게 ~ 하겠다. 준비되다) → (준비가 되도록 할게요.), (준비될 것 같다.)
- **It should be ready for pickup**
  (준비가 되도록 할게요. 집중 pickup) → (준비가 되도록 할게요. 가져갈 수 있도록)
- **It should be ready for pickup in about half an hour.**
  (준비가 되도록 할게요. 집중 pickup 영역 여기저기 절반 한 시간)
  It should be ready ⟳ pickup ▢ ⟳ half an hour.
  (준비가 되도록 할게요. 가져갈 수 있도록 약 반 시간이 지나서)
  (준비가 될 것 같다. 가져갈 수 있도록 약 30분이 지나서)

🟢 It should

should는 말하는 사람의 의지, 판단을 약하게 말하는 것으로
It should는 [그것이 어떻게 하도록 하겠다]는 약한 의지, [그것이 어떻게 될 것 같다] 라는 약한 판단, 예상을 나타낸다.
shall, should는 우리말에는 없는 단어이기 때문에 우리말로는 [~하도록 하다], [~할 것 같다] 등으로 다소 꾸며서 설명하게 되는데, 본래의 이미지, 느낌을 알면 shall, should 만으로 충분히 이해할 수 있다.

🟢 in about half an hour

about half an hour는 half an hour(30분)의 여기저기를 의미하므로 [약 30분]을 뜻하고 in about half an hour에서 in은 about half an hour를 전체 영역으로 하므로 [약 30분의 전체 영역에서 → 약 30분이 지나서]로 이해할 수 있다.

🟢 pickup

pickup은 pick(줍다)와 up(위로)의 합성어로 들고 가는 것, 가지고 가는 것을 나타낸다.

Speaking practice

그것 약 30분이 지나서 픽업 될 수 있도록 준비될 것 예요.

It should be _____.

약 30분이 지나 픽업 가지고 갈 수 있도록 준비가 됩니다.

_____.

I have something on Thursday so I can't make it then.

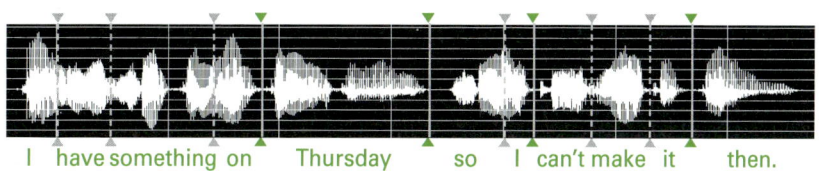

I–have–something–on∨ Thursday∨ so–I∨ can't–make–it∨ then.

on Thursday, I can't의 사이가 끊어져서 발음된다.

Making Sentence reading practice　　set ①　set ②　set ③　set ④　set ⑤

- I

- I have

- I have something

- I have something on

- I have something on Thursday

- I have something on Thursday so

- I have something on Thursday so I

- I have something on Thursday so I can't

- I have something on Thursday so I can't make

- I have something on Thursday so I can't make it

- I have something on Thursday so I can't make it then.

문장이 완성되는 과정을 차례대로 약 1초 정도의 간격을 두고 소리 내어 읽으면서 의미를 생각합니다. 문장이 완성되는 전 과정을 하나의 set로 하여 각각 체크하며 5개의 set를 반복합니다.

여기서 영어문장을 우리말로 설명하는 것은 부득이한 것으로 중요하지 않습니다. 중요한 것은 영어 문장이 완성되는 과정을 통해 영어만으로 이해하는 것입니다.

- I have something
  (나는 가지고 있다. 무언가)
- I have something on Thursday
  (나는 가지고 있다. 무언가 접함 목요일)
- I have something on Thursday so
  (나는 가지고 있다. 무언가 접함 목요일 그래서)
- I have something on Thursday so I can't
  (나는 가지고 있다. 무언가 접함 목요일 그래서 나는 할 수 없다.)
- I have something on Thursday so I can't make it
  (나는 가지고 있다. 무언가 접함 목요일 그래서 나는 할 수 없다. 만들다 그것)
- I have something on Thursday so I can't make it then.
  (나는 가지고 있다. 무언가 접함 목요일 그래서 나는 할 수 없다. 만들다 그것을 그 때)
- I have something ○ Thursday so I can't make it then.
  (나는 가지고 있다. 목요일에 그래서 나는 수행할 수가 없다 그 때에)

🛈 on Thursday
요일을 나타낼 때, on이 쓰이는 이유는 뭘까?
일반적으로 요일은 달력을 통해 확인하기 때문으로 생각할 수 있다. 월, 계절, 년도 같이 달력을 보지 않아도 어느 정도 알 수 있는 경우에는 in으로 나타낸다.

🛈 make it
make의 사전적인 뜻은 [만들다]이지만, [만들어 나가다 → 해내다, 수행한다]는 느낌도 가지고 있다. 따라서 어떤 일을 행하여 나갈 때에 make를 이용하기도 한다.

Speaking practice

나는 목요일에 일이 있어서 그 때에 갈 수가 없다.

I have something _____ .

목요일에 일이 있어서 그 때에 갈 수 없다.

_____ .

Making Sentence Listening 168

He must be in a meeting, or something.

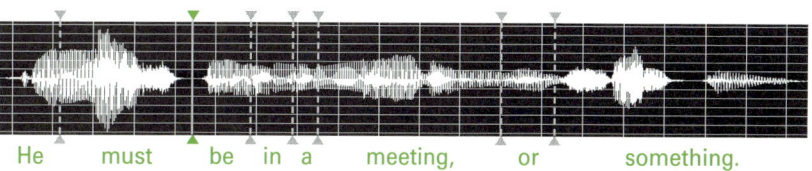

He–must ∨ be–in–a–meeting,–or–something.

쉼표(,)에서는 원래 쉬어야 하지만, 꼭 그런 것도 아니다. be in a meeting or something이 연음되면서 빠르게 발음되어 in, a, or가 잘 들리지 않는다.

Making Sentence reading practice　　set ①　set ②　set ③　set ④　set ⑤

- He

- He must

- He must be

- He must be in

- He must be in a

- He must be in a meeting

- He must be in a meeting, or

- He must be in a meeting, or something.

문장이 완성되는 과정을 차례대로 약 1초 정도의 간격을 두고 소리 내어 읽으면서 의미를 생각합니다. 문장이 완성되는 전 과정을 하나의 set로 하여 각각 체크하며 5개의 set를 반복합니다.

여기서 영어문장을 우리말로 설명하는 것은 부득이한 것으로 중요하지 않습니다. 중요한 것은 영어 문장이 완성되는 과정을 통해 영어만으로 이해하는 것입니다.

- He must
  (그는 틀림없이 이어야 한다)
- He must be in a meeting
  (그는 틀림없이 이어야 한다. 있다 영역 하나의 미팅)
  (그는 미팅 중에 있는 것이 틀림없다.)
- He must be in a meeting, or
  (그는 틀림없이 있어야 한다. 영역 하나의 미팅, 또는)
- He must be in a meeting, or something.
  (그는 틀림없이 있어야 한다. 영역 하나의 미팅, 또는 무언가)
  He must be ☐ a meeting, or something.
  (그는 미팅 또는 무언가를 하는 중에 있는 것이 틀림없다.)

tip must

must는 [틀림없이 ~해야 한다, 틀림없이 ~이어야 한다]는 강한 의무를 나타내는데, [틀림없이 ~하다]의 강한 추측을 나타내기도 한다.

must가 추측을 나타내는 경우에 과거형은 must have pp로 나타내는데, 이렇게 완료형으로 표현하는 것은 must와 have의 본래 의미를 그대로 따라 과거의 것을 현재에 틀림없이 가지고 있다는 이미지로 이해할 수 있다.

He must have been in a meeting.
(그는 틀림없이 가지고 있다. 있었던 미팅 중에)
(그는 미팅 중에 있었던 것을 틀림없이 가지고 있다.)
(그는 회의 중이었던 것이 틀림없다.)

Speaking practice

그는 회의 또는 무언가 중에 있는 것이 틀림없다.
He must be _____.

그는 회의 가기 전에 운동 했던 것이 틀림없다.

_____.

**day** You'll regret the lack of sleep tomorrow.

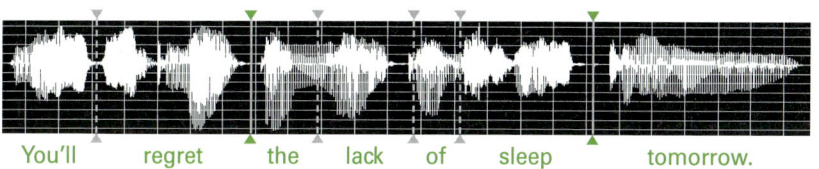

You'll–regret ∨ the–lack–of–sleep ∨ tomorrow.

you'll은 you will 또는 you shall의 축약형이고 발음은 [juːl]인데, 익숙하지 않아 알아듣지 못하는 경우가 많다.

Making Sentence reading practice　　set ①　set ②　set ③　set ④　set ⑤

- You'll

- You'll regret

- You'll regret the

- You'll regret the lack

- You'll regret the lack of

- You'll regret the lack of sleep

- You'll regret the lack of sleep tomorrow.

문장이 완성되는 과정을 차례대로 약 1초 정도의 간격을 두고 소리 내어 읽으면서 의미를 생각합니다. 문장이 완성되는 전 과정을 하나의 set로 하여 각각 체크하며 5개의 set를 반복합니다.

여기서 영어문장을 우리말로 설명하는 것은 부득이한 것으로 중요하지 않습니다. 중요한 것은 영어 문장이 완성되는 과정을 통해 영어만으로 이해하는 것입니다.

- You'll (=You will, You shall)
  (너는 할 것이다.), (너는 하게 될 것이다.)
- You'll regret
  (너는 후회할 것이다.), (너는 후회하게 될 것이다.)
- You'll regret the lack
  (너는 후회할 것이다. 그 부족함)
- You'll regret the lack of
  (너는 후회할 것이다. 그 부족함 더 보니)
- You'll regret the lack of sleep
  (너는 후회할 것이다. 그 부족함 더 보니 잠) → (잠이 부족했던 것을)
- You'll regret the lack of sleep tomorrow.
  (너는 후회할 것이다. 그 부족함 더 보니 잠 내일)

You'll regret the lack ⟨ sleep tomorrow.
(너는 후회할 것이다. 잠이 부족한 것을 내일이 되어서)

🟢 you'll = you will, you shall

you'll은 you will, you shall의 축약형인데,
어느 쪽인지는 문장의 내용을 통해 구분된다.
will은 주어의 미래, 의지이고 shall은 말하는 사람의 의지, 판단을 나타내는데,

you will regret.
(너는 후회할 것이다.)

you shall regret.
(내가 보기에 너는 후회하게 될 거다.)

이 문장의 경우에는 어느 쪽이든 큰 차이가 없다.

🟢 the lack of sleep

the lack(부족)에 대해 of(더 보니)를 이용하여 sleep(잠)을 보여줌으로써
잠이 부족함을 알려준다.

Speaking practice

너는 잠이 부족한 걸 후회하게 될 것이다.

You'll regret _____.

너는 잠이 부족한 걸 내일 후회하게 될 거다.

_____.

 **She said that I'm already friends with him.**

She–said ∨ that–I'm ∨ already ∨ friends–with ∨ him.

문법적인 끊어 읽기(She said / that / I'm already friends / with him.)와 다르게 발음된다.

Making Sentence reading practice   set ①   set ②   set ③   set ④   set ⑤

- She

- She said

- She said that

- She said that I'm

- She said that I'm already

- She said that I'm already friends

- She said that I'm already friends with

- She said that I'm already friends with him.

문장이 완성되는 과정을 차례대로 약 1초 정도의 간격을 두고 소리 내어 읽으면서 의미를 생각합니다. 문장이 완성되는 전 과정을 하나의 set로 하여 각각 체크하며 5개의 set를 반복합니다.

여기서 영어문장을 우리말로 설명하는 것은 부득이한 것으로 중요하지 않습니다. 중요한 것은 영어 문장이 완성되는 과정을 통해 영어만으로 이해하는 것입니다.

- She said
  (그녀는 말했다.)
- She said that
  (그녀는 말했다. 그것)
- She said that I'm already friends
  (그녀는 말했다. 그게 나는 이다 이미 친구들)
- She said that I'm already friends with him.
  (그녀는 말했다. 그게 나는 이다 이미 친구들 / 함께 있는 존재 / 그)

  She said that I'm already friends 📼 him.
  (그녀는 말했다. 나는 이미 그와 친구라고)

🟢 be friends with

I'm already friends만 보면, 내가 친구들이 되어 단수를 복수로 나타난 모순처럼 느껴진다. with him이 추가되면서 그가 함께 있는 상태에서 나와 그가 친구들이 됨을 알 수 있다.

🟢 say

영어에서 [말하다]는 표현은 say, speak, tell, talk이다.
이들 동사는 우리말로는 모두 [말하다]이지만, 서로 확실히 구분이 된다.
간단히 설명하면, speak는 [소리 내어 말하다]이고 say는 [~라고 말하다]이다.
반면에 tell은 [~에게 말하다], talk는 [말을 주고받다, 대화하다]이다.
say that에서 that의 역할은 that이 없을 때를 상상하면, 쉽게 알 수 있다.
She said "I'm already friends with him."이라고 하면, I를 문장의 주어인 she로 여기게 된다. (어차피 듣기만 하면, 직접화법의 인용부호 [", "]가 있는지는 알 수 없다.)
하지만, that이 있으므로 I가 she가 아닌 말하는 나임을 알 수 있다.

Speaking practice

그녀는 말했다. 그게 나는 이다 이미 친구들.
She said that _____.

그녀는 이미 그와 함께 하는 친구라고 말했다.
_____.

16day

Do you want to see a play at Greenwood Theater, Liz?

3/5

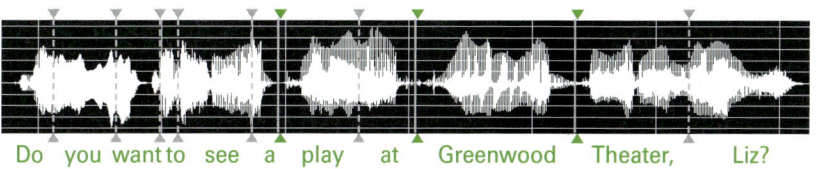

Do you want to see a play at Greenwood Theater, Liz?

Do–you–want–to–see–a ∨play–at ∨Greenwood ∨Theater,–Liz?

문법적인 끊어 읽기(Do you want to see / a play / at Greenwood Theater, / Liz?)와 다르게 발음된다.

Making Sentence reading practice   set ①   set ②   set ③   set ④   set ⑤

- Do

- Do you

- Do you want

- Do you want to

- Do you want to see

- Do you want to see a

- Do you want to see a play

- Do you want to see a play at

- Do you want to see a play at Greenwood

- Do you want to see a play at Greenwood Theater

- Do you want to see a play at Greenwood Theater, Liz?

문장이 완성되는 과정을 차례대로 약 1초 정도의 간격을 두고 소리 내어 읽으면서 의미를 생각합니다. 문장이 완성되는 전 과정을 하나의 set로 하여 각각 체크하며 5개의 set를 반복합니다.

175

여기서 영어문장을 우리말로 설명하는 것은 부득이한 것으로 중요하지 않습니다. 중요한 것은 영어 문장이 완성되는 과정을 통해 영어만으로 이해하는 것입니다.

- Do you want
  (너는 원하나?)
- Do you want to see
  (너는 원하나? 도착점 보다) → (너는 원하나? 보는 쪽으로) → (너는 보기를 원하나?)
- Do you want to see a play at
  (너는 원하나? 도착점 보다 하나의 연극 점의 위치)
- Do you want to see a play at Greenwood Theater
  (너는 원하나? 도착점 보다 하나의 연극 점의 위치 그린우드 극장)
- Do you want to see a play at Greenwood Theater, Liz?
  (너는 원하나? 도착점 보다 하나의 연극 점의 위치 그린우드 극장. 리즈?)

  Do you want ▸ see a play ⊕ Greenwood Theater, Liz?
  (너는 원하나? 하나의 연극을 그린우드 극장에서 보는 쪽으로, 리즈?)

tip at의 이미지 : [점의 위치]

장소의 위치를 나타내는 기본적인 전치사는 [점의 위치]를 나타내는 at이다.

at Greenwood Theater
(그린우드 극장에서)

in의 경우에는 위치와 함께 내부라는 위치의 특징을 나타낸다.

in Greenwood Theater
(그린우드 극장 안에서)

원어민은 위치를 말할 때에 in보다 at을 선호하는 경향이 있는데, 굳이 in이라고 하기보다 at이라고 간단히 말하는 것이 편하기 때문이다.
at는 [~에 있는, ~에서 하는]을 뜻하기도 한다.

a play ⊕ Greenwood Theater
(그린우드 극장에서 하는 하나의 연극)

참고) 우리가 빠트린 영어의 알맹이, 전치사의 이미지 : at

Speaking practice

너는 그린우드 극장에서 하는 연극 보기를 원하나?
Do you want _____ .

너는 그린우드 극장 안에서 하는 연극 보기를 원하나?
_____ .

That's what I'm thinking of.

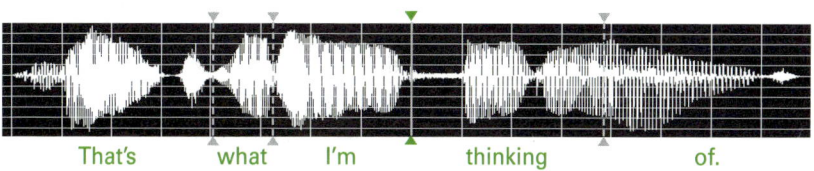

That's–what–I'm∨thinking–of.

What I'm이 [홧타임]으로 발음되어 what time으로 잘못 들을 수 있다.

Making Sentence reading practice   set ①   set ②   set ③   set ④   set ⑤

- That's

- That's what

- That's what I'm

- That's what I'm thinking

- That's what I'm thinking of.

문장이 완성되는 과정을 차례대로 약 1초 정도의 간격을 두고 소리 내어 읽으면서 의미를 생각합니다. 문장이 완성되는 전 과정을 하나의 set로 하여 각각 체크하며 5개의 set를 반복합니다.

여기서 영어문장을 우리말로 설명하는 것은 부득이한 것으로 중요하지 않습니다. 중요한 것은 영어 문장이 완성되는 과정을 통해 영어만으로 이해하는 것입니다.

- That's (=That is)
  (저것은 이다.)
- That's what
  (저것은 이다. 무엇)
- That's what I'm (= I am)
  (저것은 이다. 무엇 나는 이다)
- That's what I'm thinking
  (저것은 이다. 무엇 나는 생각하고 있다)
- That's what I'm thinking of.
  (저것은 이다. 무엇 나는 생각하고 있다 더 보니)

That's what I'm thinking ◁.
(저것은 내가 생각하고 있는 것이다.)

tip think / think of

think는 그냥 생각하는 것이고
think of는 생각하다가 무언가가 떠오른 것, 생각의 대상을 구체화하는 것으로 [~에 대해 생각하다]라고 해석할 수 있다.

I am thinking him.
(나는 그를 생각하고 있다.)
I am thinking of him.
(나는 그에 대해 생각하고 있다.)

tip what I'm thinking of

문법적으로는 I'm thinking of의 목적어가 what이지만 what이 관계대명사로 앞에 쓰여야 하므로 of와 떨어진다고 설명하는데, 들을 때는 이런 것을 생각할 겨를이 없다. 어순대로 한 번에 이해할 수 있어야 한다.

Speaking practice

그것이 내가 생각하고 있는 거야.
That's what _____.

그게 바로 내가 말하려던 거야.
_____.

 **day** What did you do with all those fish?

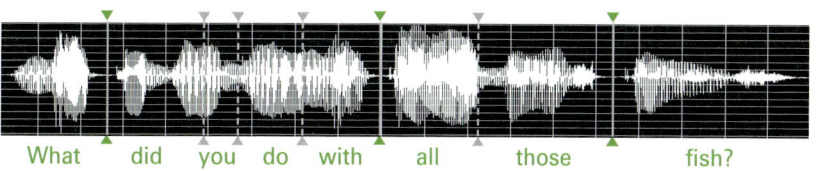

What∨ did–you–do–with ∨ all–those ∨ fish?

did you do with가 연음되어 with가 잘 들리지 않는다. 다른 전치사와 마찬가지로 with 역시 앞 단어와 연음되는 경향이 있으므로 익숙해질 필요가 있다.

Making Sentence reading practice   set ①   set ②   set ③   set ④   set ⑤

- What

- What did

- What did you

- What did you do

- What did you do with

- What did you do with all

- What did you do with all those

- What did you do with all those fish?

문장이 완성되는 과정을 차례대로 약 1초 정도의 간격을 두고 소리 내어 읽으면서 의미를 생각합니다. 문장이 완성되는 전 과정을 하나의 set로 하여 각각 체크하며 5개의 set를 반복합니다.

여기서 영어문장을 우리말로 설명하는 것은 부득이한 것으로 중요하지 않습니다. 중요한 것은 영어 문장이 완성되는 과정을 통해 영어만으로 이해하는 것입니다.

- What did you
 (무엇 했나? 너)
- What did you do
 (무엇 했나? 너 하다) → (너는 무엇을 했나?)
- What did you do with
 (너는 무엇을 했나? 함께 있는 존재)
- What did you do with all those fish?
 (너는 무엇을 했나? /함께 있는 존재/ 모두 저 물고기들)

 What did you do ☐☐ all those fish?
 (너는 무엇을 했나? 저 모든 물고기들로)

tip all those fish
혹, those fish가 문법적으로 틀렸다고 생각할 수 있다.
those가 복수이므로 fish 대신 fishes로 해야 하지 않을까?
같은 종류의 여러 마리는 fish로 나타내고 두 종류 이상일 때는 fishes라고 한다고 한다. 따라서 those fish는 같은 종류의 물고기가 여러 마리인 경우임을 알 수 있다.
그리고 all의 위치에 주의할 필요가 있다. 우리말로는 [그 모든 물고기]이지만 영어에서는 [모든 그 물고기]로 the나 that, this 보다 all이 먼저 온다.
all the money,
all the news,
all the time

tip with의 이미지 : 함께 있는 존재
with의 우리말 뜻은 [~을 가지고], [~와 함께] 등이 있는데, 이것들의 공통점은 같은 시각, 같은 공간에 있는 존재이다.

Speaking practice

너는 저 물고기들/(으)로 무엇을 했나?
What did you _____.

너는 그 물고기들/(으)로 뭘 했나?

_____.

Your eyes are as red as a rabbit's.

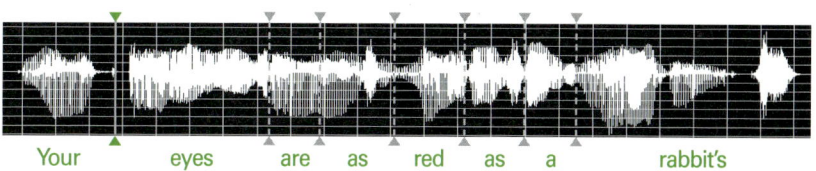

Your∨eyes–are–as–red–as–a–rabbit's

are as red as a가 연음되면서 빠르게 발음되기 때문에 각 단어를 구분하여 알아듣기가 어렵다. 이 경우에 한 단어씩 추가되며 문장이 완성되는 과정을 통해 문장의 모든 단어를 구분하여 듣는 훈련이 필요하다.

Making Sentence reading practice   set ①   set ②   set ③   set ④   set ⑤

- Your

- Your eyes

- Your eyes are

- Your eyes are as

- Your eyes are as red

- Your eyes are as red as

- Your eyes are as red as a

- Your eyes are as red as a rabbit's.

문장이 완성되는 과정을 차례대로 약 1초 정도의 간격을 두고 소리 내어 읽으면서 의미를 생각합니다. 문장이 완성되는 전 과정을 하나의 set로 하여 각각 체크하며 5개의 set를 반복합니다.

여기서 영어문장을 우리말로 설명하는 것은 부득이한 것으로 중요하지 않습니다. 중요한 것은 영어 문장이 완성되는 과정을 통해 영어만으로 이해하는 것입니다.

- Your eyes are as
  (너의 눈들은 이다 같은 정도)
- Your eyes are as red
  (너의 눈들은 이다 같은 정도의 빨간) → (너의 눈들은 같은 정도의 빨간색이다.)
- Your eyes are as red as
  (너의 눈들은 이다 같은 정도의 빨간 같은 정도)
- Your eyes are as red as a rabbit's.
  (너의 눈들은 이다 같은 정도의 빨간 같은 정도 하나의 토끼의)
  (너의 눈들은 같은 정도의 빨간색이다. 토끼의 눈들과 같은 정도의)

  Your eyes are (=) red (=) a rabbit's.
  (너의 눈들은 토끼의 눈들만큼 빨갛다.)

tip as ~ as

as를 than과 비교하면,
as는 [to the same amount or degree : 같은 정도, ~만큼]을 의미하고 than은 [보다 정도가 심한, ~보다]를 의미한다. 수학적으로 보면, as는 등호(=)이고 than은 부등호(>)인 셈이다.

as red as, as much as 등과 같이 as가 두 번 쓰이는 이유는 뭘까?
as를 한 번만 쓴 것과 비교해 보면, 다른 의미로 해석됨을 알 수 있다.

Your eyes are red as a rabbit's.
(너의 눈은 빨갛다. 토끼의 눈들로서)

He gave me the book as a gift.
(그는 나에게 그 책을 주었다 선물로서)

Speaking practice

너의 눈은 토끼의 눈만큼 빨갛다.
You eyes are _____ .

나의 눈은 토끼의 눈처럼 빨갛다.
_____ .

I can't do everything I want to do in class.

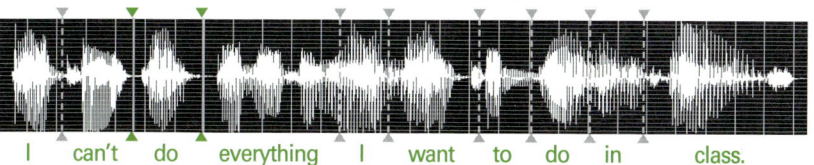

I–can't∨ do∨ everything–I–want–to–do–in–class.

문법적인 끊어 읽기(I can't do / everything / I want to do / in class.)와 다르게 연음되는 부분이 많아 빨리 말하는 것처럼 발음된다.

Making Sentence reading practice   set ①   set ②   set ③   set ④   set ⑤

- I

- I can't

- I can't do

- I can't do everything

- I can't do everything I

- I can't do everything I want

- I can't do everything I want to

- I can't do everything I want to do

- I can't do everything I want to do in

- I can't do everything I want to do in class.

문장이 완성되는 과정을 차례대로 약 1초 정도의 간격을 두고 소리 내어 읽으면서 의미를 생각합니다. 문장이 완성되는 전 과정을 하나의 set로 하여 각각 체크하며 5개의 set를 반복합니다.

여기서 영어문장을 우리말로 설명하는 것은 부득이한 것으로 중요하지 않습니다. 중요한 것은 영어 문장이 완성되는 과정을 통해 영어만으로 이해하는 것입니다.

- I can't do (= I can not do)
  (나는 할 수 없다 하다)
- I can't do everything
  (나는 할 수 없다. 하다 모든 것) → (나는 모든 것을 할 수는 없다.) : 일단 문장 완성
- I can't do everything I want
  (나는 할 수 없다. 모든 것 내가 원하다) → (나는 내가 원하는 모든 것을 할 수는 없다.)
- I can't do everything I want to
  (나는 할 수 없다. 하다 모든 것 내가 원하다 도착점)
- I can't do everything I want to do in class.
  (나는 할 수 없다. 하다 모든 것 내가 원하다 도착점 하다 영역 수업)

I can't do everything I want ⇢● do ▢ class.
(나는 할 수 없다. 모든 것 내가 원하는 수업 중에 하는 쪽으로)

🆑 can't do everything / can't do anything

anything은 불특정한 하나의 개체를 말하고
everything은 모든 개체 하나하나를 말한다.
이러한 anything과 everything의 이미지에 따라 부정할 때, 의미가 달라진다.
not ~ anything에서 anything은 한 개의 이미지가 있는데, 부정되면서 [하나도 ~ 않다 → 전혀 ~ 않다]의 의미가 되고
not ~ everything은 모든 개체 하나하나에 대해 부정하는 것인데, 모든 것을 일일이 부정하는 것은 현실적으로 불가능하므로 [모두 ~한 것은 아니다]라는 부분부정의 의미를 가지게 된다.

I can't do anything
(나는 하나도 할 수 없다.) → (나는 아무 것도 할 수 없다.)
I can't do everything
(나는 모든 것 하나하나를 할 수는 없다.) → (내가 모든 것을 할 수는 없다.)

Speaking practice

나는 수업 중에 원하기는 모든 것을 할 수는 없다.
I can't do _____.

나는 수업 중에 원하는 것을 모두 할 수는 없다.
_____.

 This is the third time I've heard that from you.

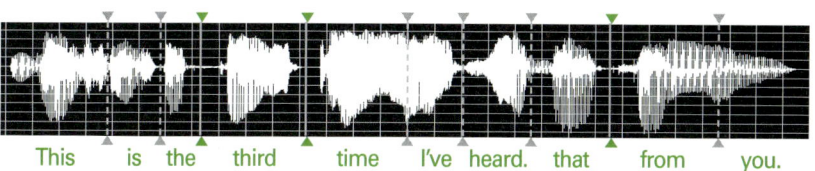

This–is–the ∨third ∨time–I've–heard–that ∨from–you.

문법적인 끊어 읽기(This is the third time / I've heard that / from you.)와 다르게 발음된다.

Making Sentence reading practice set ① set ② set ③ set ④ set ⑤

- This

- This is

- This is the

- This is the third

- This is the third time

- This is the third time I've

- This is the third time I've heard

- This is the third time I've heard that

- This is the third time I've heard that from

- This is the third time I've heard that from you.

문장이 완성되는 과정을 차례대로 약 1초 정도의 간격을 두고 소리 내어 읽으면서 의미를 생각합니다. 문장이 완성되는 전 과정을 하나의 set로 하여 각각 체크하며 5개의 set를 반복합니다.

여기서 영어문장을 우리말로 설명하는 것은 부득이한 것으로 중요하지 않습니다. 중요한 것은 영어 문장이 완성되는 과정을 통해 영어만으로 이해하는 것입니다.

- This is the third time
  (이것은 이다. 세 번째)
- This is the third time I've (= I have)
  (이것은 세 번째이다. 나는 가지고 있다)
- This is the third time I've heard
  (이것은 세 번째이다. 나는 가지고 있다 들었던)
- This is the third time I've heard that
  (이것은 세 번째이다. 나는 가지고 있다 들었던 그것을)
- This is the third time I've heard that from
  (이것은 세 번째이다. 나는 가지고 있다 들었던 그것을 출발점)
- This is the third time I've heard that from you.
  (이것은 세 번째이다. 나는 가지고 있다 그것을 들었던 출발점 너)

This is the third time I've heard that ⇄ you.
(이것은 세 번째이다. 나는 가지고 있다 과거에 너로부터 그것을 들었던 것을)
(이것은 세 번째이다. 내가 너로부터 그것을 들었던)

tip I have heard that from you

영어의 완료형은 우리말로 표현하기가 까다롭지만, 현재완료의 have를 원래 뜻 그대로 [가지고 있다]라고 해석하여 보면 손쉽게 이해할 수 있다.

I have heard that from you는
과거에 너로부터 그것을 들었던(heard that from you) 것을 현재에 가지고 있는 (have) 것이다. 너로부터 그것을 들은 것이 조금 전이라고 해도 그것은 과거이고 이러한 과거를 현재에 가지고 있으므로 경험으로 볼 수 있다.

Speaking practice

이것은 내가 그에게서 그걸 들은 세 번째이다.

This is _____.

이것은 아이에게서 그걸 들은 세 번째이다.

_____.

17 day — What if she didn't go to university?

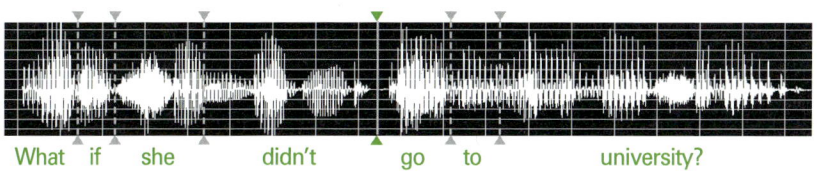

What–if–she–didn't ∨ go–to–university?
what if she didn't가 연음되며 발음되어 if, she가 잘 들리지 않는다.

Making Sentence reading practice   set ①   set ②   set ③   set ④   set ⑤

- What

- What if

- What if she

- What if she didn't

- What if she didn't go

- What if she didn't go to

- What if she didn't go to university?

문장이 완성되는 과정을 차례대로 약 1초 정도의 간격을 두고 소리 내어 읽으면서 의미를 생각합니다. 문장이 완성되는 전 과정을 하나의 set로 하여 각각 체크하며 5개의 set를 반복합니다.

여기서 영어문장을 우리말로 설명하는 것은 부득이한 것으로 중요하지 않습니다. 중요한 것은 영어 문장이 완성되는 과정을 통해 영어만으로 이해하는 것입니다.

- What
  (무엇)
- What if
  (무엇 불확실)
- What if she didn't (= did not)
  (무엇 불확실 그녀는 하지 않았다)
- What if she didn't go to
  (무엇 불확실 그녀는 가지 않았다 도착점)
- What if she didn't go to university?
  (무엇 불확실 그녀는 가지 않았다 도착점 대학)

  What if she didn't go ➞ university?
  (무엇? 그녀가 대학에 가지 않았다면)
  (무엇이 일어날까? 그녀가 대학에 가지 않았다면)

tip what if

what if는 만약 ~이라면, 무엇이 일어날지 물어보는 것으로 자연스러운 우리말로는 [어떻게 될까?]로 의역할 수 있다. 하지만, 우리말로 생각하기보다 what과 if의 이미지만으로 what if의 의미를 이해하는 것이 중요하다.
what의 이미지 : 불특정한 것
if의 이미지 : [~인지 아닌지], 불확실한 상태

Speaking practice

만약 그녀가 대학에 가지 않았다면 무슨 일이 일어났을까요?
What if   .

그녀가 대학에 갔었더라면 어떻게 됐을까?
_____.

That's what you wrote on the memo.

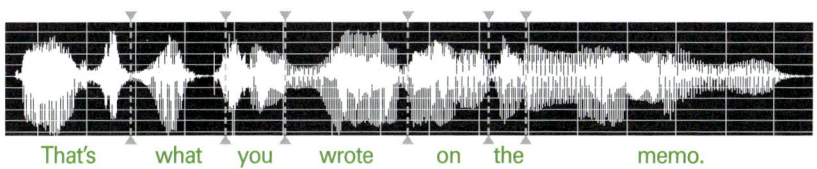

That's–what–you–wrote–on–the–memo.
문장의 모든 단어들이 연음되기 때문에 중간의 you, wrote, on, the가 잘 들리지 않는다.

Making Sentence reading practice   set ①   set ②   set ③   set ④   set ⑤

- That's

- That's what

- That's what you

- That's what you wrote

- That's what you wrote on

- That's what you wrote on the

- That's what you wrote on the memo.

문장이 완성되는 과정을 차례대로 약 1초 정도의 간격을 두고 소리 내어 읽으면서 의미를 생각합니다. 문장이 완성되는 전 과정을 하나의 set로 하여 각각 체크하며 5개의 set를 반복합니다.

여기서 영어문장을 우리말로 설명하는 것은 부득이한 것으로 중요하지 않습니다. 중요한 것은 영어 문장이 완성되는 과정을 통해 영어만으로 이해하는 것입니다.

- **That's what** (=That is what)
  (저것은 무엇이다.) → (그것은 무엇이다.)
- **That's what you wrote**
  (그것은 무엇이다 네가 적었다.)
- **That's what you wrote on**
  (그것은 무엇이다 네가 적었다. 접함)
- **That's what you wrote on the memo.**
  (그것은 무엇이다 네가 적었다. 접함 메모)

That's what you wrote 〇 **the memo.**
(그것은 무엇이다 네가 적었다. 메모지에)
(그것은 네가 메모지에 적은 것이다.)

🆕 **전치사 on의 이미지 : 접함**

전치사 on이 가지고 있는 [접함]의 이미지의 영향으로 on은 표면을 나타내는데, 이것은 접한다는 것이 결국 표면에 접하는 것이기 때문으로 생각할 수 있다.
memo는 보통 메모지를 말하고 메모지는 on the paper, on the book과 같이 표면을 on으로 나타낸다.

🆕 **what**

what은 [무엇]으로 정체를 알 수 없는 것을 의미한다. 그런데 what 다음에 무엇인지 설명할 경우에 what은 의문사가 아닌 [~하는 것]으로 이해할 수 있다.

Speaking practice

사각형 네모 메모지에 적은 것이다.
That's what _____.

그것은 네가 메모지에 적은 것이다.
_____.

What about selling it to me for $350?

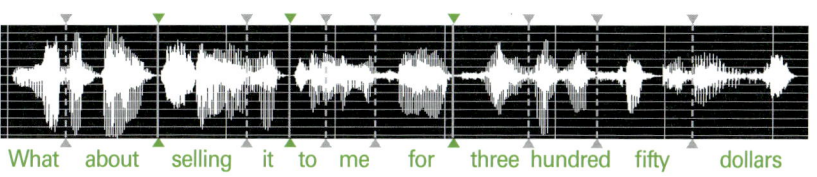

What about selling it to me for three hundred fifty dollars

What–about ∨ selling–it ∨ to–me–for ∨ $350?

to me for가 연음되어 빠르게 발음되고 for가 자신이 꾸미는 $350와는 끊어지기 때문에 for를 $350와 연결하여 생각하기 어려울 수 있다.

Making Sentence reading practice   set ① set ② set ③ set ④ set ⑤

- What

- What about

- What about selling

- What about selling it

- What about selling it to

- What about selling it to me

- What about selling it to me for

- What about selling it to me for three

- What about selling it to me for three hundred

- What about selling it to me for three hundred fifty

- What about selling it to me for three hundred fifty dollars?

문장이 완성되는 과정을 차례대로 약 1초 정도의 간격을 두고 소리 내어 읽으면서 의미를 생각합니다. 문장이 완성되는 전 과정을 하나의 set로 하여 각각 체크하며 5개의 set를 반복합니다.

여기서 영어문장을 우리말로 설명하는 것은 부득이한 것으로 중요하지 않습니다. 중요한 것은 영어 문장이 완성되는 과정을 통해 영어만으로 이해하는 것입니다.

- What about
  (무엇 여기저기)
- What about selling it
  (무엇 여기저기 파는 것 그것) → (무엇? 그것을 파는 것의 여기저기)
- What about selling it to
  (무엇 여기저기 파는 것 그것을 도착점)
- What about selling it to me for
  (무엇 여기저기 파는 것 그것을 도착점 나 집중)
- What about selling it to me for $350?
  (무엇 여기저기 파는 것 그것을 도착점 나 집중 350달러)

What  selling it ➔ me ✲ $350?
(무엇? 그것을 나에게 350달러에 파는 것의 여기저기)
(그것을 나에게 350달러에 파는 것이 어때?)

```
  what  ●  selling it to me for $350  ●
```

🔟 about의 이미지 : 여기저기

about는 어떤 대상의 여기저기를 나타내므로
about selling it to me for $350은
[selling it to me for $350]의 여기저기를 의미하고
[What about selling it to me for $350?]은
[selling it to me for $350]의 여기저기, 이것저것에 관해 what이라고 물어보는 것이므로 [~하는 것이 어때?]하는 뜻으로 이해할 수 있다.

Speaking practice

그것을 350달러에 내게 파는 것이 어때?
What about _____.

350달러에 그것을 내게 파는 것이 어때?
_____.

18 day

He won an award for being the best soldier in his unit.

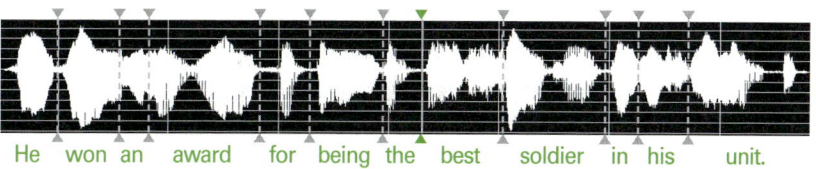

He–won–an–award–for–being–the ∨ best–soldier–in–his–unit.

won은 win의 과거형으로 발음이 one과 같다. 문법적으로 구분이 되는 부분이 연음되어 빠르게 발음되기 때문에 빨리 말하는 것처럼 느껴진다.

Making Sentence reading practice   set ①   set ②   set ③   set ④   set ⑤

- He
- He won
- He won an
- He won an award
- He won an award for
- He won an award for being
- He won an award for being the
- He won an award for being the best
- He won an award for being the best soldier
- He won an award for being the best soldier in
- He won an award for being the best soldier in his
- He won an award for being the best soldier in his unit.

문장이 완성되는 과정을 차례대로 약 1초 정도의 간격을 두고 소리 내어 읽으면서 의미를 생각합니다. 문장이 완성되는 전 과정을 하나의 set로 하여 각각 체크하며 5개의 set를 반복합니다.

여기서 영어문장을 우리말로 설명하는 것은 부득이한 것으로 중요하지 않습니다. 중요한 것은 영어 문장이 완성되는 과정을 통해 영어만으로 이해하는 것입니다.

- He won
  (그는 이겼다.)
- He won an award
  (그는 이겼다. 하나의 상) → (그는 상을 받았다.) : 일단 문장 완성
- He won an award for
  (그는 상을 받았다. 집중)
- He won an award for being the best soldier
  (그는 상을 받았다. 집중 되는 것 최고의 군인!)
- He won an award for being the best soldier in his unit.
  (그는 상을 받았다. 집중 되는 것 최고의 군인 영역 그의 부대)

He won an award 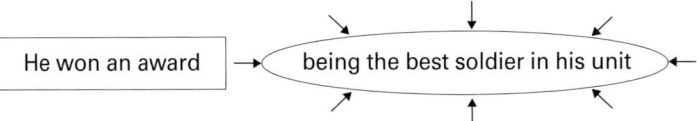 being the best soldier ▢ his unit.
(그는 상을 받았다. 최고의 군인이라는 이유로 그의 부대 안에서)

He won an award → being the best soldier in his unit

🔵 **won an award**

승리(勝利)하는 것은 이겨서 뭔가를 이익으로 취하는 것이므로 상을 받는다고 표현에 win이 이용되는 것은 쉽게 이해할 수 있다.
win an award (상을 받다), win a prize (상품, 상금을 받다)

🔵 **for : ~때문에**

for의 이미지인 [집중]이 가장 일반적으로 나타내는 것은 [목적]이다. 그런데 목적은 어떤 행위의 원인이 되기도 한다. 주어의 행동이 의도적이지 않은 경우에 for는 원인을 나타낸다.

참고) 우리가 빠트린 영어의 알맹이, 전치사의 이미지 : for

Speaking practice

그는 그의 부대에서 최고의 군인이었기 때문에 상을 받았다.
He won _____.

그는 그의 부대에서 최고의 군인이어서 상을 받았다.
_____.

But I'm not in as good shape as you.

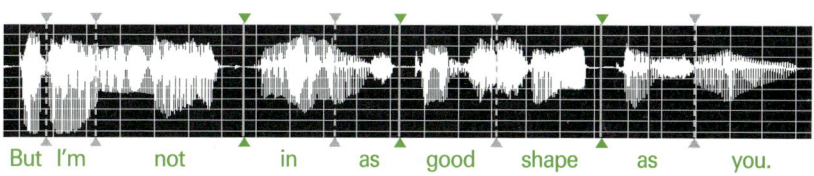

But–I'm–not ∨ in–as ∨ good–shape ∨ as–you.

as가 두 번 발음되어 리듬 있게 들리는데, but I'm not, in as, as you가 각각 연음되어 비교적 짧은 문장이지만 복잡하게 들린다.

Making Sentence reading practice   set ①   set ②   set ③   set ④   set ⑤

- But

- But I'm

- But I'm not

- But I'm not in

- But I'm not in as

- But I'm not in as good

- But I'm not in as good shape

- But I'm not in as good shape as

- But I'm not in as good shape as you.

문장이 완성되는 과정을 차례대로 약 1초 정도의 간격을 두고 소리 내어 읽으면서 의미를 생각합니다. 문장이 완성되는 전 과정을 하나의 set로 하여 각각 체크하며 5개의 set를 반복합니다.

여기서 영어문장을 우리말로 설명하는 것은 부득이한 것으로 중요하지 않습니다. 중요한 것은 영어 문장이 완성되는 과정을 통해 영어만으로 이해하는 것입니다.

- But I'm not (= But I am not)
  (그러나 나는 있지 않다)
- But I'm not in
  (그러나 나는 있지 않다. 영역)
- But I'm not in as good
  (그러나 나는 있지 않다. 영역 같은 정도로 좋은)
- But I'm not in as good shape
  (그러나 나는 있지 않다. 영역 같은 정도로 좋은 모양새)
- But I'm not in as good shape as you.
  (그러나 나는 있지 않다. 영역 같은 정도로 좋은 모양새 같은 정도 너)
- But I'm not ☐ (=) good shape (=) you.
  (그러나 나는 있지 않다. 같은 정도로 좋은 모양새의 영역에 너만큼)

tip be in good shape

shape는 모양, 모양새를 나타내는데, [모양새를 갖추었다]라는 우리말처럼 그 자체로 긍정적인 의미를 가지고 있다. be in good shape은 좋은 모양새의 영역에 있는 것으로 신체적인 상태가 좋음을 의미한다.

tip as good shape

as가 [같은 정도]를 나타내므로 as good shape는 [같은 정도로 좋은 모양]을 의미한다. 이런 표현이 우리말로는 어색하지만, 영어에서는 자연스러운 것으로 어순 그대로 익히도록 한다. 익숙해지면, 당연하고 자연스럽게 느껴진다.

Speaking practice

나는 가지고 있다 몸매를 좋은 너에 대하여.
But I'm not _____.

여기서, 나는 너만큼 몸매이 좋지 않다.
_____.

18 day

I know you've been working very hard for this contest.

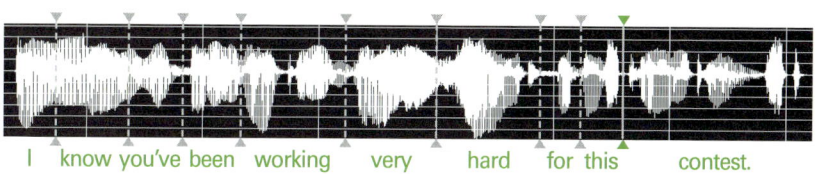

I–know–you've–been–working–very–hard–for–this ∨ contest.

문법적인 구분 없이, I know you've been working very hard for this가 연음되어 발음되기 때문에 빠르고 복잡하게 들린다.

Making Sentence reading practice　　set ①　set ②　set ③　set ④　set ⑤

- I

- I know

- I know you've

- I know you've been

- I know you've been working

- I know you've been working very

- I know you've been working very hard

- I know you've been working very hard for

- I know you've been working very hard for this

- I know you've been working very hard for this contest.

문장이 완성되는 과정을 차례대로 약 1초 정도의 간격을 두고 소리 내어 읽으면서 의미를 생각합니다. 문장이 완성되는 전 과정을 하나의 set로 하여 각각 체크하며 5개의 set를 반복합니다.

여기서 영어문장을 우리말로 설명하는 것은 부득이한 것으로 중요하지 않습니다. 중요한 것은 영어 문장이 완성되는 과정을 통해 영어만으로 이해하는 것입니다.

- I know
 (나는 알고 있다.)
- I know you've (= I know you have)
 (나는 알고 있다. 너는 가지고 있다.)
- I know you've been working
 (나는 알고 있다. 너는 가지고 있다 있었던 일하면서)
 (나는 알고 있다. 너는 과거에 일하고 있었던 것을 가지고 있다)
- I know you've been working very hard for
 (나는 알고 있다. 너는 가지고 있다 있었던 일하면서 매우 열심히 집중)
- I know you've been working very hard for this contest.
 (나는 알고 있다. 너는 가지고 있다 있었던 일하면서 매우 열심히 집중 이번 콘테스트)

 I know you've been working very hard ✧ this contest.
 (나는 알고 있다. 네가 일해 왔다는 것을 매우 열심히 이번 콘테스트를 위하여)

🅣 You've been working

you've는 you have의 축약형이고
you have been working은 현재진행완료이다.
영어의 현재완료는 우리말에는 거의 없는 표현으로 이해하기 어렵고 부담스럽게 여기는 경우가 많은데, 단순하게 과거와 현재가 연결된 것으로 쉽게 이해할 수 있다.

you have worked는 과거에 일했던(worked) 것을 현재에 가지고 있는(have) 것이고 you have been working은 과거에 일하고 있었던(been working) 것을 현재에 가지고 있는(have) 것이다. 따라서 과거에 일하고 있었던 모습이 현재까지 이어지고 있다. 현재완료가 어렵게 느껴지는 것은 우리말로 바꾸어 이해하려고 하기 때문이다. 우리말로 표현하기 위해 애쓰기보다 영어만으로 이해하는 것이 훨씬 효과적이다.

Speaking practice

나는 알고 있다. 네가 이번 콘테스트를 위해 매우 열심히 일해 왔다는 것을.
I know you've _____.

네가 이 대회를 위해 매우 열심히 일해 왔다는 것을 나는 알고 있다.
_____.

Why don't you donate them to the Happy Store?

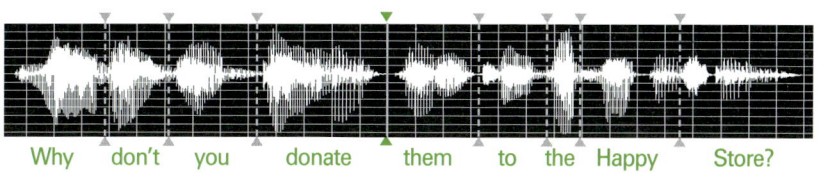

Why–don't–you–donate∨them–to–the–Happy–Store?

원어민이 실제로 말하는 영어문장을 들어보면, 문법적으로 이어질 부분은 끊어지고 끊어질 부분은 이어져 쉬운 문장임에도 알아듣지 못하는 원인이 된다.

Making Sentence reading practice   set ①   set ②   set ③   set ④   set ⑤

- Why

- Why don't

- Why don't you

- Why don't you donate

- Why don't you donate them

- Why don't you donate them to

- Why don't you donate them to the

- Why don't you donate them to the Happy

- Why don't you donate them to the Happy Store?

문장이 완성되는 과정을 차례대로 약 1초 정도의 간격을 두고 소리 내어 읽으면서 의미를 생각합니다. 문장이 완성되는 전 과정을 하나의 set로 하여 각각 체크하며 5개의 set를 반복합니다.

여기서 영어문장을 우리말로 설명하는 것은 부득이한 것으로 중요하지 않습니다. 중요한 것은 영어 문장이 완성되는 과정을 통해 영어만으로 이해하는 것입니다.

- Why don't you
  (왜 하지 않나? 너)
- Why don't you donate them
  (왜 하지 않나? 너 기부하다 그것들) → (왜 너는 그것들을 기부하지 않나?)
- Why don't you donate them to
  (왜 하지 않나? 너 기부하다 그것들 도착점)
- Why don't you donate them to the Happy Store?
  (왜 하지 않나? 너 기부하다 그것들 도착점 행복한 가게)

Why don't you donate them →● the Happy Store?
(왜 하지 않나? 너는 기부하다 그것들 행복한 가게에)

💡 Why don't ~?

기존의 문법에서는 [why don't ~?]를 [~하는 게 어때?]라고 권유하는 것으로 공식처럼 설명하는데, 이것은 문장 전체의 의미를 우리말로 의역하는 것이고
원어민의 귀에 why는 why이고 don't는 don't로 들려 [왜 하지 않나?]의 뜻으로 이해될 뿐이다.

Speaking practice

왜 너는 그것들을 행복한 가게에서 기부하지 않나?
Why don't _____ .

그것들을 행복한 가게에서 기부하는 게 어때?
_____ .

You've helped me a lot in the past, as well.

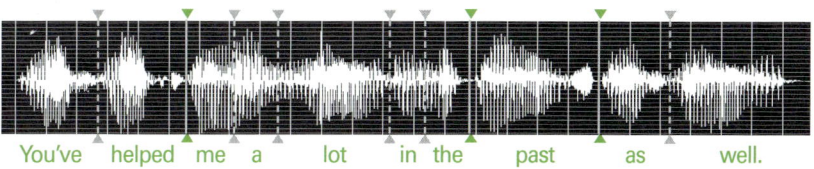

You've–helped ∨me–a–lot–in–the ∨past, ∨as–well.
문법적인 구분과 관계없이 me a lot in the가 연음되어 빠르게 발음되기 때문에 잘 들리지 않는다.

Making Sentence reading practice   set ①   set ②   set ③   set ④   set ⑤

- You've

- You've helped

- You've helped me

- You've helped me a

- You've helped me a lot

- You've helped me a lot in

- You've helped me a lot in the

- You've helped me a lot in the past

- You've helped me a lot in the past, as

- You've helped me a lot in the past, as well.

문장이 완성되는 과정을 차례대로 약 1초 정도의 간격을 두고 소리 내어 읽으면서 의미를 생각합니다. 문장이 완성되는 전 과정을 하나의 set로 하여 각각 체크하며 5개의 set를 반복합니다.

여기서 영어문장을 우리말로 설명하는 것은 부득이한 것으로 중요하지 않습니다. 중요한 것은 영어 문장이 완성되는 과정을 통해 영어만으로 이해하는 것입니다.

- You've (=You have)
  (너는 가지고 있다.)
- You've helped
  (너는 가지고 있다. 도왔던)
- You've helped me
  (너는 가지고 있다. 도왔던 나를)
- You've helped me a lot
  (너는 가지고 있다. 도왔던 나를 많이)
- You've helped me a lot in the past
  (너는 가지고 있다. 도왔던 나를 많이 영역 과거)
- You've helped me a lot in the past, as well.
  (너는 가지고 있다. 도왔던 나를 많이 영역 과거 같은 정도로 잘)

  You've helped me a lot ☐ the past, (=) well.
  (너는 나를 과거에 많이 도운 적이 있다. 같은 정도로 잘)

🔵 **You have helped me in the past.**

현재완료에서 in the past와 같이 과거를 나타내는 부사를 쓸 수 있을까?
문법에서는 명백하게 과거를 나타내는 부사를 현재완료에서 쓸 수 없는 것으로 한다.
I have arrived yesterday. (X)

하지만, [You've helped me a lot in the past.]에서는 문제될 것이 없다.
왜냐하면, in the past가 helped와 관계가 있기 때문이다.
즉, 과거에 나를 많이 도왔던(helped me a lot in the past) 것을 현재에 (경험)으로 가지고 있는(have) 것이다.

Speaking practice

너는 나에게 많이 도움이 되어 왔다.
You've helped _____ .

너는 나에게 많이 도움이 돼 왔었다.
_____ .

19 day

Do we need anything else while I'm at the store?

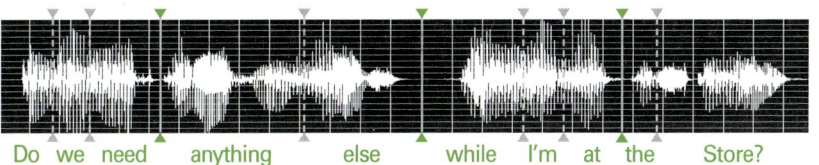

Do–we–need ∨ anything–else ∨ while–I'm–at ∨ the–store?

while I'm at이 연음되며 빠르게 발음되어 잘 들리지 않는다.

Making Sentence reading practice　set ①　set ②　set ③　set ④　set ⑤

- Do

- Do we

- Do we need

- Do we need anything

- Do we need anything else

- Do we need anything else while

- Do we need anything else while I'm

- Do we need anything else while I'm at

- Do we need anything else while I'm at the

- Do we need anything else while I'm at the store?

문장이 완성되는 과정을 차례대로 약 1초 정도의 간격을 두고 소리 내어 읽으면서 의미를 생각합니다. 문장이 완성되는 전 과정을 하나의 set로 하여 각각 체크하며 5개의 set를 반복합니다.

여기서 영어문장을 우리말로 설명하는 것은 부득이한 것으로 중요하지 않습니다. 중요한 것은 영어 문장이 완성되는 과정을 통해 영어만으로 이해하는 것입니다.

- Do we need
  (하나? 우리는 필요하다.) → (우리는 필요한가?)
- Do we need anything
  (우리는 필요한가? 어떤 것)
- Do we need anything else
  (우리는 필요한가? 어떤 것 추가로)
- Do we need anything else while
  (우리는 필요한가? 어떤 것 추가로 ~동안)
- Do we need anything else while I'm
  (우리는 필요한가? 어떤 것 추가로 ~동안 나는 있다)
- Do we need anything else while I'm at
  (우리는 필요한가? 어떤 것 추가로 ~동안 나는 있다 점의 위치)
- Do we need anything else while I'm at the store?
  (우리는 필요한가? 어떤 것 추가로 ~동안 나는 있다 점의 위치 그 가게)

Do we need anything else while I'm ⊕ the store?
(우리는 필요한가? 어떤 것 추가로 내가 그 가게에 있는 동안)

🄫 anything else

anything은 불특정한 어떤 것이다. 그럼 anything else는 무슨 뜻일까?
else의 일반적인 뜻이 [그 외에, 그 밖에]이므로
anything else는 [어떤 것 그 외에]인데, 이게 무슨 뜻일까?

else는 다른(different, other), 추가(additional, more)의 의미를 가지므로
anything else는 [어떤 것 다른 추가로 → 그 밖에 어떤 것이 더]의 뜻으로 이해할 수 있다. 우리말보다는 이미지로 이해하는 것이 훨씬 효과적이다.

Speaking practice

내가 가게에 있는 동안 더 필요한 것이 없냐고 물어보자.
Do we need _____.

가게에서 내게 다른 것이 더 필요한지 물어보자.
_____.

 It was you who made the effort.

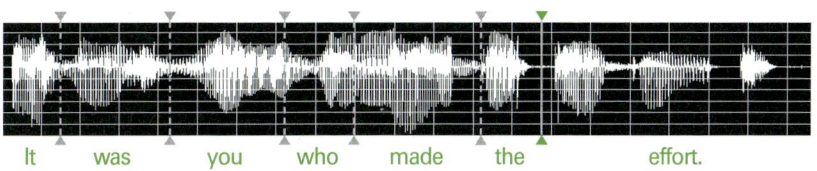

It–was–you–who–made–the ∨ effort.

It was you who made the가 연음되며 빠르게 발음되어 잘 들리지 않는다.

Making Sentence reading practice   set ① set ② set ③ set ④ set ⑤

- It

- It was

- It was you

- It was you who

- It was you who made

- It was you who made the

- It was you who made the effort.

문장이 완성되는 과정을 차례대로 약 1초 정도의 간격을 두고 소리 내어 읽으면서 의미를 생각합니다. 문장이 완성되는 전 과정을 하나의 set로 하여 각각 체크하며 5개의 set를 반복합니다.

여기서 영어문장을 우리말로 설명하는 것은 부득이한 것으로 중요하지 않습니다. 중요한 것은 영어 문장이 완성되는 과정을 통해 영어만으로 이해하는 것입니다.

- It was you
  (그것은 이었다. 너) : 일단 문장 완성
- It was you who
  (그것은 이었다. 너 누구)
- It was you who made
  (그것은 이었다. 너 누구 만들었다)
- It was you who made the effort.
  (그것은 이었다. 너 누구 만들었다 그 노력)
  (그것은 너였다. 노력을 한 누구는)

💡 **It was you : you 강조**
영어에서는 강조하는 것을 먼저 말하는 경향이 있다.
[You made the effort.]에서 you를 강조한 것이
[It was you who made the effort.]이다.
여기서 who는 불특정한 인물을 나타낸다.

💡 **make effort : 노력하다. 수고하다**
여기서 make를 쓰는 이유는 effort가 [노력한 결과물]을 나타내기 때문이다.
따라서 물건처럼 표현된다.

the effort
(그 노력)

All my efforts
(나의 모든 노력)

This is one of his finest efforts.
(이것은 그의 걸작 중의 하나이다.)

Speaking practice

버스 정류장이 어디에 있는 사람은?

It was _____ .

정류장이 어디에 있는지는 버스 아저씨.

_____ .

19 day

Which type do you think is better, horizontal or vertical?

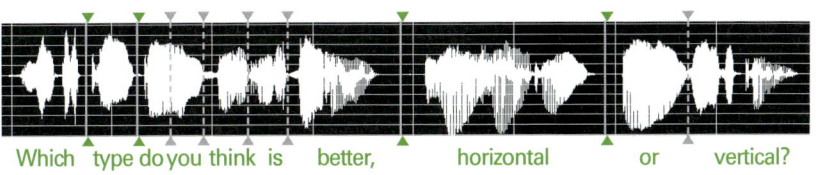

Which ∨type ∨do–you–think–is–better, ∨horizontal ∨or–vertical?

do you think is better가 연음되어 빠르게 발음된다.

Making Sentence reading practice   set ①   set ②   set ③   set ④   set ⑤

- Which

- Which type

- Which type do

- Which type do you

- Which type do you think

- Which type do you think is

- Which type do you think is better

- Which type do you think is better, horizontal

- Which type do you think is better, horizontal or

- Which type do you think is better, horizontal or vertical?

문장이 완성되는 과정을 차례대로 약 1초 정도의 간격을 두고 소리 내어 읽으면서 의미를 생각합니다. 문장이 완성되는 전 과정을 하나의 set로 하여 각각 체크하며 5개의 set를 반복합니다.

여기서 영어문장을 우리말로 설명하는 것은 부득이한 것으로 중요하지 않습니다. 중요한 것은 영어 문장이 완성되는 과정을 통해 영어만으로 이해하는 것입니다.

- Which type
  (어떤 타입)
- Which type do you think
  (어떤 타입 너는 생각하나?)
- Which type do you think is
  (어떤 타입 너는 생각하나? 이다)
- Which type do you think is better
  (어떤 타입 너는 생각하나? 더 좋다고)
- Which type do you think is better, horizontal or vertical?
  (어떤 타입 너는 생각하나? 더 좋다고, 수평 또는 수직?)

tip do you think

[Which type do you think is better?]는
[Do you think which type is better?]에서
which type을 앞에 둔 것이라고 할 수 있다.
대부분 do you think?가 빨리 발음되면서 상대에게 의견을 물어보는 역할을 한다.

Speaking practice

어떤 타입이 더 좋다고 생각하나, 수평 또는 수직?

Which type do _____.

대가가 느끼는 깨 어떤 타입이 더 좋은 수도 없는 수도?

_____.

Well, I think I can be there if it's not next Monday.

Well,∨ I think I∨ can–be–there∨ if–it's–not∨ next–Monday.
절의 구분이 없이 I think I가 연음되어 잘 들리지 않는다.

Making Sentence reading practice   set ①   set ②   set ③   set ④   set ⑤

- Well

- Well, I

- Well, I think

- Well, I think I

- Well, I think I can

- Well, I think I can be

- Well, I think I can be there

- Well, I think I can be there if

- Well, I think I can be there if it's

- Well, I think I can be there if it's not

- Well, I think I can be there if it's not next

- Well, I think I can be there if it's not next Monday.

문장이 완성되는 과정을 차례대로 약 1초 정도의 간격을 두고 소리 내어 읽으면서 의미를 생각합니다. 문장이 완성되는 전 과정을 하나의 set로 하여 각각 체크하며 5개의 set를 반복합니다.

여기서 영어문장을 우리말로 설명하는 것은 부득이한 것으로 중요하지 않습니다. 중요한 것은 영어 문장이 완성되는 과정을 통해 영어만으로 이해하는 것입니다.

- Well, I
  (글쎄, 나는)
- Well, I think
  (글쎄, 나는 생각한다.)
- Well, I think I
  (글쎄, 나는 생각한다. 나는)
- Well, I think I can be
  (글쎄, 나는 생각한다. 나는 가능하다 있다)
- Well, I think I can be there
  (글쎄, 나는 생각한다. 나는 있을 수 있다 거기에)
- Well, I think I can be there if
  (글쎄, 나는 생각한다. 나는 있을 수 있다 거기에 불확실)
- Well, I think I can be there if it's not
  (글쎄, 나는 생각한다. 나는 있을 수 있다 거기에 불확실 그것은 아니다)
- Well, I think I can be there if it's not next Monday.
  (글쎄, 나는 생각한다. 나는 있을 수 있다 거기에 불확실 그것은 아니다 다음 월요일)
  (글쎄, 나는 생각한다. 나는 거기에 있을 수 있다. 다음 월요일이 아니면)

🅣 well

well의 대표적인 뜻은 [잘~, 적절하게]의 부사이지만, 건강함을 나타내는 형용사이기도 하고 우물을 나타내는 명사이기도 하다. 근본적으로 긍정을 나타내는 단어라고 할 수 있다. 감탄사로는 [글쎄]로 많이 알려져 있는데, [좋아]라고 긍정, [그런데]의 부드러운 의견제시 등으로 이해할 수 있다.

Speaking practice

빠른 개가 느릴 수 있다고 그 거북이 영리하다 수 믿지 나는 개학쎄.
Well, I think _____.

홀인, 나는 수 영리하다 그 거북이 이길 수 있다고 빠른 개를 어느 날에.
_____.

I'd like to pay for the damages.

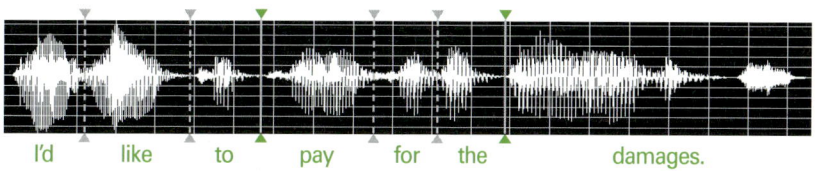

I'd–like–to ∨ pay–for–the ∨ damages.

문법적인 구분과 관계없이 I'd like to가 연음되어 빠르게 발음되고 pay for the가 연음되어 발음된다.

Making Sentence reading practice   set ①   set ②   set ③   set ④   set ⑤

- I'd

- I'd like

- I'd like to

- I'd like to pay

- I'd like to pay for

- I'd like to pay for the

- I'd like to pay for the damages.

문장이 완성되는 과정을 차례대로 약 1초 정도의 간격을 두고 소리 내어 읽으면서 의미를 생각합니다. 문장이 완성되는 전 과정을 하나의 set로 하여 각각 체크하며 5개의 set를 반복합니다.

여기서 영어문장을 우리말로 설명하는 것은 부득이한 것으로 중요하지 않습니다. 중요한 것은 영어 문장이 완성되는 과정을 통해 영어만으로 이해하는 것입니다.

- I'd (= I would)
  (나는 약하게 ~할 것이다.)
- I'd like
  (나는 약하게 ~할 것이다. 좋아하다) → (나는 하고자 합니다)
- I'd like to
  (나는 하고자 합니다. 도착점)
- I'd like to pay
  (나는 하고자 합니다. 도착점 지불하다)
- I'd like to pay for
  (나는 하고자 합니다. 도착점 지불하다 집중)
- I'd like to pay for the damages.
  (나는 하고자 합니다. 도착점 지불하다 집중 그 손해들)

I'd like →● pay ✧ the damages.
(나는 하고자 합니다. 그 손해들에 집중하여 지불하는 쪽으로)

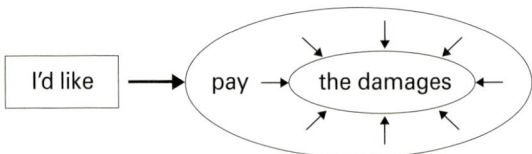

💡 영어 문장의 이미지
전치사로 연결된 영어문장은 전치사의 이미지에 따라 구조가 만들어지는데,
이 구조에 익숙해지면 우리말 없이 영어를 영어만으로 이해하는 데에 도움이 된다.

Speaking practice

차가 손해를 배상해 드리고 싶어요.
I'd like _____.

손해 배상에 동의하지 않습니다.
_____.

Making Sentence Listening

Within a few minutes, they had a nice conversation.

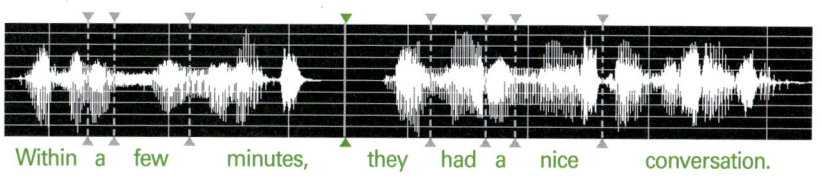

Within–a–few–minutes, ∨they–had–a–nice–conversation.

within a few minutes가 연음되면서 잘 들리지 않는다.

Making Sentence reading practice   set ①   set ②   set ③   set ④   set ⑤

- Within

- Within a

- Within a few

- Within a few minutes

- Within a few minutes, they

- Within a few minutes, they had

- Within a few minutes, they had a

- Within a few minutes, they had a nice

- Within a few minutes, they had a nice conversation.

문장이 완성되는 과정을 차례대로 약 1초 정도의 간격을 두고 소리 내어 읽으면서 의미를 생각합니다. 문장이 완성되는 전 과정을 하나의 set로 하여 각각 체크하며 5개의 set를 반복합니다.

여기서 영어문장을 우리말로 설명하는 것은 부득이한 것으로 중요하지 않습니다. 중요한 것은 영어 문장이 완성되는 과정을 통해 영어만으로 이해하는 것입니다.

- **Within**
  (내부)
- **Within a few minutes,**
  (내부 몇 분) → (몇 분 안에, 몇 분 이내에)
- **Within a few minutes, they had**
  (내부 몇 분, 그들은 가지고 있었다.)
- **Within a few minutes, they had a nice conversation.**
  (내부 몇 분, 그들은 가지고 있었다. 하나의 좋은 대화)

tip within = with + in

into가 in과 to의 합성인 것처럼 within은 with와 in의 합성으로 볼 수 있다.
within을 듣고 어떤 이미지를 떠올려야 할까?
in은 [영역]으로서 영역의 내부와 경계를 모두 포함하는데,
within은 내부만을 강조한다.
within이 [~이내에], [~의 안에]로 해석되는 것은 이 때문으로 볼 수 있다.
in인 경우와 비교하면, 그 차이를 분명히 느낄 수 있다.

in a few minutes
(몇 분이 지나서)

within a few minutes
(몇 분 이내에, 몇 분이 지나지 않아서)

추가로 within의 반대말은 without이다.
within and without (안팎으로)

tip have a nice conversation

대화를 한다는 것은 어느 정도 시간이 지속되는 것이므로 [가지고 있다]의 상태를 나타내는 have가 적당하다.

Speaking practice

몇 분 안에 그들은 좋은 대화를 했다.

Within _____.

몇 분이 지나 그들은 좋은 대화를 했다.

_____.

The volunteer workers did a good job of cleaning up this lake.

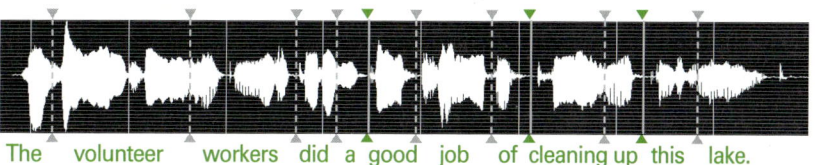

The–volunteer–workers–did–a∨ good–job–of∨ cleaning–up–this–lake.

부정관사 a, 전치사 of가 자신이 꾸미는 단어와 끊어지고 앞의 단어와는 연음되는데, 이것은 흔한 경우이므로 익숙해지는 것이 듣기에 도움이 된다.

Making Sentence reading practice   set ①   set ②   set ③   set ④   set ⑤

- The
- The volunteer
- The volunteer workers
- The volunteer workers did
- The volunteer workers did a
- The volunteer workers did a good
- The volunteer workers did a good job
- The volunteer workers did a good job of
- The volunteer workers did a good job of cleaning
- The volunteer workers did a good job of cleaning up
- The volunteer workers did a good job of cleaning up this
- The volunteer workers did a good job of cleaning up this lake.

문장이 완성되는 과정을 차례대로 약 1초 정도의 간격을 두고 소리 내어 읽으면서 의미를 생각합니다. 문장이 완성되는 전 과정을 하나의 set로 하여 각각 체크하며 5개의 set를 반복합니다.

여기서 영어문장을 우리말로 설명하는 것은 부득이한 것으로 중요하지 않습니다. 중요한 것은 영어 문장이 완성되는 과정을 통해 영어만으로 이해하는 것입니다.

- The volunteer workers
  (그 자원하는 일꾼들)
- The volunteer workers did a good job
  (그 자원하는 일꾼들은 했다. 하나의 좋은 일을)
- The volunteer workers did a good job of
  (그 자원하는 일꾼들은 했다. 하나의 좋은 일을 더 보니)
- The volunteer workers did a good job of cleaning up this lake.
  (그 자원하는 일꾼들은 했다. 하나의 좋은 일을 더 보니 깨끗이 청소하는 것 이 호수)

The volunteer workers did a good job ⬈ cleaning up this lake.
(그 자원하는 일꾼들은 했다. 하나의 좋은 일을 이 호수를 깨끗이 청소하는 것이라는)

🔟 of의 이미지 : 더 보니

of는 [~의], [~중에서] 등의 여러 가지 뜻을 가지고 있는데, 이것들로도 이해할 수 없는 경우를 특히, 일상적인 대화체의 문장에서 많이 볼 수 있다.

of의 다양한 뜻은 [확장, 더 보니]의 이미지인 ⬈ 으로 쉽게 이해할 수 있다.

위의 문장에서 of의 역할은 a good job에 대해 시야를 확장하여 좀 더 본 것이 cleaning up this lake임을 알려주는 것으로 [이 호수를 깨끗이 청소한다는 좋은 일]로 이해할 수 있다.

참고) 우리가 빠트린 영어의 알맹이, 전치사의 이미지 : of

Speaking practice

시험봉사자들이 이 호수를 깨끗이 청소하는 좋은 일을 했다.

The volunteer workers _____ .

자원봉사자들이 이 호수를 깨끗이 청소하는 좋은 일을 했다.

_____ .

He'll never know until he asks, I guess.

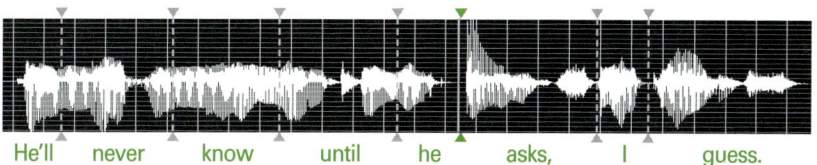

He'll–never–know–until–he ∨asks,–I–guess.

He'll never know until he가 연음되어 빠르게 발음되고 쉼표에 관계없이 asks I guess가 연음된다.

Making Sentence reading practice   set ①   set ②   set ③   set ④   set ⑤

- He'll

- He'll never

- He'll never know

- He'll never know until

- He'll never know until he

- He'll never know until he asks

- He'll never know until he asks, I

- He'll never know until he asks, I guess.

문장이 완성되는 과정을 차례대로 약 1초 정도의 간격을 두고 소리 내어 읽으면서 의미를 생각합니다. 문장이 완성되는 전 과정을 하나의 set로 하여 각각 체크하며 5개의 set를 반복합니다.

여기서 영어문장을 우리말로 설명하는 것은 부득이한 것으로 중요하지 않습니다. 중요한 것은 영어 문장이 완성되는 과정을 통해 영어만으로 이해하는 것입니다.

- He'll (= He will)
  (그는 ~할 것이다.)
- He'll never know
  (그는 결코 알지 못할 것이다.)
- He'll never know until
  (그는 결코 알지 못할 것이다. 때까지)
- He'll never know until he asks
  (그는 결코 알지 못할 것이다. 때까지 그가 물어보다)
- He'll never know until he asks, I guess.
  (그는 결코 알지 못할 것이다. 그가 물어볼 때까지, 내가 추측하다)

tip ask의 이미지

ask는 [구하다], [요구하다], [물어보다], [요청하다] 등의 다양한 뜻으로 해석되어 문장 전체의 내용을 어느 정도 파악하지 않으면 이해하기가 어려운데, 이를 해결하기 위해서는 ask의 이미지를 아는 것이 필요하다.
ask는 어떤 이미지이기에 [구하다], [물어보다]는 뜻을 모두 나타낼 수 있을까?
ask의 이미지는 주어 쪽으로 가져오는 것이다.
우리말의 표현으로는 [물어보다, 질문하다]라고 하면, [질문을 던진다]는 표현처럼 질문이 상대에게 전해지는 것이다. 하지만, 영어에는 의문, 질문을 물어보는 사람이 상대로부터 구하는 것으로 이해한다. 즉, 질문이 상대로부터 물어보는 사람에게로 오는 것으로 본다..
이런 ask의 이미지 때문에 ask의 경우에는 give와 달리 상대를 to로 나타내지 않는다. ask는 주어에게 오도록 구하는 것이므로 구하는 상대를 to로 나타내는 것은 논리적으로 맞지 않는다.

She asked a question of me. (그녀는 나에게 하나의 질문을 했다.)

She asked some money of me. (그녀는 나에게 약간의 돈을 요구했다.)

참고〉 우리가 빠트린 영어의 알맹이, 전치사의 이미지 : of

Speaking practice

그가 물어보기 전에는 그는 결코 알 수 없을 것이다, 내 생각에는.

He'll never _____.

내가 추측하기에 그가 물어보기 전에는 그는 결코 알 수 없을 것이다.

_____.

Am I supposed to wait on you all the time?

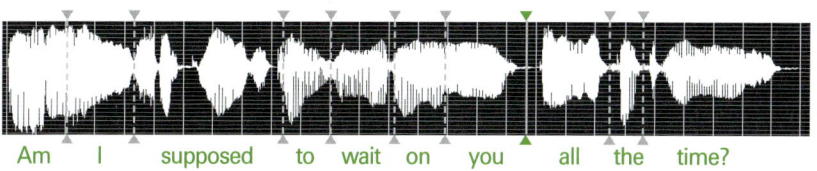

Am–I–supposed–to–wait–on–you ∨ all–the–time?

am I supposed to wait on you가 연음되면서 발음되어 I, to, on 등이 잘 들리지 않는다.

Making Sentence reading practice   set ①   set ②   set ③   set ④   set ⑤

- Am

- Am I

- Am I supposed

- Am I supposed to

- Am I supposed to wait

- Am I supposed to wait on

- Am I supposed to wait on you

- Am I supposed to wait on you all

- Am I supposed to wait on you all the

- Am I supposed to wait on you all the time?

문장이 완성되는 과정을 차례대로 약 1초 정도의 간격을 두고 소리 내어 읽으면서 의미를 생각합니다. 문장이 완성되는 전 과정을 하나의 set로 하여 각각 체크하며 5개의 set를 반복합니다.

여기서 영어문장을 우리말로 설명하는 것은 부득이한 것으로 중요하지 않습니다. 중요한 것은 영어 문장이 완성되는 과정을 통해 영어만으로 이해하는 것입니다.

- Am I
  (있나? 나는)
- Am I supposed
  (있나? 나는 가정된) → (나는 가정되어 있나?)
- Am I supposed to
  (있나? 나는 가정된 도착점)
- Am I supposed to wait
  (있나? 나는 가정된 도착점 기다리다)
- Am I supposed to wait on you
  (있나? 나는 가정된 도착점 기다리다 접함 너)
- Am I supposed to wait on you all the time?
  (있나? 나는 가정된 도착점 기다리다 접함 너 모든 시간)

Am I supposed 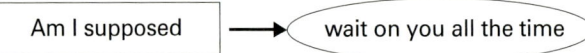 wait you all the time?
(나는 가정되나? 너를 항상 시중드는 쪽으로)

```
┌──────────────────┐          ╱─────────────────────────╲
│ Am I supposed    │ ───────▶ │ wait on you all the time │
└──────────────────┘          ╲─────────────────────────╱
```

🟢 **wait on : 시중들다**

[접함]을 이미지로 하는 on에 의해, wait on은 접하듯이 옆에 붙어 기다리는 것이므로 시중드는 것으로 이해할 수 있다.

Speaking practice

내가 항상 사이들게 되어 있나?

Am I supposed _____ .

내가 너 사이들어 혹은 되어 있나?

_____ .

Our teacher said they'll be here for three days.

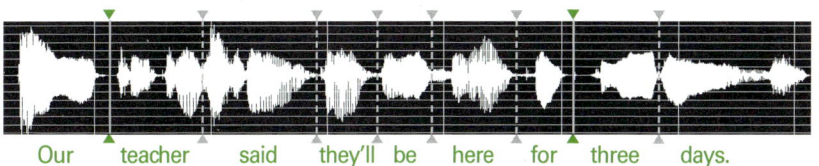

Our∨teacher–said–they'll–be–here–for∨three–days.

문법적인 끊어 읽기(Our teacher said / they'll be here / for three days.)와 다르게 발음된다.

Making Sentence reading practice　　set ①　set ②　set ③　set ④　set ⑤

- Our

- Our teacher

- Our teacher said

- Our teacher said they'll

- Our teacher said they'll be

- Our teacher said they'll be here

- Our teacher said they'll be here for

- Our teacher said they'll be here for three

- Our teacher said they'll be here for three days.

문장이 완성되는 과정을 차례대로 약 1초 정도의 간격을 두고 소리 내어 읽으면서 의미를 생각합니다. 문장이 완성되는 전 과정을 하나의 set로 하여 각각 체크하며 5개의 set를 반복합니다.

여기서 영어문장을 우리말로 설명하는 것은 부득이한 것으로 중요하지 않습니다. 중요한 것은 영어 문장이 완성되는 과정을 통해 영어만으로 이해하는 것입니다.

- Our teacher said
  (우리의 선생님은 말했다.)
- Our teacher said they'll (= they will, they shall)
  (우리의 선생님은 말했다. 그들은 ~할 것이다.)
- Our teacher said they'll be here
  (우리의 선생님은 말했다. 그들은 있을 것이다 여기에) : they will인 경우
  (우리의 선생님은 말했다. 그들은 있게 될 것이다 여기에) : they shall인 경우
- Our teacher said they'll be here for three days.
  (우리의 선생님은 말했다. 그들은 있을 것이다 여기에 집중 3일)

Our teacher said they'll be here ⊕ three days.
(우리의 선생님은 말했다. 그들은 있을 것이다 여기에 3일 동안)

🅣🅘🅟 say (that)

위의 문장은 [Our teacher said that they'll be here for three days.]에서 that이 생략된 것이다.
그런데, that이 없기 때문에 위의 문장은 다음과 같이 직접화법으로 들을 수도 있다.

Our teacher said, "They'll be here for three days."
(우리의 선생님은 말했다. "그들은 여기에 3일 동안 있을 것이다.")

직접화법이라고 해도 they에 관한 내용이므로 의미상 큰 차이가 없다. 이런 경우에는 that을 생략할 수 있다.
하지만, 다음의 경우에는 that이 있고 없음에 따라 의미가 완전히 달라진다.

Our teacher said that I'll be here for three days.
(우리의 선생님은 말했다. 내가 여기에 3일 동안 있을 것이라고.) : I = 말하는 사람

Our teacher said, "I'll be here for three days."
(우리의 선생님은 말했다. "내가 여기에 3일 동안 있을 것이다.") : I = our teacher

Speaking practice

우리의 선생님은 말했다. 그들은 여기에 3일 동안 있을 것이라고.

Our teacher said _____.

우리 선생님은 그들이 여기에 3일간 있을 거라고 말했다.

_____.

21 day — Sorry, but we're out of stock right now.

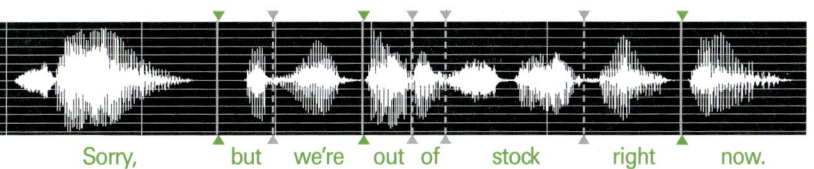

Sorry, ∨ but–we're ∨ out–of–stock–right ∨ now.

we're는 we are의 축약형이다. we're의 발음은 [wiə:r → 위얼]이지만, 원어민에 따라 [웨얼]로 발음되기도 하여 where로 혼동할 수 있다.

Making Sentence reading practice   set ①   set ②   set ③   set ④   set ⑤

- Sorry

- Sorry, but

- Sorry, but we're

- Sorry, but we're out

- Sorry, but we're out of

- Sorry, but we're out of stock

- Sorry, but we're out of stock right

- Sorry, but we're out of stock right now.

문장이 완성되는 과정을 차례대로 약 1초 정도의 간격을 두고 소리 내어 읽으면서 의미를 생각합니다. 문장이 완성되는 전 과정을 하나의 set로 하여 각각 체크하며 5개의 set를 반복합니다.

여기서 영어문장을 우리말로 설명하는 것은 부득이한 것으로 중요하지 않습니다. 중요한 것은 영어 문장이 완성되는 과정을 통해 영어만으로 이해하는 것입니다.

- Sorry, but we're (= we are)
  (미안하다. 하지만 우리는 있다.)
- Sorry, but we're out
  (미안하다 하지만 우리는 밖에 있다.) : 일단 문장 완성
- Sorry, but we're out of
  (미안하다, 하지만 우리는 밖에 있다. 더 보니)
- Sorry, but we're out of stock
  (미안하다, 하지만 우리는 밖에 있다. 더 보니 재고)
- Sorry, but we're out of stock right now.
  (미안하다, 하지만 우리는 밖에 있다. 더 보니 재고 바로 지금)

Sorry, but we're out ⟨ stock right now.
(미안하다, 하지만 우리는 재고가 떨어졌다. 바로 지금.)

🆙 **out of**

out of는 [~ 밖으로]라고 간단히 알고 있지만,
어순대로 들을 때는 다음과 같은 이미지를 통해 이해할 수 있다.
위의 문장에서 [We're out.]는 이 상태만으로 문장이 완성된 것으로 [우리는 밖에 있다.], [우리는 외출 중이다.]는 의미와 함께 [우리는 뭔가가 떨어졌다.], [우리는 뭔가 없다.]는 느낌을 준다. 여기에 of가 추가됨으로써 무엇이 없는지가 제시된다.
이처럼 of는 문장에서 빠진 주요한 내용을 알려주는 역할을 한다.

참고) 우리가 빠트린 영어의 알맹이, 전치사의 이미지 : of

Speaking practice

미안하지만 우리는 지금 재고가 떨어졌다.
Sorry, but we're _____ .

미안하지만 우리는 지금 재고가 없다.
_____ .

Why don't you have a seat while I finish?

3/5

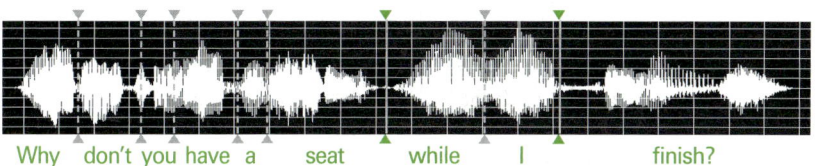

Why–don't–you–have–a–seat∨ while–I∨ finish?

while I가 연음되어 마치 하나의 단어처럼 [와라이]로 발음되는데, 덕분에 while, I 모두 잘 들리지 않는다.

Making Sentence reading practice　set ①　set ②　set ③　set ④　set ⑤

- Why

- Why don't

- Why don't you

- Why don't you have

- Why don't you have a

- Why don't you have a seat

- Why don't you have a seat while

- Why don't you have a seat while I

- Why don't you have a seat while I finish?

문장이 완성되는 과정을 차례대로 약 1초 정도의 간격을 두고 소리 내어 읽으면서 의미를 생각합니다. 문장이 완성되는 전 과정을 하나의 set로 하여 각각 체크하며 5개의 set를 반복합니다.

여기서 영어문장을 우리말로 설명하는 것은 부득이한 것으로 중요하지 않습니다. 중요한 것은 영어 문장이 완성되는 과정을 통해 영어만으로 이해하는 것입니다.

- **Why don't**
  (왜 하지 않나?) → (하지 그래?)
- **Why don't you**
  (왜 하지 않나? 너는)
- **Why don't you have**
  (왜 하지 않나? 너는 가지다)
- **Why don't you have a**
  (왜 하지 않나? 너는 가지다 하나의)
- **Why don't you have a seat**
  (왜 하지 않나? 너는 가지다 하나의 자리)
- **Why don't you have a seat while**
  (왜 하지 않나? 너는 가지다 하나의 자리 ~동안)
- **Why don't you have a seat while I finish?**
  (왜 하지 않나? 너는 가지다 하나의 자리 ~동안 내가 끝나다)
  (너는 자리에 앉아 있지 그래? 내가 끝내는 동안)

🔵 have a seat / get a seat / take a seat

have는 [가지다]의 뜻과 함께 [가지고 있다]는 상태, 유지의 느낌을 가진다.
반면에 get, take는 동작, 움직임의 느낌이 강하다.
while(~동안)이므로 상태를 나타내는 have가 적당하다. 이 상태에서 get, take를 쓰면 이미지상 어색할 수 있다.
가서 의자에 앉는 경우에는 get, 제자리에서 바로 앉는 경우에는 take가 어울린다.

Can I get a seat there?
(내가 저기 의자에 앉을 수 있을까?)

Take a seat, please.
(자리에 앉으세요.)

Speaking practice

내가 봄을 좀 먹어도 되지 않게 해주시겠어요?

Why don't you _____ .

내가 끝낼 동안 자리에 앉아 있지 그래?

_____ .

 Dad said he'd take me this morning.

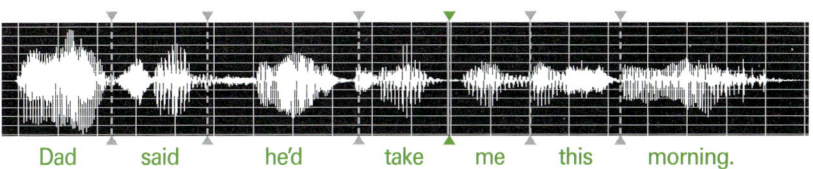

Dad–said–he'd–take ∨ me–this–morning.

he'd는 he would 또는 he had의 축약형으로 발음은 [hid]이다. [히드]라고 하기보다 [히인]으로 발음하는 경우가 많다.

Making Sentence reading practice　　set ①　set ②　set ③　set ④　set ⑤

- Dad

- Dad said

- Dad said he'd

- Dad said he'd take

- Dad said he'd take me

- Dad said he'd take me this

- Dad said he'd take me this morning.

문장이 완성되는 과정을 차례대로 약 1초 정도의 간격을 두고 소리 내어 읽으면서 의미를 생각합니다. 문장이 완성되는 전 과정을 하나의 set로 하여 각각 체크하며 5개의 set를 반복합니다.

여기서 영어문장을 우리말로 설명하는 것은 부득이한 것으로 중요하지 않습니다. 중요한 것은 영어 문장이 완성되는 과정을 통해 영어만으로 이해하는 것입니다.

- **Dad said**
  (아빠는 말했다.)
- **Dad said he'd (= he would)**
  (아빠는 말했다. 그는 ~할 것이다.)
  (여기서 would는 will의 과거형 → 시제 일치 : Dad said he would~)
- **Dad said he'd take me**
  (아빠는 말했다. 그는 ~할 것이다. 가지다 나를)
- **Dad said he'd take me this morning.**
  (아빠는 말했다. 그는 ~할 것이다. 가지다 나를 오늘 아침)
  (아빠는 말했다. 오늘 아침 나를 잡을 것이라고)

tip say that / say

위의 문장은 that이 생략된 것인데, that이 없으므로 직접 화법으로 들을 수도 있다. 이 경우에 의미가 달라진다.

Dad said, "He'd take me this morning."
(아빠는 말했다. "그가 오늘 아침에 나를 태워줄 것이다.") : me = dad

그런데, 위의 문장에서 Dad said와 he'd(he would)가 과거 시제로 맞추어져 있기 때문에 간접화법으로 보는 것이 자연스럽다.
직접화법의 경우에는 시간 간격을 두고 목소리를 바꾸는 등의 표현을 하기 때문에 비교적 쉽게 구분이 가능하다.

tip take me

[take+사람]은 일반적으로 사람을 차에 태우고 어디를 가다는 이미지를 갖는다.

I will take him to the airport.
(나는 그를 공항에 태워다 줄 것이다.)

여기서 take를 쓰는 이유는 일단 잡은 다음에 이동한다는 take의 이미지와 잘 어울리기 때문이다.

Speaking practice

아빠가 말했다 오늘 아침 나를 태워 줄 거라고.
Dad said _____ .

아빠가 말했다 오늘 아침에 나를 태워다 줄 거라고 말했다.
_____ .

21 day — How much are you going to sell it for?

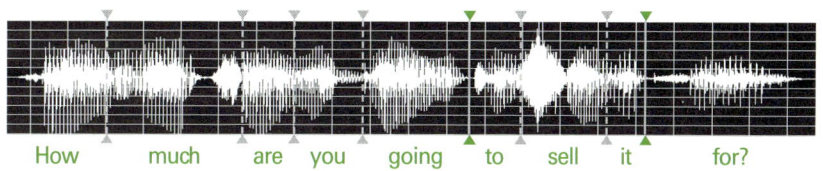

How–much–are–you–going V to–sell–it V for?

미국식 영어에서는 going to를 [고너]로 간단히 발음하기도 하지만, 정확히 구분하여 발음하는 경우도 많다.

Making Sentence reading practice   set ①   set ②   set ③   set ④   set ⑤

- How
- How much
- How much are
- How much are you
- How much are you going
- How much are you going to
- How much are you going to sell
- How much are you going to sell it
- How much are you going to sell it for?

문장이 완성되는 과정을 차례대로 약 1초 정도의 간격을 두고 소리 내어 읽으면서 의미를 생각합니다. 문장이 완성되는 전 과정을 하나의 set로 하여 각각 체크하며 5개의 set를 반복합니다.

여기서 영어문장을 우리말로 설명하는 것은 부득이한 것으로 중요하지 않습니다. 중요한 것은 영어 문장이 완성되는 과정을 통해 영어만으로 이해하는 것입니다.

- How much
  (얼마나 많이)
- How much are you
  (얼마나 많이 인가? 너)
- How much are you going
  (얼마나 많이 너는 가고 있나?)
- How much are you going to
  (얼마나 많이 너는 가고 있나? 도착점)
- How much are you going to sell it
  (얼마나 많이 너는 가고 있나? 도착점 팔다 그것)
- How much are you going to sell it for?
  (얼마나 많이 너는 가고 있나? 도착점 팔다 그것을 집중)

How much are you going to sell it ?
(얼마나 많이 너는 가고 있나? 그것을 파는 쪽으로 집중)
(너는 얼마에 그것을 팔려고 하나?)

How much	are you going	→	sell it	

📖 문장 마지막에 for가 필요한 이유

위의 문장에서 마지막의 for가 없으면 어떻게 될까?

How much are you going to sell it?
(얼마나 많이 너는 그것을 팔려고 하나?)

for가 없으면 그것을 얼마나 많이 팔려고 하느냐는 의미가 되기 때문에 얼마에 팔 것인지를 물어볼 때는 꼭 for가 필요하다.

Speaking practice

그 카메라를 당신에게 얼마에 팔까요?

How much are _____.

그 카메라를 당신에게 얼마에

_____.

22 day

The safety of the planes out there is in their hands.

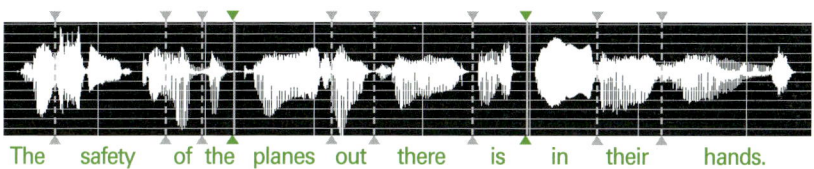

The–safety–of–the∨ planes–out–there–is∨ in–their–hands.

문법적인 끊어 읽기(The safety of the planes / out there / is / in their hands.)와 다르게 발음된다.

Making Sentence reading practice   set ①   set ②   set ③   set ④   set ⑤

- The

- The safety

- The safety of

- The safety of the

- The safety of the planes

- The safety of the planes out

- The safety of the planes out there

- The safety of the planes out there is

- The safety of the planes out there is in

- The safety of the planes out there is in their

- The safety of the planes out there is in their hands.

문장이 완성되는 과정을 차례대로 약 1초 정도의 간격을 두고 소리 내어 읽으면서 의미를 생각합니다. 문장이 완성되는 전 과정을 하나의 set로 하여 각각 체크하며 5개의 set를 반복합니다.

여기서 영어문장을 우리말로 설명하는 것은 부득이한 것으로 중요하지 않습니다. 중요한 것은 영어 문장이 완성되는 과정을 통해 영어만으로 이해하는 것입니다.

- The safety
  (그 안전)
- The safety of the planes
  (그 안전 더 보니 그 비행기들) → (그 비행기들의 안전)
- The safety of the planes out there
  (그 안전 더 보니 그 비행기들 밖 저기) → (저기 밖에 있는 비행기들의 안전)
- The safety of the planes out there is
  (그 안전 더 보니 그 비행기들 밖 저기 있다.)
- The safety of the planes out there is in
  (그 안전 더 보니 그 비행기들 밖 저기 있다. 영역)
- The safety of the planes out there is in their hands.
  (그 안전 더 보니 그 비행기들 밖 저기 있다. 영역 그들의 손들)

The safety ◁ the planes out there is ▢ their hands.
(저 밖에 있는 비행기들의 안전은 있다. 그들의 손들 안에)

tip **out there**
[저기 밖에 있는 비행기들]을 영어로 어떻게 말할까?
[the planes out there]이다.

Speaking practice

저기에 있는 그 비행기들의 안전은 그들의 손에 있다.
The safety of _____.

저기 밖에 있는 비행기들의 안전은 그들의 손 안에 있다.
_____.

But he hasn't asked me out on a date yet.

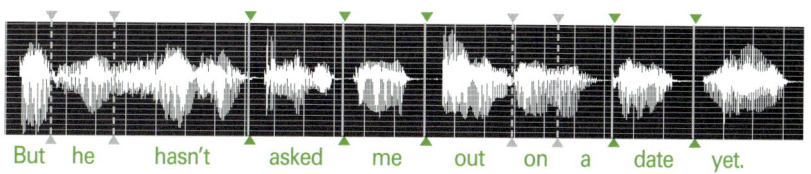

But–he–hasn't ∨asked ∨me ∨out–on–a ∨date ∨yet.

문법적인 끊어 읽기(But / he hasn't asked / me / out / on a date / yet.)와 다르게 발음된다. 특히, out on a가 연음되어 잘 들리지 않는다.

Making Sentence reading practice   set ①   set ②   set ③   set ④   set ⑤

- But

- But he

- But he hasn't

- But he hasn't asked

- But he hasn't asked me

- But he hasn't asked me out

- But he hasn't asked me out on

- But he hasn't asked me out on a

- But he hasn't asked me out on a date

- But he hasn't asked me out on a date yet.

문장이 완성되는 과정을 차례대로 약 1초 정도의 간격을 두고 소리 내어 읽으면서 의미를 생각합니다. 문장이 완성되는 전 과정을 하나의 set로 하여 각각 체크하며 5개의 set를 반복합니다.

여기서 영어문장을 우리말로 설명하는 것은 부득이한 것으로 중요하지 않습니다. 중요한 것은 영어 문장이 완성되는 과정을 통해 영어만으로 이해하는 것입니다.

- But he hasn't (= But he has not)
  (그러나 그는 가지고 있지 않다.)
- But he hasn't asked
  (그러나 그는 가지고 있지 않다. 구했던)
- But he hasn't asked me
  (그러나 그는 가지고 있지 않다. 구했던 나에게)
  (그러나 그는 나에게 구했던 것을 가지고 있지 않다.) → (나에게 구했던 적이 없다.)
- But he hasn't asked me out
  (그러나 그는 가지고 있지 않다. 구했던 나에게 밖으로)
  (그러나 그는 나에게 밖으로 나가자고 청했던 적이 없다.)
- But he hasn't asked me out on a date yet.
  (그러나 그는 가지고 있지 않다. 구했던 나에게 밖으로 접함 하나의 날짜 아직)

  But he hasn't asked me out ⓞ a date yet.
  (그러나 그는 나에게 밖으로 나가자고 청했던 적이 없다, 어떤 날짜에 아직.)

🅣 **on a date**

date는 날짜 또는 일시를 정한 만남을 의미하는데, 주로 남녀의 만남을 의미한다. 다른 사람들의 눈을 피해 남녀 단둘이 만남을 가지기 위해서는 아무래도 따로 시간을 정해야 할 것이다. 날짜나 요일, 만남의 일시는 달력을 통해 알 수 있는데, 달력은 표면에서 알 수 있는 정보이므로 on이 적당하다.

참고) 우리가 빠트린 영어의 알맹이, 전치사의 이미지 : on

🅣 **ask me out on a date**

일시를 정한 어떤 날짜에 밖으로 나가자고 물어보는 것이므로 데이트를 청한다는 의미로 이해할 수 있다.

Speaking practice

그러나 그는 아직 나에게 데이트를 청한 적이 없다.
But he hasn't _____.

아직까지 그는 나에게 밖으로 나가자고 청했던 적이 없다.
_____.

22 day — These even have rests for the back.

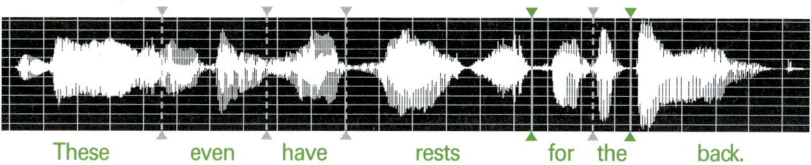

These–even–have–rests ∨ for–the ∨ back.

these even have가 연음되며 빠르게 발음된다.

Making Sentence reading practice　set ①　set ②　set ③　set ④　set ⑤

- These

- These even

- These even have

- These even have rests

- These even have rests for

- These even have rests for the

- These even have rests for the back.

문장이 완성되는 과정을 차례대로 약 1초 정도의 간격을 두고 소리 내어 읽으면서 의미를 생각합니다. 문장이 완성되는 전 과정을 하나의 set로 하여 각각 체크하며 5개의 set를 반복합니다.

여기서 영어문장을 우리말로 설명하는 것은 부득이한 것으로 중요하지 않습니다. 중요한 것은 영어 문장이 완성되는 과정을 통해 영어만으로 이해하는 것입니다.

- **These even**
  (이것들은 마찬가지로)
- **These even have**
  (이것들은 마찬가지로 가지고 있다.) → (이것들은 가지고 있기도 하다.)
- **These even have rests**
  (이것들은 가지고 있기도 하다. 받침대들)
- **These even have rests for**
  (이것들은 가지고 있기도 하다. 받침대들 집중)
- **These even have rests for the back.**
  (이것들은 가지고 있기도 하다. 받침대들 집중 등)
- **These even have rests ✥ the back.**
  (이것들은 가지고 있기도 하다. 등을 위한 받침대들을)

tip even : ~도, ~조차도, 마찬가지

짝수를 나타내기도 하는 even은 여러 가지가 같은 상태, 고른 상태를 의미하여 [~도, ~조차도, 마찬가지로] 등으로 이해할 수 있다.

even I : 나도, 나조차도
even a chile : 어린아이도, 어린아이조차도
even now : 지금이라도, 지금 당장
even the slightest noise : 가장 미세한 소음이라도

tip rests

rest는 [휴식]을 의미하는데, rests와 같이 물건으로 표현될 때는 [받침대]를 의미한다.

Speaking practice

이것들은 등받침대를 가지고 있기도 하다.

These even _____.

이것들은 등받침대다.

_____.

22 day

I'll send you a text message as soon as I hang up.

4/5

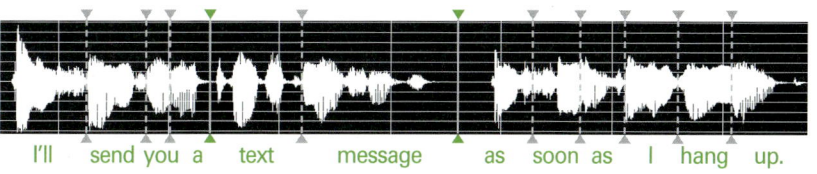

I'll–send–you–a V text–message V as–soon–as–I–hang–up.

문법적인 끊어 읽기(I'll send / you / a text message / as soon as / I hang up.)와 다르게 발음된다.

Making Sentence reading practice   set ①   set ②   set ③   set ④   set ⑤

- I'll

- I'll send

- I'll send you

- I'll send you a

- I'll send you a text

- I'll send you a text message

- I'll send you a text message as

- I'll send you a text message as soon

- I'll send you a text message as soon as

- I'll send you a text message as soon as I

- I'll send you a text message as soon as I hang

- I'll send you a text message as soon as I hang up.

문장이 완성되는 과정을 차례대로 약 1초 정도의 간격을 두고 소리 내어 읽으면서 의미를 생각합니다. 문장이 완성되는 전 과정을 하나의 set로 하여 각각 체크하며 5개의 set를 반복합니다.

여기서 영어문장을 우리말로 설명하는 것은 부득이한 것으로 중요하지 않습니다. 중요한 것은 영어 문장이 완성되는 과정을 통해 영어만으로 이해하는 것입니다.

- I'll (= I will)
  (나는 ~할 것이다.)
- I'll send
  (나는 ~할 것이다. 보내다.)
- I'll send you
  (나는 보낼 것이다. 너.)
- I'll send you a text message
  (나는 보낼 것이다. 너에게 문자 메시지를.)
- I'll send you a text message as soon
  (나는 보낼 것이다. 너에게 문자 메시지를 같은 정도로 곧.)
- I'll send you a text message as soon as I hang up.
  (나는 보낼 것이다. 너에게 문자 메시지를 같은 정도로 곧 같은 정도 내가 전화를 끊다.)

I'll send you a text message (=) soon (=) I hang up.
(나는 보낼 것이다. 너에게 문자 메시지를 같은 정도로 곧 내가 전화를 끊는 것과 같은)

💡 hang up

hang은 [매달다]를 뜻하고 up은 [위로]인데, 이것이 [전화를 끊다]는 의미가 되는 것은 왜일까?
[위로 매달다]가 전화를 끊는다는 의미가 된 것은 초기 전화기 모습과 관련이 있다. 전화기의 초기 모습은 수화기를 전화기의 고리에 걸어두는 모양이었다. 통화 중에 수화기를 전화기의 고리에 위로 매달면 전화가 끊어지므로 자연스럽게 hang up은 [전화를 끊다]는 의미를 가지게 된다.

Speaking practice

나는 아저씨에게 곧 문자 메시지를 보낼 것이다, 내가 전화를 끊자마자.
I'll send _____.

전화를 끊자마자 너에게 곧 메시지를 보내겠다.
_____.

He's just posing in front of that truck with his friends.

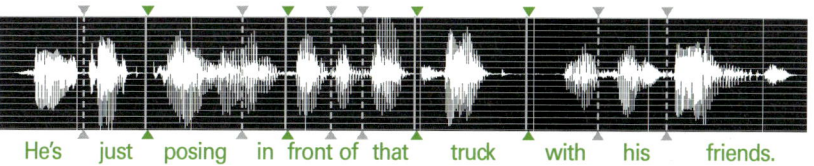

He's–just Vposing–in Vfront–of–that Vtruck Vwith–his–friends.

문법적인 끊어 읽기(He's just posing / in front of / that truck / with his friends.)와 다르게 발음된다. he is, he has의 축약형인 he's는 his와 발음이 같다.

Making Sentence reading practice　　set ①　set ②　set ③　set ④　set ⑤

- He's

- He's just

- He's just posing

- He's just posing in

- He's just posing in front

- He's just posing in front of

- He's just posing in front of that

- He's just posing in front of that truck

- He's just posing in front of that truck with

- He's just posing in front of that truck with his

- He's just posing in front of that truck with his friends.

문장이 완성되는 과정을 차례대로 약 1초 정도의 간격을 두고 소리 내어 읽으면서 의미를 생각합니다. 문장이 완성되는 전 과정을 하나의 set로 하여 각각 체크하며 5개의 set를 반복합니다.

여기서 영어문장을 우리말로 설명하는 것은 부득이한 것으로 중요하지 않습니다. 중요한 것은 영어 문장이 완성되는 과정을 통해 영어만으로 이해하는 것입니다.

- **He's (= He is)**
  (그는 있다)
- **He's just posing**
  (그는 있다. 단지 포즈를 취하면서)
- **He's just posing in front**
  (그는 있다. 단지 포즈를 취하면서 영역 앞)
- **He's just posing in front of**
  (그는 있다. 단지 포즈를 취하면서 영역 앞 더 보니)
- **He's just posing in front of that truck**
  (그는 있다. 단지 포즈를 취하면서 영역 앞 더 보니 저 트럭)
- **He's just posing in front of that truck with**
  (그는 단지 포즈를 취하고 있다. 영역 앞 더 보니 저 트럭 함께 있는 존재)
- **He's just posing in front of that truck with his friends.**
  (그는 단지 포즈를 취하고 있다. 영역 앞 더 보니 저 트럭 /함께 있는 존재/ 그의 친구들)

He's just posing ▢ front ◁ that truck ▭ his friends.
(그는 단지 포즈를 취하고 있다. 저 트럭 앞에서 그의 친구들과 함께)

tip he's = he is, he has

he's는 his와 발음이 같으면서 [he is] 또는 [he has]의 축약형이다.

tip in front of / in the front of

in front of는 어떤 대상과 떨어진 앞을 말하고
in the front of는 정관사 the의 이미지에 따라 어떤 대상의 앞부분을 말한다.

Speaking practice

그는 단지 포즈를 취하면서 저 트럭 앞에서 포즈를 취하고 있다.
He's just _____.

그는 단지 포즈를 취하면서 그 트럭 앞에서 포즈를 취하고 있다.
_____.

I wasn't able to complete my part of our project.

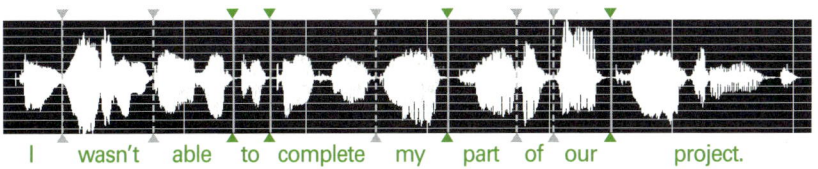

I–wasn't–able∨ to∨ complete–my∨ part–of–our∨ project.

was not의 축약형인 wasn't가 able과 연음되면서 잘 들리지 않는다.

Making Sentence reading practice　　set ①　set ②　set ③　set ④　set ⑤

- I

- I wasn't

- I wasn't able

- I wasn't able to

- I wasn't able to complete

- I wasn't able to complete my

- I wasn't able to complete my part

- I wasn't able to complete my part of

- I wasn't able to complete my part of our

- I wasn't able to complete my part of our project.

문장이 완성되는 과정을 차례대로 약 1초 정도의 간격을 두고 소리 내어 읽으면서 의미를 생각합니다. 문장이 완성되는 전 과정을 하나의 set로 하여 각각 체크하며 5개의 set를 반복합니다.

여기서 영어문장을 우리말로 설명하는 것은 부득이한 것으로 중요하지 않습니다. 중요한 것은 영어 문장이 완성되는 과정을 통해 영어만으로 이해하는 것입니다.

- I wasn't (= I was not)
  (나는 있지 않았다.)
- I wasn't able
  (나는 있지 않았다. 가능한) → (나는 가능하지 않았다.)
- I wasn't able to
  (나는 가능하지 않았다. 도착점)
- I wasn't able to complete my part
  (나는 가능하지 않았다. 도착점 완성하다 나의 부분)
- I wasn't able to complete my part of
  (나는 가능하지 않았다. 도착점 완성하다 나의 부분 더 보니)
- I wasn't able to complete my part of our project.
  (나는 가능하지 않았다. 도착점 완성하다 나의 부분 더 보니 우리의 프로젝트)

I wasn't able →● complete my part ◁ our project.
(나는 가능하지 않았다. 우리의 프로젝트에서 나의 부분을 완성하는 쪽으로)

| I wasn't able | ⟶ | complete my part of our project |

Speaking practice

나는 우리 프로젝트에서 내 부분을 완성할 수 있었다.
I wasn't able _____.

나는 우리 프로젝트에서 내 부분을 완성하지 못했다.
_____.

 **But he hasn't shown up yet.**

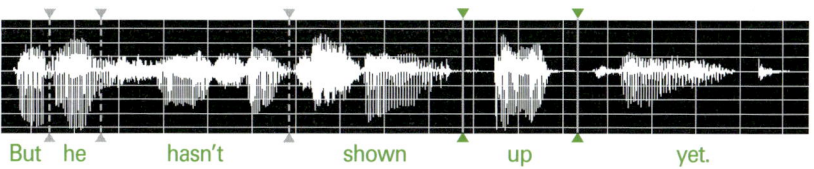

But–he–hasn't–shown ∨ up ∨ yet.

hasn't는 has not의 축약형으로 he hasn't shown이 연음되면서 부정인 것이 잘 들리지 않는다.

Making Sentence reading practice　set ①　set ②　set ③　set ④　set ⑤

- But

- But he

- But he hasn't

- But he hasn't shown

- But he hasn't shown up

- But he hasn't shown up yet.

문장이 완성되는 과정을 차례대로 약 1초 정도의 간격을 두고 소리 내어 읽으면서 의미를 생각합니다. 문장이 완성되는 전 과정을 하나의 set로 하여 각각 체크하며 5개의 set를 반복합니다.

여기서 영어문장을 우리말로 설명하는 것은 부득이한 것으로 중요하지 않습니다. 중요한 것은 영어 문장이 완성되는 과정을 통해 영어만으로 이해하는 것입니다.

- But he hasn't (= But he has not)
  (그러나 그는 가지고 있지 않다.)
- But he hasn't shown
  (그러나 그는 가지고 있지 않다. 보였던)
- But he hasn't shown up
  (그러나 그는 가지고 있지 않다. 보였던 위로)
  (그러나 그는 가지고 있지 않다. 완전히 보였던)
- But he hasn't shown up yet.
  (그러나 그는 가지고 있지 않다. 보였던 위로 아직)
  (그러나 그는 나타나지 않고 있다. 아직)

tip show up

show는 [보이다]의 뜻을 가진다.
up은 위로 올라가는 움직임의 이미지인데, 끝까지 올라간 이미지와 함께 [완전히]라는 의미도 갖는다.
show up에서 up은 [위에, 위로]의 뜻보다 clean up에서처럼 [완전히]의 뜻을 가진다고 할 수 있다.
eat up (먹다 완전히 → 다 먹다)
clean up (청소하다 완전히 → 깨끗이 청소하다)
show up (보이다 완전히 → 나타나다)

Speaking practice

그러나 그는 아직 나타나지 않았다.
But he hasn't _____.

그러나 그는 아직 나타나지 않았다.
_____.

 Didn't you ask him to send you the English version?

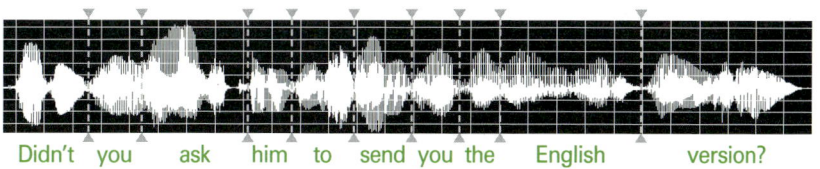

Didn't–you–ask–him–to–send–you–the–English–version?
문법적인 구분이 없이 문장의 모든 단어가 연음되며 빠르게 발음된다.

Making Sentence reading practice　set ①　set ②　set ③　set ④　set ⑤

- Didn't

- Didn't you

- Didn't you ask

- Didn't you ask him

- Didn't you ask him to

- Didn't you ask him to send

- Didn't you ask him to send you

- Didn't you ask him to send you the

- Didn't you ask him to send you the English

- Didn't you ask him to send you the English version?

문장이 완성되는 과정을 차례대로 약 1초 정도의 간격을 두고 소리 내어 읽으면서 의미를 생각합니다. 문장이 완성되는 전 과정을 하나의 set로 하여 각각 체크하며 5개의 set를 반복합니다.

여기서 영어문장을 우리말로 설명하는 것은 부득이한 것으로 중요하지 않습니다. 중요한 것은 영어 문장이 완성되는 과정을 통해 영어만으로 이해하는 것입니다.

- **Didn't you ask (= Did not you ask)**
  (하지 않았나? 너는 구하다)
- **Didn't you ask him**
  (하지 않았나? 너는 구하다 그)
- **Didn't you ask him to**
  (너는 구하지 않았나? 그에게 도착점)
- **Didn't you ask him to send you**
  (너는 구하지 않았나? 그에게 도착점 보내다 너에게)
- **Didn't you ask him to send you the English version?**
  (너는 구하지 않았나? 그에게 도착점 보내다 너에게 영어 버전)

Didn't you ask him →● send you the English version?
(너는 요청하지 않았나? 그에게 영어 버전을 너에게 보내는 쪽으로)

| Didn't you ask him | ⟶ | send you the English version |

Speaking practice

나는 그에게 영어버전을 나에게 보내줄 것을 부탁하지 않았나?

Didn't you ask _____.

나는 그에게 영어버전을 보내달라고 요청하지 않았나?

_____.

**day** She's wearing a blouse and a skirt with pockets.

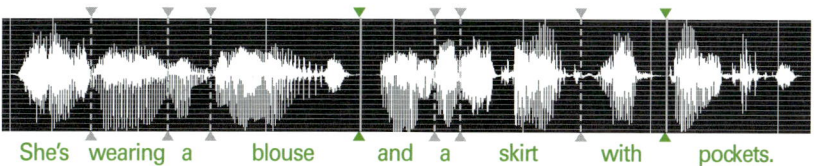

She's–wearing–a–blouseV and–a–skirt–withV pockets.

부정관사 a는 앞의 단어와 연음되는 경향이 있다. she's는 she is 또는 she has의 축약형으로 이것을 알고 있더라도 막상 들었을 때는 못 알아듣는 경우가 많다.

Making Sentence reading practice   set ①   set ②   set ③   set ④   set ⑤

- She's
- She's wearing
- She's wearing a
- She's wearing a blouse
- She's wearing a blouse and
- She's wearing a blouse and a
- She's wearing a blouse and a skirt
- She's wearing a blouse and a skirt with
- She's wearing a blouse and a skirt with pockets.

문장이 완성되는 과정을 차례대로 약 1초 정도의 간격을 두고 소리 내어 읽으면서 의미를 생각합니다. 문장이 완성되는 전 과정을 하나의 set로 하여 각각 체크하며 5개의 set를 반복합니다.

여기서 영어문장을 우리말로 설명하는 것은 부득이한 것으로 중요하지 않습니다. 중요한 것은 영어 문장이 완성되는 과정을 통해 영어만으로 이해하는 것입니다.

- **She's (= She is)**
  (그녀는 있다.)
- **She's wearing**
  (그녀는 있다. 입으면서)
- **She's wearing a blouse**
  (그녀는 입고 있다. 하나의 블라우스)
- **She's wearing a blouse and**
  (그녀는 입고 있다. 하나의 블라우스 그리고)
- **She's wearing a blouse and a skirt**
  (그녀는 입고 있다. 하나의 블라우스 그리고 하나의 스커트)
- **She's wearing a blouse and a skirt with pockets.**
  (그녀는 입고 있다. 하나의 블라우스 그리고 하나의 스커트 /함께 있는 존재/ 주머니들)

  She's wearing a blouse and a skirt ⬜ pockets.
  (그녀는 입고 있다. 하나의 블라우스 그리고 주머니들이 달린 스커트를)

🟢 **a skirt with pockets**

[함께 있는 존재]를 나타내는 with의 이미지에 따라
a skirt with pockets는 [주머니들이 달린 치마]를 의미한다.

a room with two beds
(하나의 방 / 함께 있는 존재 / 2개의 침대) → (침대가 2개 있는 방)

a house with a garden
(하나의 집 / 함께 있는 존재 / 하나의 정원) → (정원이 있는 집)

참고〉 우리가 빠트린 영어의 알맹이, 전치사의 이미지 : with

Speaking practice

그녀는 입고 있다. 하나의 블라우스와 주머니가 달린 치마를.
She's wearing _____ .

그녀는 하나의 정원이 달린 하나의 집에 살고 있다.
_____ .

day 23 Yeah, but I just wish I hadn't quit.

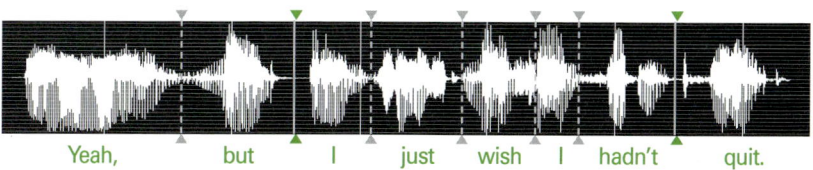

Yeah,–but ∨I–just–wish–I–hadn't ∨quit.

hadn't는 had not의 축약형으로 [해든]으로 간단히 발음된다.

Making Sentence reading practice   set ①   set ②   set ③   set ④   set ⑤

- Yeah

- Yeah, but

- Yeah, but I

- Yeah, but I just

- Yeah, but I just wish

- Yeah, but I just wish I

- Yeah, but I just wish I hadn't

- Yeah, but I just wish I hadn't quit.

문장이 완성되는 과정을 차례대로 약 1초 정도의 간격을 두고 소리 내어 읽으면서 의미를 생각합니다. 문장이 완성되는 전 과정을 하나의 set로 하여 각각 체크하며 5개의 set를 반복합니다.

여기서 영어문장을 우리말로 설명하는 것은 부득이한 것으로 중요하지 않습니다. 중요한 것은 영어 문장이 완성되는 과정을 통해 영어만으로 이해하는 것입니다.

- Yeah, but I
  (그래, 하지만 나는)
- Yeah, but I just wish
  (그래, 하지만 나는 단지 바란다.)
- Yeah, but I just wish I hadn't (= I had not)
  (그래, 하지만 나는 단지 바란다. 나는 가지고 있지 않았다.)
- Yeah, but I just wish I hadn't quit.
  (그래, 하지만 나는 단지 바란다. 나는 가지고 있지 않았다. 그만둔)
  (그래, 하지만 나는 단지 바란다. 내가 그만두지 않았었기를.)

🟢 tip 과거완료 : had+pp

과거 완료는 왜 보다 더 과거를 나타낼까?
had quit의 경우에
have의 과거형인 had는 과거의 어느 시점에서 가지고 있었다는 뜻이다.
quit는 quit(그만두다, 떠나다)의 과거분사로 [그만둔, 떠난]의 상태를 의미한다. 그만둔 상태를 과거의 어느 시점에서 가지고 있으므로 실제 그만둔 것은 그 이전이다.

🟢 tip I wish

I wish (나는 원한다)에는 이미 [~하면, 좋겠다]는 가정의 뜻이 들어 있으므로 if를 쓰지 않는다.

Speaking practice

그래, 하지만 나는 커피를 마시기 그만두지 않았기를.
Yeah, but I _____ .

그래, 하지만 나는 커피를 마시기 그만두지 않았다면 좋았을 텐데.

_____ .

 **I've been waiting for almost half an hour.**

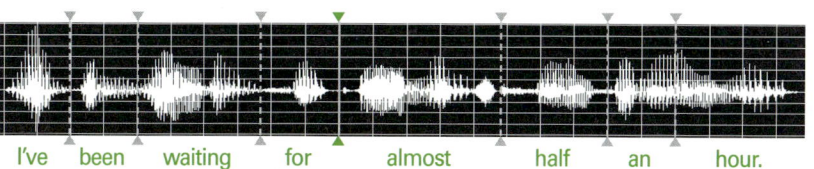

I've–been–waiting–for∨almost–half–an–hour.

전치사 for가 자신이 꾸미는 almost half an hour가 아닌 앞 단어 waiting과 연음되는데, 이와 같은 현상은 거의 모든 전치사에서 흔히 볼 수 있다.

Making Sentence reading practice   set ①   set ②   set ③   set ④   set ⑤

- I've

- I've been

- I've been waiting

- I've been waiting for

- I've been waiting for almost

- I've been waiting for almost half

- I've been waiting for almost half an

- I've been waiting for almost half an hour.

문장이 완성되는 과정을 차례대로 약 1초 정도의 간격을 두고 소리 내어 읽으면서 의미를 생각합니다. 문장이 완성되는 전 과정을 하나의 set로 하여 각각 체크하며 5개의 set를 반복합니다.

여기서 영어문장을 우리말로 설명하는 것은 부득이한 것으로 중요하지 않습니다. 중요한 것은 영어 문장이 완성되는 과정을 통해 영어만으로 이해하는 것입니다.

- I've (= I have)
  (나는 가지고 있다.)
- I've been
  (나는 가지고 있다. 있었던)
- I've been waiting
  (나는 가지고 있다. 있었던 기다리면서)
- I've been waiting for
  (나는 가지고 있다. 있었던 기다리면서 집중)
- I've been waiting for almost
  (나는 가지고 있다. 있었던 기다리면서 집중 거의)
- I've been waiting for almost half an hour.
  (나는 가지고 있다. 있었던 기다리면서 집중 거의 반시간)

I've been waiting ⟡ almost half an hour.
(나는 기다리면서 현재까지 있다. 거의 반시간이 되도록)

tip 현재완료진행

[I have been waiting.]은 어떻게 바로 이해할 수 있을까?
과거(been waiting)를 현재에 have하고 있는 것이다.
과거에 계속 기다리고 있었던 것이 현재까지 이어지고 있는 것으로
굳이 우리말로 나타내면 [기다려 오고 있다]인데,
우리말로 이해하려고 애쓰기보다 진행 중인 것이 과거부터 현재까지 이어지는 것으로
이미지화하여 이해하는 것이 더 편하고 정확하다.

Speaking practice

나는 거의 30분 동안 기다리고 있다.

I've been _____.

나는 거의 30분 동안 계속해서 기다리고 있다.

_____.

How's your computer class going this semester?

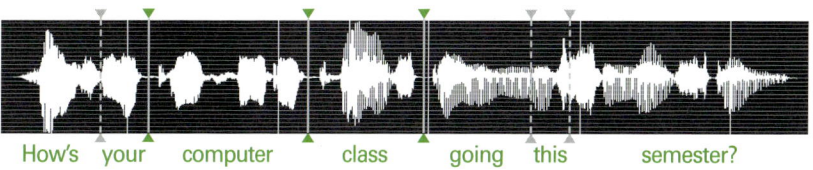

How's–your ∨ computer ∨ class ∨ going–this–semester?

how's는 how is의 축약형인데, how's your가 연음되어 잘 들리지 않는다.

Making Sentence reading practice   set ①   set ②   set ③   set ④   set ⑤

- How's

- How's your

- How's your computer

- How's your computer class

- How's your computer class going

- How's your computer class going this

- How's your computer class going this semester?

문장이 완성되는 과정을 차례대로 약 1초 정도의 간격을 두고 소리 내어 읽으면서 의미를 생각합니다. 문장이 완성되는 전 과정을 하나의 set로 하여 각각 체크하며 5개의 set를 반복합니다.

여기서 영어문장을 우리말로 설명하는 것은 부득이한 것으로 중요하지 않습니다. 중요한 것은 영어 문장이 완성되는 과정을 통해 영어만으로 이해하는 것입니다.

- **How's (= How is)**
  (어떻게 있나?)

- **How's your computer class**
  (어떻게 있나? 너의 컴퓨터 수업은)

- **How's your computer class going**
  (어떻게 있나? 너의 컴퓨터 수업은 가면서)
  (너의 컴퓨터 수업은 어떻게 가고 있나?)

- **How's your computer class going this semester?**
  (너의 컴퓨터 수업은 어떻게 되어 가고 있나? 이번 학기에)

  🆗 **semester**
  semester는 1년 2학기제 대학에서의 1학기를 말한다.
  일반적인 학교에서의 학기는 term으로 나타낸다.

Speaking practice

이번 학기에 너의 컴퓨터 수업은 어떻게 되어 가고 있나?
How's your _____.

너의 컴퓨터 수업은 어떻게 되어 가고 있나?
_____.

She's sitting five rows forward towards the screen.

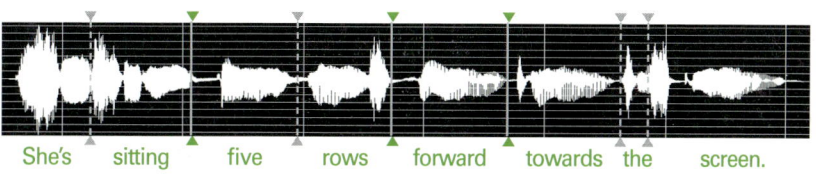

She's–sitting ∨ five–rows ∨ forward ∨ towards–the–screen.

she's는 she is의 축약형인데 sitting과 연음되어 잘 들리지 않지만, 음파에서 알 수 있듯이 모두 정확히 발음된다.

Making Sentence reading practice   set ①   set ②   set ③   set ④   set ⑤

- She's

- She's sitting

- She's sitting five

- She's sitting five rows

- She's sitting five rows forward

- She's sitting five rows forward towards

- She's sitting five rows forward towards the

- She's sitting five rows forward towards the screen.

문장이 완성되는 과정을 차례대로 약 1초 정도의 간격을 두고 소리 내어 읽으면서 의미를 생각합니다. 문장이 완성되는 전 과정을 하나의 set로 하여 각각 체크하며 5개의 set를 반복합니다.

여기서 영어문장을 우리말로 설명하는 것은 부득이한 것으로 중요하지 않습니다. 중요한 것은 영어 문장이 완성되는 과정을 통해 영어만으로 이해하는 것입니다.

- **She's (= She is)**
  (그녀는 있다.)
- **She's sitting**
  (그녀는 앉아 있다.)
- **She's sitting five rows**
  (그녀는 앉아 있다. 5개의 줄들)
- **She's sitting five rows forward**
  (그녀는 앉아 있다. 5개의 줄들 앞으로)
- **She's sitting five rows forward towards**
  (그녀는 앉아 있다. 5개의 줄들 앞으로 방향)
- **She's sitting five rows forward towards the screen.**
  (그녀는 앉아 있다. 5개의 줄들 앞으로 방향 그 스크린)
  (그녀는 앉아 있다. 스크린 쪽으로 앞으로 5개의 줄들)

tip row

row는 줄지어 선 것들을 나타내는데, 일반적으로 가로줄을 의미한다.
five rows forward는 앞에서 5개의 줄들, 5번째 줄을 의미한다.
towards는 전치사 to와 유사하지만, to가 [도착점]의 이미지를 가지는 것에 비해 towards는 방향만을 나타낸다.
towards와 toward은 같은 것으로 주로 영국에서 towards라고 한다.

the screen

five rows forward towards the screen

Speaking practice

그녀는 五번째 줄에 앞쪽으로 당당하게 앉아 있다.
She's sitting _____.

그녀는 五번째 줄에 앞쪽으로 앉아 있다.
_____.

day But the one with just words might be boring.

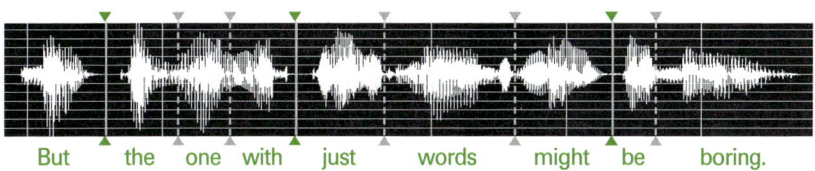

But∨the–one–with∨just–words–might∨be–boring.

문법적인 끊어 읽기(But / the one / with just words / might be boring.)와 다르게 발음된다.

Making Sentence reading practice　set ①　set ②　set ③　set ④　set ⑤

- But

- But the

- But the one

- But the one with

- But the one with just

- But the one with just words

- But the one with just words might

- But the one with just words might be

- But the one with just words might be boring.

문장이 완성되는 과정을 차례대로 약 1초 정도의 간격을 두고 소리 내어 읽으면서 의미를 생각합니다. 문장이 완성되는 전 과정을 하나의 set로 하여 각각 체크하며 5개의 set를 반복합니다.

여기서 영어문장을 우리말로 설명하는 것은 부득이한 것으로 중요하지 않습니다. 중요한 것은 영어 문장이 완성되는 과정을 통해 영어만으로 이해하는 것입니다.

- **But the one**
  (하지만 그 하나는)
- **But the one with**
  (하지만 그 하나는 함께 있는 존재)
- **But the one with just words**
  (하지만 그 하나 / 함께 있는 존재 / 단지 단어들)
  (하지만 단지 말로만 된 것은)
- **But the one with just words might**
  (하지만 그 하나 / 함께 있는 존재 / 단지 단어들 여건상 약하게 가능하다.)
- **But the one with just words might be boring.**
  (하지만 그 하나 / 함께 있는 존재 / 단지 단어들 여건상 약하게 가능하다. 지루하다)

  But the one ▢▢ just words might be boring.
  (하지만 단지 말로만 된 것은 지루할 수도 있을 것 같다.)

  🔟 with의 이미지 : 함께 있는 존재
  with를 듣고 떠올릴 수 있는 이미지는 [함께 있는 존재]이다.
  the one with just words(그냥 말로만 된 것)는
  the skirt with pockets(주머니가 달린 치마)와 같이
  with의 본래 이미지를 그대로 이용한 효과적인 표현이라고 할 수 있다.
  역으로 [그냥 말로만 된 것]을 영어로 하면, 뭘까?
  the one with just words이다.

  Speaking practice

  하지만 그 하나만 조금 지루할 수 있다.
  But the one _____ .

  하지만 그 하나만 조금 지루할 수 있을 것 같다.
  _____ .

I'll be back after stopping by the pharmacy.

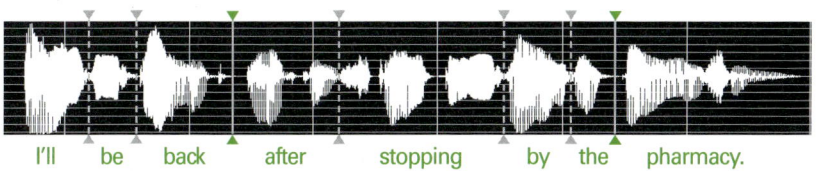

I'll–be–back ∨ after–stopping–by–the ∨ pharmacy.

after stopping by the가 연음되고 다음의 pharmacy와 약간 떨어진 것은 [p]를 발음하기 위해 입술 모양을 만드는 데에 시간이 걸리기 때문으로 볼 수 있다. 그 영향으로 the는 [덮]으로 발음된다.

Making Sentence reading practice   set ①   set ②   set ③   set ④   set ⑤

- I'll

- I'll be

- I'll be back

- I'll be back after

- I'll be back after stopping

- I'll be back after stopping by

- I'll be back after stopping by the

- I'll be back after stopping by the pharmacy.

문장이 완성되는 과정을 차례대로 약 1초 정도의 간격을 두고 소리 내어 읽으면서 의미를 생각합니다. 문장이 완성되는 전 과정을 하나의 set로 하여 각각 체크하며 5개의 set를 반복합니다.

여기서 영어문장을 우리말로 설명하는 것은 부득이한 것으로 중요하지 않습니다. 중요한 것은 영어 문장이 완성되는 과정을 통해 영어만으로 이해하는 것입니다.

- I'll be (= I will be)
  (나는 있을 것이다.)
- I'll be back
  (나는 있을 것이다. 뒤로) → (나는 돌아올 것이다.)
- I'll be back after
  (나는 돌아올 것이다. 후에)
- I'll be back after stopping
  (나는 돌아올 것이다. 후에 멈춤)
- I'll be back after stopping by
  (나는 돌아올 것이다. 후에 멈춤 영향)
- I'll be back after stopping by the pharmacy.
  (나는 돌아올 것이다. 후에 멈춤 영향 그 약국)

I'll be back after stopping ☼ the pharmacy.
(나는 돌아올 것이다. 멈춘 후에 그 약국의 영향권에)

🆗 stop by, drop by

[영향]을 나타내는 by의 이미지에 따라
stopping by the pharmacy는 그 약국의 영향권에 멈추는 것이다.
약국의 영향권에 멈추는 것은 무엇을 의미할까?
by the pharmacy, 약국의 영향권은
약국에 들어갈 수는 가까운 거리를 의미한다.
따라서 약국의 영향권에서 멈춘다는 것은
그 약국에 잠깐 들르는 것으로 이해할 수 있다.
drop by의 경우도 마찬가지이다.

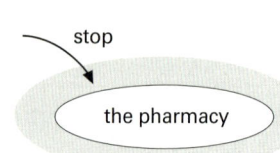

참고〉 우리가 빠트린 영어의 알맹이, 전치사의 이미지 : by

Speaking practice

나는 누군가를 들르기 위해 룸으로 간다.

I'll be _____.

누군가 들르기 위해 후에 다시 오겠다.

_____.

25day I really don't like any of these life jackets.

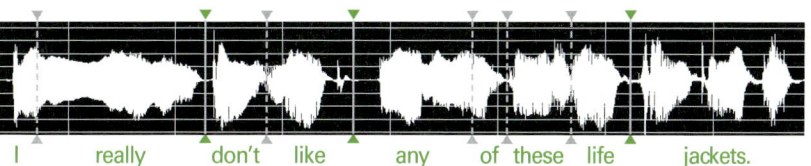

I–really ∨ don't–like ∨ any–of–these–life ∨ jackets.
any of these life가 연음되어 빠르게 발음된다.

Making Sentence reading practice　　set ①　set ②　set ③　set ④　set ⑤

- I

- I really

- I really don't

- I really don't like

- I really don't like any

- I really don't like any of

- I really don't like any of these

- I really don't like any of these life

- I really don't like any of these life jackets.

문장이 완성되는 과정을 차례대로 약 1초 정도의 간격을 두고 소리 내어 읽으면서 의미를 생각합니다. 문장이 완성되는 전 과정을 하나의 set로 하여 각각 체크하며 5개의 set를 반복합니다.

여기서 영어문장을 우리말로 설명하는 것은 부득이한 것으로 중요하지 않습니다. 중요한 것은 영어 문장이 완성되는 과정을 통해 영어만으로 이해하는 것입니다.

- I really don't (= I really do not)
  (나는 정말 하지 않는다.)
- I really don't like
  (나는 정말로 하지 않는다. 좋아하다) → (나는 정말 좋아하지 않는다.)
- I really don't like any
  (나는 정말 좋아하지 않는다. 어떤 것)
- I really don't like any of
  (나는 정말 좋아하지 않는다. 어떤 것 더 보니)
- I really don't like any of these life jackets.
  (나는 정말 좋아하지 않는다. 어떤 것 더 보니 이것들 구명조끼)

I really don't like any ⟵ these life jackets.
(나는 정말 좋아하지 않는다. 이 구명조끼들 중에서 어떤 것도)

tip not ~ any

any는 불특정한 개체를 나타내는데, [어떤 것]의 명사로 이용될 수도 있다.
any는 부정관사 a, an과 어원이 같은 단어로 불특정한 하나의 존재를 나타내는데, 그렇기 때문에 전체를 나타내기도 한다.

Any Korean can do it.
(어떤 한국인도 그것을 할 수 있다.) → (모든 한국인이 그것을 할 수 있다.)

[not ~ any]는 불특정한 어떤 것을 하지 않는 것으로 결국 전체를 하지 않는다는 뜻이 된다.

I don't like any of them.
(나는 그들 중 어떤 것도 좋아하지 않는다.) → (나는 그들 모두를 좋아하지 않는다.)

Speaking practice

나는 구명조끼를 중에서 어떤 것도 정말 좋아하지 않는다.
I really don't _____.

나는 구명조끼를 전부 정말 싫어하지 않는다.
_____.

**day** Late fees will be charged from next week.

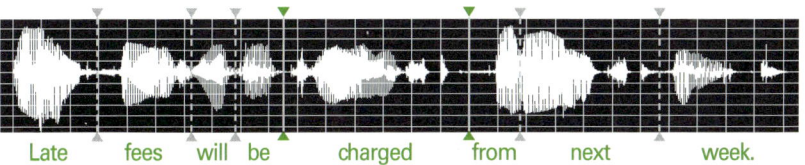

Late–fees–will–be ∨ charged ∨ from–next–week.
from next가 연음되며 마치 하나의 단어처럼 빠르게 발음된다.

Making Sentence reading practice   set ①   set ②   set ③   set ④   set ⑤

- Late

- Late fees

- Late fees will

- Late fees will be

- Late fees will be charged

- Late fees will be charged from

- Late fees will be charged from next

- Late fees will be charged from next week.

문장이 완성되는 과정을 차례대로 약 1초 정도의 간격을 두고 소리 내어 읽으면서 의미를 생각합니다. 문장이 완성되는 전 과정을 하나의 set로 하여 각각 체크하며 5개의 set를 반복합니다.

여기서 영어문장을 우리말로 설명하는 것은 부득이한 것으로 중요하지 않습니다. 중요한 것은 영어 문장이 완성되는 과정을 통해 영어만으로 이해하는 것입니다.

- Late fees will
  (늦은 요금들은 ~할 것이다.)
- Late fees will be
  (연체료는 ~할 것이다. 있다) → (연체료는 있을 것이다.)
- Late fees will be charged
  (연체료는 있을 것이다. 부과된) → (연체료는 부과될 것이다.)
- Late fees will be charged from
  (연체료는 부과될 것이다. 출발점)
- Late fees will be charged from next week.
  (연체료는 부과될 것이다. 출발점 다음 주)

Late fees will be charged ←● next week.
(연체료는 부과될 것이다. 다음 주부터)

🅣🅘🅟 from의 이미지 : [출발점]

from을 듣고 떠올려야 할 이미지는 뭘까?
from을 우리말의 뜻인 [~로부터]로 이해하는 것이 일반적이지만,
영어를 영어만으로 빠르게 이해하기 위해서는 이미지가 필요하다.
from의 이미지는 [출발점]으로 [도착점]을 이미지로 하는 to와 반대된다.
to가 도착점으로 가는 이동, 움직임을 나타내는 것처럼
from은 출발점으로부터의 이동, 움직임을 나타낸다.
따라서 from next week는 다음 주부터 쭉, 계속이라는 느낌을 준다.

참고) 우리가 빠트린 영어의 알맹이, 전치사의 이미지 : from

Speaking practice

연체료가 부과될 것이다. 다음 주부터.
Late fees will _____ .

다음 주부터 연체료가 부과될 것이다.
_____ .

Didn't you say you need to buy a birthday gift?

Didn't–you–say–you–need ∨to–buy–a–birthday–gift?

didn't you say you need가 연음되어 빠르게 발음된다.

Making Sentence reading practice   set ①   set ②   set ③   set ④   set ⑤

- Didn't

- Didn't you

- Didn't you say

- Didn't you say you

- Didn't you say you need

- Didn't you say you need to

- Didn't you say you need to buy

- Didn't you say you need to buy a

- Didn't you say you need to buy a birthday

- Didn't you say you need to buy a birthday gift?

문장이 완성되는 과정을 차례대로 약 1초 정도의 간격을 두고 소리 내어 읽으면서 의미를 생각합니다. 문장이 완성되는 전 과정을 하나의 set로 하여 각각 체크하며 5개의 set를 반복합니다.

여기서 영어문장을 우리말로 설명하는 것은 부득이한 것으로 중요하지 않습니다. 중요한 것은 영어 문장이 완성되는 과정을 통해 영어만으로 이해하는 것입니다.

- **Didn't you say**
  (하지 않나? 너는 말하다) → (너는 말하지 않나?)
- **Didn't you say you need**
  (너는 말하지 않나? 네가 필요하다)
- **Didn't you say you need to**
  (너는 말하지 않나? 네가 필요하다 도착점)
- **Didn't you say you need to buy a birthday gift?**
  (너는 말하지 않나? 네가 필요하다 도착점 사다 하나 생일 선물)

  Didn't you say you need  buy a birthday gift?
  (너는 말하지 않나? 네가 필요하다 하나의 생일 선물을 사는 쪽으로)

  Didn't you say　　you need　→　buy a birthday gift

🅣 need to

have to를 그냥 [~해야 한다]는 숙어로 외우는 것처럼
need to도 [~하는 것이 필요하다]는 숙어로 외우는 경향이 있는데,
have to가 [~하는 쪽으로 가지고 있다]의 이미지를 통해 [~해야 한다]는 의미를 가지게 되는 것처럼
need to는 [~하는 쪽으로 필요하다]의 이미지를 통해 [~하는 것이 필요하다]의 의미가 만들어진다.
영어를 영어만으로 우리말의 해석 없이 이해하기 위해서는 이와 같이 영어 단어 자체가 만들어내는 이미지를 그대로 받아들이고 익숙해질 필요가 있다.

Speaking practice

너는 가방을 살 필요가 있다고 말하지 않았니?
Didn't you _____.

너는 생일 선물을 사야 한다고 말하지 않았니?
_____.

Peter wants his mother to watch him compete.

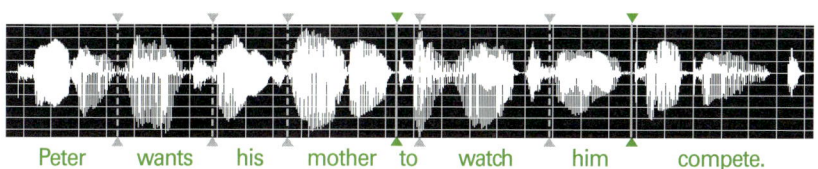

Peter–wants–his–mother ∨ to–watch–him ∨ compete.

wants his mother이 연음되어 빠르게 발음된다. 덕분에 his가 잘 들리지 않는다.

Making Sentence reading practice   set ①   set ②   set ③   set ④   set ⑤

- Peter

- Peter wants

- Peter wants his

- Peter wants his mother

- Peter wants his mother to

- Peter wants his mother to watch

- Peter wants his mother to watch him

- Peter wants his mother to watch him compete.

문장이 완성되는 과정을 차례대로 약 1초 정도의 간격을 두고 소리 내어 읽으면서 의미를 생각합니다. 문장이 완성되는 전 과정을 하나의 set로 하여 각각 체크하며 5개의 set를 반복합니다.

여기서 영어문장을 우리말로 설명하는 것은 부득이한 것으로 중요하지 않습니다. 중요한 것은 영어 문장이 완성되는 과정을 통해 영어만으로 이해하는 것입니다.

- Peter wants his mother
  (피터는 원한다. 그의 엄마를) : 문장 일단 완성
- Peter wants his mother to
  (피터는 원한다. 그의 엄마를 도착점)
- Peter wants his mother to watch him compete.
  (피터는 원한다. 그의 엄마를 도착점 보다 그를 경쟁하다)

Peter wants his mother →● watch him compete.
(피터는 그의 엄마를 원한다. 경쟁하는 그를 보는 쪽으로)
(피터는 원한다. 그의 엄마가 경쟁하는 그를 보기를)

Peter wants his mother ⟶ watch him compete

🏷 want his mother to watch

want one to+R을 [~가 ~하기를 원하다]라는 우리말의 문법적인 해석 없이 영어의 어순대로 빠르게 이해하기 위해서는 to의 본래 이미지인 [도착점]을 이용하여 구조적으로 문장의 의미를 파악하는 것이 필요하다.

🏷 watch him compete : 원형 부정사

문법적으로 watch him compete에서 compete는 to가 없는 원형부정사이다. 원형부정사가 쓰인 이유는 watch가 지각동사이기 때문인데, 지각동사에 원형부정사가 쓰인 이유는 이미지상 to의 이미지가 어울리지 않기 때문이다.

참고) 우리가 빠트린 영어의 알맹이, 전치사의 이미지 : to 부정사

Speaking practice

피터는 원한다 그의 엄마가 그를 보기를 원한다.
Peter wants _____.

피터가 원한다 그의 엄마가 그를 보고 경쟁하기를 원한다.
_____.

 It's on sale for 10 dollars.

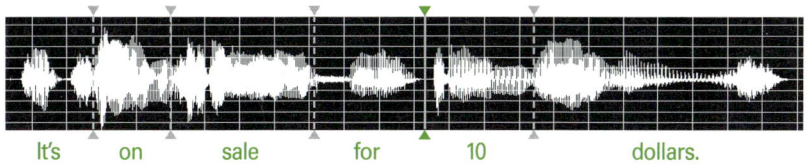

It's–on–sale–for∨10–dollars.

전치사 for가 자신이 꾸미는 10 dollars보다 앞의 sale에 더 가깝게 발음된다.

Making Sentence reading practice   set ①   set ②   set ③   set ④   set ⑤

- It's

- It's on

- It's on sale

- It's on sale for

- It's on sale for 10

- It's on sale for 10 dollars.

문장이 완성되는 과정을 차례대로 약 1초 정도의 간격을 두고 소리 내어 읽으면서 의미를 생각합니다. 문장이 완성되는 전 과정을 하나의 set로 하여 각각 체크하며 5개의 set를 반복합니다.

여기서 영어문장을 우리말로 설명하는 것은 부득이한 것으로 중요하지 않습니다. 중요한 것은 영어 문장이 완성되는 과정을 통해 영어만으로 이해하는 것입니다.

- It's (= It is)
  (그것은 있다.)
- It's on
  (그것은 있다. 접함)
- It's on sale
  (그것은 있다. 접함 판매) → (그것은 판매에 접해 있다.) → (그것은 판매 중이다.)
- It's on sale for
  (그것은 있다. 접함 판매 집중)
- It's on sale for 10 dollars.
  (그것은 있다. 접함 판매 집중 10달러)

It's ☐ sale ✦ 10 dollars.
(그것은 판매 중이다. 10달러를 목적으로)
(그것은 판매중이다. 10달러에)

🟢 **sale**

sale은 판매와 동시에 싸게 파는 것을 의미한다.
따라서 be on sale은 판매 중인 것과 동시에 싸게 파는 세일 중임을 나타낸다.

Speaking practice

그것은 10달러에 세일 중입니다.
It's _____ .

그것은 10달러에 세일 중입니다.
_____ .

Please try not to bother anybody, while they're working.

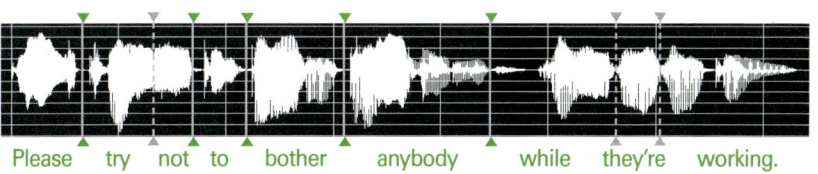

Please ∨ try–not ∨ to ∨ bother ∨ anybody, ∨ while–they're–working.

try not가 연음되어 한 덩어리로 발음되기 때문에 중요한 not을 알아듣지 못할 수도 있다.

Making Sentence reading practice　　set ①　set ②　set ③　set ④　set ⑤

- Please

- Please try

- Please try not

- Please try not to

- Please try not to bother

- Please try not to bother anybody

- Please try not to bother anybody, while

- Please try not to bother anybody, while they're

- Please try not to bother anybody, while they're working.

문장이 완성되는 과정을 차례대로 약 1초 정도의 간격을 두고 소리 내어 읽으면서 의미를 생각합니다. 문장이 완성되는 전 과정을 하나의 set로 하여 각각 체크하며 5개의 set를 반복합니다.

여기서 영어문장을 우리말로 설명하는 것은 부득이한 것으로 중요하지 않습니다. 중요한 것은 영어 문장이 완성되는 과정을 통해 영어만으로 이해하는 것입니다.

- Please try
  (제발 노력해라.)
- Please try not
  (제발 노력해라. 아니다) → (~하지 않도록 노력해라.)
- Please try not to
  (제발 노력해라. 아니다 도착점) → (~하는 쪽이 아니도록 노력해라.)
- Please try not to bother anybody
  (제발 노력해라. 아니다 도착점 괴롭히다 어떤 사람)
  (제발 노력해라. 어떤 사람도 괴롭히지 않도록)
- Please try not to bother anybody, while
  (제발 노력해라. 아니다 도착점 괴롭히다 어떤 사람 ~동안)
- Please try not to bother anybody, while they're working.
  (제발 노력해라. 아니다 도착점 괴롭히다 어떤 사람 ~동안 그들이 일하고 있다)

  Please try not →● bother anybody, while they're working.
  (제발 노력해라. 어떤 사람도 괴롭히지 않는 쪽으로 그들이 일하고 있는 동안.)

tip try not는 try를 부정하는 것이 아니다.

조동사의 경우를 제외하고 기본적으로 not은 부정하고자 하는 것의 앞에 온다. to 부정사의 경우에도 not은 to 부정사의 앞에 위치한다.

Try not to bother anybody.
(어떤 사람도 괴롭히지 않도록 노력하라.)

여기서 try를 부정하고자 한다면, don't try라고 하면 된다.

Don't try to bother anybody.
(어떤 사람이라도 괴롭히려고 노력하지 마라.)

Speaking practice

그들이 일하고 있는 동안 어떤 사람도 방해하지 않도록 노력해 주세요.

Please try _____.

그들이 일하고 있는 동안 어떤 사람도 방해하지 마세요.

_____.

 He's truly touched by Julie's love for the puppy.

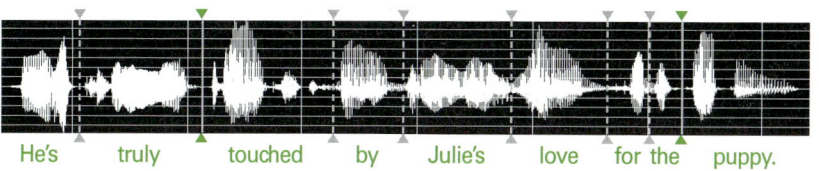

He's–truly∨touched–by–Julie's–love–for–the∨puppy.
touched by Julie's love for the가 연달아 발음되면서 문법적인 구분 없이 바로 이해하여야 하는 부담이 있다.

Making Sentence reading practice set ① set ② set ③ set ④ set ⑤

- He's

- He's truly

- He's truly touched

- He's truly touched by

- He's truly touched by Julie's

- He's truly touched by Julie's love

- He's truly touched by Julie's love for

- He's truly touched by Julie's love for the

- He's truly touched by Julie's love for the puppy.

문장이 완성되는 과정을 차례대로 약 1초 정도의 간격을 두고 소리 내어 읽으면서 의미를 생각합니다. 문장이 완성되는 전 과정을 하나의 set로 하여 각각 체크하며 5개의 set를 반복합니다.

여기서 영어문장을 우리말로 설명하는 것은 부득이한 것으로 중요하지 않습니다. 중요한 것은 영어 문장이 완성되는 과정을 통해 영어만으로 이해하는 것입니다.

- He's (= He is)
  (그는 있다.)
- He's truly touched
  (그는 있다. 진짜로 만져진) → (그는 진짜로 감동받았다.)
- He's truly touched by
  (그는 진짜로 감동받았다. 영향)
- He's truly touched by Julie's love
  (그는 진짜로 감동받았다. 영향 쥴리의 사랑)
- He's truly touched by Julie's love for
  (그는 진짜로 감동받았다. 영향 쥴리의 사랑 집중)
- He's truly touched by Julie's love for the puppy.
  (그는 진짜로 감동받았다. 영향 쥴리의 사랑 집중 그 강아지)
  He's truly touched ☀ Julie's love ◈ the puppy.
  (그는 진짜로 감동받았다. 쥴리의 사랑에 의해 그 강아지를 위한)

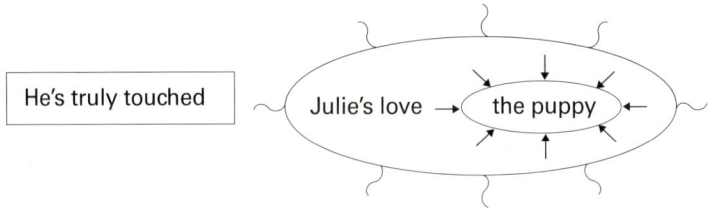

Speaking practice

그는 그 아이스크림을 좋아하는 쥴리에 의해 진정으로 감동됐다.
He's truly _____.

그는 그 아이에게 대한 쥴리의 사랑에 의해 진정으로 감동됐다.
_____.

They both go downtown from where I turn around.

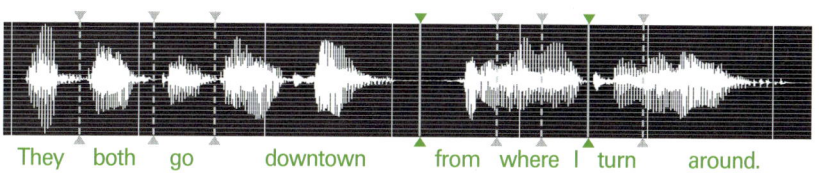

They–both–go–downtown ∨ from–where–I ∨ turn–around.

from where I가 연음되어 빠르게 발음되면서 마치 하나의 단어처럼 들린다. 덕분에 세 단어가 모두 잘 들리지 않는다.

Making Sentence reading practice   set ①   set ②   set ③   set ④   set ⑤

- They

- They both

- They both go

- They both go downtown

- They both go downtown from

- They both go downtown from where

- They both go downtown from where I

- They both go downtown from where I turn

- They both go downtown from where I turn around.

문장이 완성되는 과정을 차례대로 약 1초 정도의 간격을 두고 소리 내어 읽으면서 의미를 생각합니다. 문장이 완성되는 전 과정을 하나의 set로 하여 각각 체크하며 5개의 set를 반복합니다.

여기서 영어문장을 우리말로 설명하는 것은 부득이한 것으로 중요하지 않습니다. 중요한 것은 영어 문장이 완성되는 과정을 통해 영어만으로 이해하는 것입니다.

- They both
  (그들은 둘 다)
- They both go
  (그들은 둘 다 간다.)
- They both go downtown
  (그들은 둘 다 간다. 시내) → (그들은 둘 다 시내에 간다.)
- They both go downtown from
  (그들은 둘 다 간다. 시내 출발점)
- They both go downtown from where
  (그들은 둘 다 간다. 시내 출발점 어느 곳)
- They both go downtown from where I turn around.
  (그들은 둘 다 간다. 시내 출발점 어느 곳 내가 돌아오다)

  They both go downtown ↔ where I turn around.
  (그들은 둘 다 시내에 간다. 내가 돌아 나오는 곳으로부터.)

tip both

both는 형용사로 일반적으로 앞에 위치하지만,
both sides(양쪽)
they와 같은 인칭대명사의 경우에는 뒤에 위치한다.
you both(너희 둘 다), we both(우리 둘 다)

tip go downtown

go there, go home처럼 전치사 to가 없는 경우는
모두 명사가 부사이기도 한 경우이다.
downtown 역시 형용사, 부사로서 [도심지의], [도심지에]라는 뜻을 갖는다.

Speaking practice

그들은 둘 다 간다. 내가 돌아 나오는 곳으로부터.
They both _____ .

그들은 둘 다 시내에 간다. 내가 돌아 나오는 곳으로부터.
_____ .

26 day That's very kind of you, but I prefer to stand.

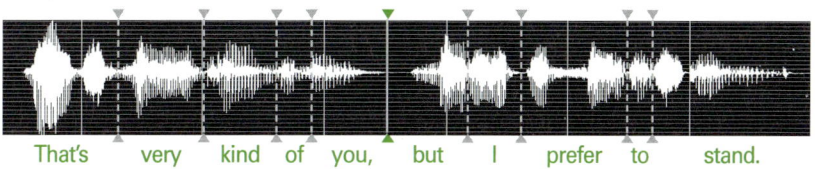

That's–very–kind–of–you, V but–I–prefer–to–stand.

but I가 연음되며 마치 하나의 단어처럼 발음되어 잘 들리지 않는다.

Making Sentence reading practice   set ①   set ②   set ③   set ④   set ⑤

- That's

- That's very

- That's very kind

- That's very kind of

- That's very kind of you

- That's very kind of you, but

- That's very kind of you, but I

- That's very kind of you, but I prefer

- That's very kind of you, but I prefer to

- That's very kind of you, but I prefer to stand.

문장이 완성되는 과정을 차례대로 약 1초 정도의 간격을 두고 소리 내어 읽으면서 의미를 생각합니다. 문장이 완성되는 전 과정을 하나의 set로 하여 각각 체크하며 5개의 set를 반복합니다.

여기서 영어문장을 우리말로 설명하는 것은 부득이한 것으로 중요하지 않습니다. 중요한 것은 영어 문장이 완성되는 과정을 통해 영어만으로 이해하는 것입니다.

- That's (=That is)
  (저것은 있다.) → (그건 이다.)
- That's very kind of
  (그건 이다. 매우 친절한 더 보니)
- That's very kind of you
  (그건 매우 친절하다. 더 보니 너) → (너는 매우 친절하구나.)
- That's very kind of you, but I
  (그건 매우 친절하다. 더 보니 너 하지만 나는)
- That's very kind of you, but I prefer
  (그건 매우 친절하다. 더 보니 너 하지만 나는 더 좋다)
- That's very kind of you, but I prefer to
  (그건 매우 친절하다. 더 보니 너 하지만 나는 더 좋다 도착점)
- That's very kind of you, but I prefer to stand.
  (그건 매우 친절하다. 더 보니 너 하지만 나는 더 좋다 도착점 서다)

That's very kind ⭨ you, but I prefer ⭢• stand.
(너는 매우 친절하구나. 하지만 나는 더 좋다 서는 쪽으로.)

tip That's very kind of you.

[That's very kind.]만으로도 일단 문장은 완성된다. 그런데, 여기에는 누가 친절한지가 빠져 있다. 추가되는 of you는 [더 보니]의 이미지를 가진 of에 의해 you를 보여줌으로써 you가 친절함을 알려준다.

[You are very kind.]와 비교하면, [That's very kind of you.]는 kind를 먼저 말하여 강조한 것으로 [참 친절하구나, 너는.] 정도로 이해할 수 있다.

tip prefer

prefer는 [보다 좋아한다]는 뜻으로 이미 비교의 의미가 들어 있다.

Speaking practice

너는 참 친절하구나. 그러나 나는 서서 가는 게 좋다.

That's very _____.

너는 매우 친절하구나. 하지만 나는 가지 않는 게 좋다.

_____.

26 day Look at those goggles on top of the tree.

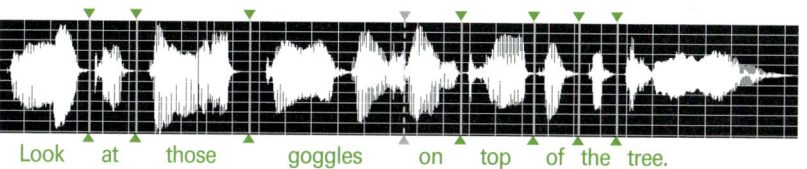

Look ∨ at ∨ those ∨ goggles–on ∨ top ∨ of ∨ the ∨ tree.

거의 모든 단어들을 분명히 발음하는 중에도 goggles on을 연음하여 발음한다.

Making Sentence reading practice   set ① set ② set ③ set ④ set ⑤

- Look

- Look at

- Look at those

- Look at those goggles

- Look at those goggles on

- Look at those goggles on top

- Look at those goggles on top of

- Look at those goggles on top of the

- Look at those goggles on top of the tree.

문장이 완성되는 과정을 차례대로 약 1초 정도의 간격을 두고 소리 내어 읽으면서 의미를 생각합니다. 문장이 완성되는 전 과정을 하나의 set로 하여 각각 체크하며 5개의 set를 반복합니다.

여기서 영어문장을 우리말로 설명하는 것은 부득이한 것으로 중요하지 않습니다. 중요한 것은 영어 문장이 완성되는 과정을 통해 영어만으로 이해하는 것입니다.

- Look at
  (보다. 점의 위치)
- Look at those goggles
  (보다. 점의 위치 저 고글)
- Look at those goggles on
  (보다. 점의 위치 저 고글 접함)
- Look at those goggles on top
  (보다. 점의 위치 저 고글 접함 꼭대기)
- Look at those goggles on top of
  (보다. 점의 위치 저 고글 접함 꼭대기 더 보니)
- Look at those goggles on top of the tree
  (보다. 점의 위치 저 고글 접함 꼭대기 더 보니 그 나무)

Look ⊕ those goggles ◯ top ◸ the tree
(봐라. 그 나무의 꼭대기에 붙어 있는 저 고글을)

🅣 at, on, of의 이미지
전치사가 여러 개 쓰일 때에는 전치사의 이미지를 빠르게 잡는 것이 문장의 의미를 바로 이해하는 데에 꼭 필요하다.

🅣 those goggles
안경을 glasses라고 복수형으로 나타내는 것처럼, 안경과 비슷한 고글 역시 복수형으로 나타낸다. those goggles는 하나의 고글을 말한다.

Speaking practice

나무 꼭대기에 붙어있는 고글을 보아라.

Look _____.

나는 어제 가족과 놀러 갔다.

_____.

27 day He asks her to come to the competition.

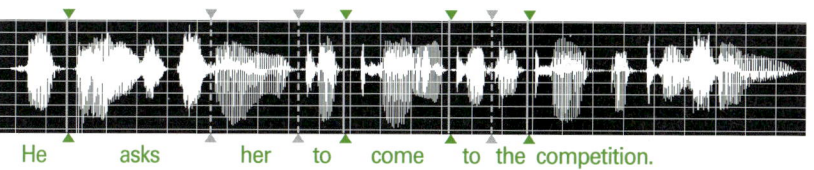

He ∨asks–her–to ∨come ∨to–the ∨competition.

문법적인 끊어 읽기(He asks her / to come / to the competition.)와 다르게 발음되므로 문법적으로 해석할 경우에는 알아듣기 어렵다.

Making Sentence reading practice   set ①   set ②   set ③   set ④   set ⑤

- He

- He asks

- He asks her

- He asks her to

- He asks her to come

- He asks her to come to

- He asks her to come to the

- He asks her to come to the competition.

문장이 완성되는 과정을 차례대로 약 1초 정도의 간격을 두고 소리 내어 읽으면서 의미를 생각합니다. 문장이 완성되는 전 과정을 하나의 set로 하여 각각 체크하며 5개의 set를 반복합니다.

여기서 영어문장을 우리말로 설명하는 것은 부득이한 것으로 중요하지 않습니다. 중요한 것은 영어 문장이 완성되는 과정을 통해 영어만으로 이해하는 것입니다.

- He asks
  (그는 구한다.)
- He asks her
  (그는 구한다. 그녀에게)
- He asks her to
  (그는 구한다. 그녀에게 도착점)
- He asks her to come to
  (그는 구한다. 그녀에게 도착점 오다 도착점)
- He asks her to come to the competition.
  (그는 구한다. 그녀에게 도착점 오다 도착점 그 시합)

He asks her →● come →● the competition.
(그는 부탁한다. 그녀에게 시합에 오는 쪽으로)

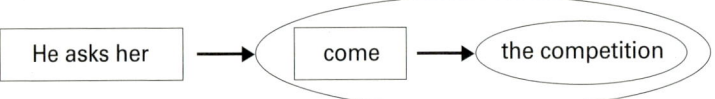

💡 to 부정사의 to와 전치사 to

to 부정사가 있는 문장은 복잡한 편이지만, to 부정사의 to를 전치사 to와 같은 [도착점]의 이미지로 봄으로써 쉽게 이해할 수 있다.

Speaking practice

그는 친구에게 그 사진을 부탁한다.

He asks _____ .

그는 그녀에게 시간 좀 물어보기를 부탁한다.

_____ .

27 day Does he hang out with his friends?

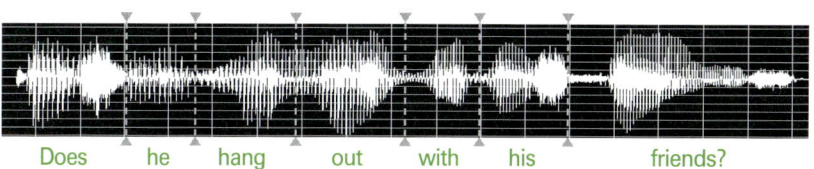

| Does | he | hang | out | with | his | friends? |

Does-he-hang-out-with-his-friends?

Does he가 연달아 발음되면서 Doeshe가 되어 she의 발음으로 혼동할 수 있다.

Making Sentence reading practice   set ①   set ②   set ③   set ④   set ⑤

- Does

- Does he

- Does he hang

- Does he hang out

- Does he hang out with

- Does he hang out with his

- Does he hang out with his friends?

문장이 완성되는 과정을 차례대로 약 1초 정도의 간격을 두고 소리 내어 읽으면서 의미를 생각합니다. 문장이 완성되는 전 과정을 하나의 set로 하여 각각 체크하며 5개의 set를 반복합니다.

여기서 영어문장을 우리말로 설명하는 것은 부득이한 것으로 중요하지 않습니다. 중요한 것은 영어 문장이 완성되는 과정을 통해 영어만으로 이해하는 것입니다.

- **Does he**
  (하나? 그는)
- **Does he hang out**
  (하나? 그는 매달리다 밖에) → (그는 밖에 매달리나?)
- **Does he hang out with**
  (하나? 그는 매달리다 밖에 함께 있는 존재)
- **Does he hang out with his friends?**
  (하나? 그는 매달리다 밖에 /함께 있는 존재/ 그의 친구들)

Does he hang out ☐─○ his friends?
(그는 밖에 매달리나? 그의 친구들과 함께)
(그는 그의 친구들과 어울리나?)

🔰 **hang out with~ : ~와 어울리다**

hang out with는 [~와 어울리다]라고 숙어로 간단히 외울 수 있지만, 우연히 들으면서 바로 이해하기는 쉽지 않다. 숙어로 외우지 않더라도 hang, out, with의 이미지를 통해 그 의미를 어느 정도 이해할 수 있다.

hang out는 밖에 흔들흔들 매달리거나 걸려 있는 것으로 [함께 있는 존재]의 이미지인 with에 의해 여러 개가 같이 밖에 매달린 모습을 연상할 수 있다. 따라서 함께 어울리는 것으로 이해할 수 있다.

Speaking practice

그는 그의 친구들과 밖에 어울리나?
Does he _____.

그는 그의 친구들과 어울리나?
_____.

 **day** One of them is weak and unable to eat.

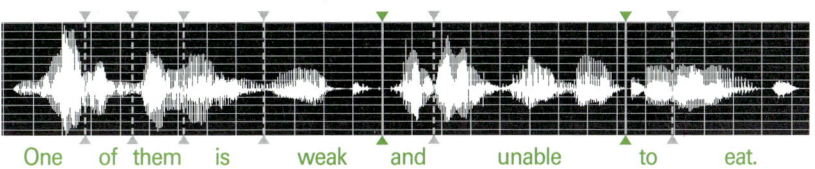

One–of–them–is–weak V and–unable V to–eat.

and unable이 연음되며 [앤더네이블]로 마치 하나의 단어처럼 발음되기 때문에 잘 들리지 않는다.

Making Sentence reading practice　set ①　set ②　set ③　set ④　set ⑤

- One

- One of

- One of them

- One of them is

- One of them is weak

- One of them is weak and

- One of them is weak and unable

- One of them is weak and unable to

- One of them is weak and unable to eat.

문장이 완성되는 과정을 차례대로 약 1초 정도의 간격을 두고 소리 내어 읽으면서 의미를 생각합니다. 문장이 완성되는 전 과정을 하나의 set로 하여 각각 체크하며 5개의 set를 반복합니다.

여기서 영어문장을 우리말로 설명하는 것은 부득이한 것으로 중요하지 않습니다. 중요한 것은 영어 문장이 완성되는 과정을 통해 영어만으로 이해하는 것입니다.

- One of
  (하나 더 보니)
- One of them
  (하나 더 보니 그들) → (그들 중에서 하나)
- One of them is weak
  (하나 더 보니 그들 이다. 약한) → (그들 중의 하나는 약하다.)
- One of them is weak and
  (하나 더 보니 그들 이다. 약한 그리고)
- One of them is weak and unable
  (하나 더 보니 그들 이다. 약한 그리고 무능한)
- One of them is weak and unable to
  (하나 더 보니 그들 이다. 약한 그리고 무능한 도착점)
- One of them is weak and unable to eat.
  (하나 더 보니 그들 이다. 약한 그리고 무능한 도착점 먹다)

  One ◁ them is weak and unable →● eat.
  (그들 중 하나는 약하고 먹는 쪽으로 무능하다.)

🔟 be unable to

영어에서 [할 수 있다]는 표현은 크게 can, be able to+R을 이용한다.
can의 부정은 can't이고
[할 수 있다]의 미래형은 will be able to+R이다.
be able to+R의 부정은 be unable to+R로 나타낸다.

Speaking practice

그는 약하고 먹는 것을 할 수 없는 사람들 중의 하나이다.
One of them _____.

그는 약하고 먹는 것을 할 수 없는 사람들 중의 하나이다.
_____.

27 day I knew you'd forget them.

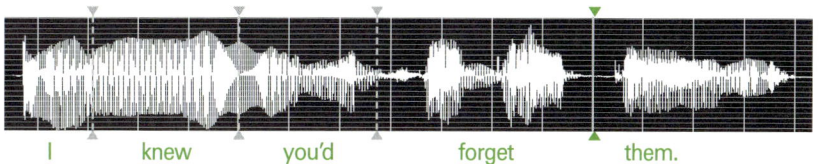

| I | knew | you'd | forget | them. |

I–knew–you'd–forget ∨ them.

I knew you'd forget가 연음되어 발음되는데 특히, you'd가 잘 들리지 않는다.
you'd는 you would의 축약형이다.

Making Sentence reading practice　　set ①　set ②　set ③　set ④　set ⑤

- I

- I knew

- I knew you'd

- I knew you'd forget

- I knew you'd forget them.

문장이 완성되는 과정을 차례대로 약 1초 정도의 간격을 두고 소리 내어 읽으면서 의미를 생각합니다. 문장이 완성되는 전 과정을 하나의 set로 하여 각각 체크하며 5개의 set를 반복합니다.

여기서 영어문장을 우리말로 설명하는 것은 부득이한 것으로 중요하지 않습니다. 중요한 것은 영어 문장이 완성되는 과정을 통해 영어만으로 이해하는 것입니다.

- I knew
  (나는 알고 있었다.)
- I knew you'd (= you would)
  (나는 알고 있었다. 네가 ~할 것이다) : would (will의 과거형)
- I knew you'd forget
  (나는 알고 있었다. 네가 잊을 것이다)
- I knew you'd forget them.
  (나는 알고 있었다. 네가 잊을 것이다 그들을)
  (나는 알고 있었다. 네가 그들을 잊을 것이라는 것을)

tip you'd = you would

you'd는 you would의 축약형이다.
would는 will의 과거형 또는 약한 will을 나타내지만,
위의 문장에서 would는 먼저 말하는 I knew에 의해 will의 과거형으로 정해진다.

tip knew

knew가 know의 과거형인 것은 누구나 알고 있지만, know보다는 발음이 익숙하지 않아 막상 들었을 때는 new와 혼동할 수 있다.

Speaking practice

나는 그대가 그들을 잊어버릴 것을 알고 있었다.
I knew _____ .

나는 그대가 그들을 잊어버릴 것이라는 것을 알고 있었다.
_____ .

She seems to be listening to rock music on her earphones.

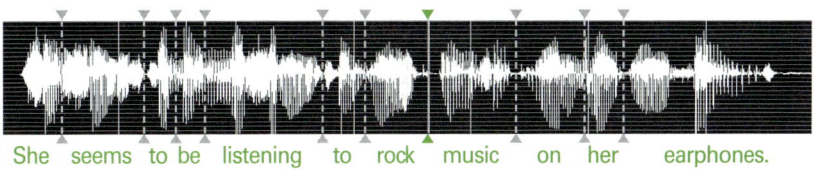

She–seems–to–be–listening–to–rock∨music–on–her–earphones.
문법적으로 끊어서 말할 것으로 예상되는 부분이 모두 연음되어 빠르게 발음된다.

Making Sentence reading practice　　set ①　set ②　set ③　set ④　set ⑤

- She

- She seems

- She seems to

- She seems to be

- She seems to be listening

- She seems to be listening to

- She seems to be listening to rock

- She seems to be listening to rock music

- She seems to be listening to rock music on

- She seems to be listening to rock music on her

- She seems to be listening to rock music on her earphones.

문장이 완성되는 과정을 차례대로 약 1초 정도의 간격을 두고 소리 내어 읽으면서 의미를 생각합니다. 문장이 완성되는 전 과정을 하나의 set로 하여 각각 체크하며 5개의 set를 반복합니다.

여기서 영어문장을 우리말로 설명하는 것은 부득이한 것으로 중요하지 않습니다. 중요한 것은 영어 문장이 완성되는 과정을 통해 영어만으로 이해하는 것입니다.

- **She seems**
  (그녀는 보인다.)
- **She seems to**
  (그녀는 보인다. 도착점)
- **She seems to be listening**
  (그녀는 보인다. 도착점 있다 귀 기울이면서)
- **She seems to be listening to rock music**
  (그녀는 보인다. 도착점 있다 귀 기울이면서 도착점 락 음악)
  (그녀는 보인다. 락 음악에 귀 기울이면서 있는 쪽으로)
- **She seems to be listening to rock music on her earphones.**
  (그녀는 보인다. 도착점 있다 귀 기울이면서 도착점 락 음악 접함 그녀의 이어폰)

  She seems →● be listening →● rock music ◯ her earphones.
  (그녀는 보인다. 그녀의 이어폰으로 락 음악에 귀 기울이면서 있는 쪽으로)

  | She seems | ⟶ | be listening to rock music on her earphones |

🅣 seem

seem을 들었을 때, 어떤 이미지를 떠올려야 할까?
seen과 유사한 seem은 [보이다]를 뜻하며, look과 비슷한데,
보다 구체적으로는 [~처럼 보인다]의 뜻을 가지고 있으므로
look like와 같다고 할 수 있다.

She seems to be listening to rock music.

(= She seems that she is listening to rock music.)

(= She looks like she is listening to rock music.)

Speaking practice

그녀는 이어폰으로 음악을 듣고 있는 것 같아 보인다.
She seems _____.

그녀는 이어폰으로 음악을 듣고 있는 것 같다.
_____.

**That's not a good enough reason to skip dinner.**

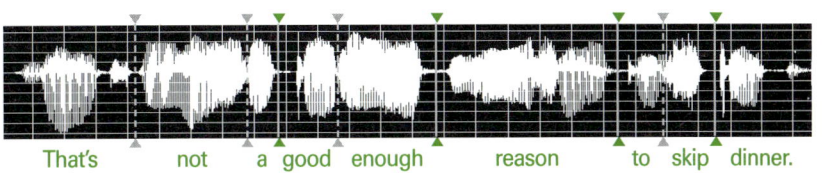

That's–not–a ∨ good–enough ∨ reason ∨ to–skip ∨ dinner.

a good enough reason이 하나의 의미이기 때문에 not 다음에 끊을 것 같지만, 실제 원어민의 발음에서는 not a가 연음되는 경우가 많다.

Making Sentence reading practice set ① set ② set ③ set ④ set ⑤

- That's

- That's not

- That's not a

- That's not a good

- That's not a good enough

- That's not a good enough reason

- That's not a good enough reason to

- That's not a good enough reason to skip

- That's not a good enough reason to skip dinner.

문장이 완성되는 과정을 차례대로 약 1초 정도의 간격을 두고 소리 내어 읽으면서 의미를 생각합니다. 문장이 완성되는 전 과정을 하나의 set로 하여 각각 체크하며 5개의 set를 반복합니다.

여기서 영어문장을 우리말로 설명하는 것은 부득이한 것으로 중요하지 않습니다. 중요한 것은 영어 문장이 완성되는 과정을 통해 영어만으로 이해하는 것입니다.

- That's not a good enough reason
  (저것은 아니다. 하나의 좋은 충분한 이유)
- That's not a good enough reason to skip dinner.
  (저것은 아니다. 하나의 좋은 충분한 이유 도착점 건너뛰다 저녁식사)

That's not a good enough reason  skip dinner.
(저것은 아니다. 하나의 좋은 충분한 이유 저녁식사를 건너뛰는 쪽으로)
(그것은 충분한 이유가 아니다. 저녁식사를 건너뛰는 쪽으로)

```
That's not a good enough reason  ──→  skip dinner
```

💡 a good enough reason
우리말의 표현으로는 [충분히 좋은~]이므로 good enough가 어색하게 들릴 수 있는데, 영어식 표현에서는 good 다음에 enough가 온다. 이것은 외울 필요 없이 그대로 받아들여 반복해서 듣고 말하다 보면, good enough가 자연스럽게 느껴진다.

💡 dinner와 meal
dinner는 특별히 잘 차려진 식사, 만찬, 저녁식사를 뜻한다. 일반적인 식사, 밥을 뜻하는 것은 meal이다.

before meal (식전)

after meal (식후)

Did you have(take) a meal?
(밥 먹었니?)

Speaking practice

그것은 저녁을 거르는 좋은 충분한 이유가 아닙니다.
That's not _____.

저것은 거르는 좋은 충분한 이유가 아닙니다.
_____.

28 day

You promised not to bring any work with you.

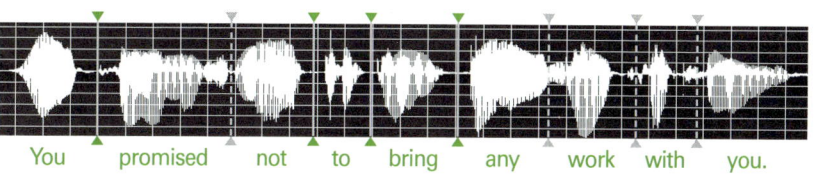

You ∨ promised–not ∨ to ∨ bring ∨ any–work–with–you.

문법적인 끊어 읽기(You promised / not to bring / any work / with you.)와 다르게 발음된다.

Making Sentence reading practice　　set ①　set ②　set ③　set ④　set ⑤

- You

- You promised

- You promised not

- You promised not to

- You promised not to bring

- You promised not to bring any

- You promised not to bring any work

- You promised not to bring any work with

- You promised not to bring any work with you.

문장이 완성되는 과정을 차례대로 약 1초 정도의 간격을 두고 소리 내어 읽으면서 의미를 생각합니다. 문장이 완성되는 전 과정을 하나의 set로 하여 각각 체크하며 5개의 set를 반복합니다.

여기서 영어문장을 우리말로 설명하는 것은 부득이한 것으로 중요하지 않습니다. 중요한 것은 영어 문장이 완성되는 과정을 통해 영어만으로 이해하는 것입니다.

- You promised
  (너는 약속했다.)
- You promised not
  (너는 약속했다. 아니다)
- You promised not to
  (너는 약속했다. 아니다 도착점)
- You promised not to bring any work
  (너는 약속했다. 아니다 도착점 가져오다 어떤 일)
- You promised not to bring any work with you.
  (너는 약속했다. 아니다 도착점 가져오다 어떤 일 /함께 있는 존재/ 너)

  You promised not ➡ bring any work ▱ you.
  (너는 약속했다. 너와 함께 어떤 일도 가져오지 않는 쪽으로.)

🟢 promise not
조동사를 제외하고 not은 부정하는 단어의 앞에 놓이기 때문에
promise not는 promise를 부정하는 것이 아니다.
promise를 부정하는 경우에는 don't promise라고 한다.

🟢 You ~ with you
[네가 너와 함께 ~하다]는 표현이 우리말에는 없는 어색한 표현이지만, with가 나타내는 [함께 있는 존재]의 이미지에 따라 [네가 직접 ~하는 것]을 의미한다.
위의 문장에서 with you가 없으면, 일을 가지고 오는 것이 you가 아닌 동료나 다른 사람일 수도 있다. with you가 있음으로 해서 you가 직접 일을 가지고 오는 이미지가 그려진다.

참고〉 우리가 빠트린 영어의 알맹이, 전치사의 이미지 : with

Speaking practice

너는 일할 때 어떤 일도 가져오지 않기로 약속했다.
You promised _____.

나는 이제 담배를 피우지 않기로 약속했다.
_____.

 **I'll see if they have any space for wheelchairs.**

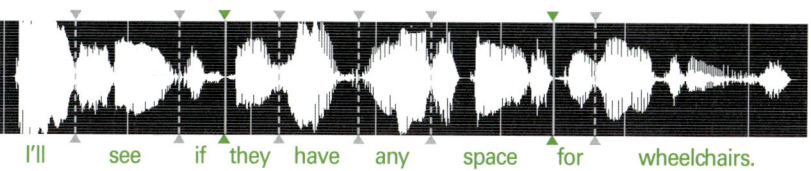

I'll–see–if∨ they–have–any–space∨ for–wheelchairs.
I'll see if가 연음되어 발음된다.

Making Sentence reading practice   set ①   set ②   set ③   set ④   set ⑤

- I'll

- I'll see

- I'll see if

- I'll see if they

- I'll see if they have

- I'll see if they have any

- I'll see if they have any space

- I'll see if they have any space for

- I'll see if they have any space for wheelchairs.

문장이 완성되는 과정을 차례대로 약 1초 정도의 간격을 두고 소리 내어 읽으면서 의미를 생각합니다. 문장이 완성되는 전 과정을 하나의 set로 하여 각각 체크하며 5개의 set를 반복합니다.

여기서 영어문장을 우리말로 설명하는 것은 부득이한 것으로 중요하지 않습니다. 중요한 것은 영어 문장이 완성되는 과정을 통해 영어만으로 이해하는 것입니다.

- I'll see (= I will see)
  (나는 볼 것이다.) → (나는 알아 볼 것이다.)
- I'll see if
  (나는 알아 볼 것이다. 불확실) → (if : ~인지 아닌지)
- I'll see if they have any space
  (나는 알아 볼 것이다. 불확실 그들이 가지고 있다 어떤 공간)
- I'll see if they have any space for
  (나는 알아 볼 것이다. 불확실 그들이 가지고 있다 어떤 공간 집중)
- I'll see if they have any space for wheelchairs.
  (나는 알아 볼 것이다. 불확실 그들이 가지고 있다 어떤 공간 집중 휠체어들)

I'll see if they have any space ✧ wheelchairs.
(나는 알아 알아볼 것이다. 그들이 휠체어들을 위한 어떤 공간을 가지고 있는지 아닌지)

🟢 see와 look

see, look은 모두 [보다]이지만, 우리말에는 없는 차이점이 있다.
see는 [보고 알아채다, 보고 생각하다, 알아보다]이고
look은 단순히 눈에 보이는 것을 의미한다.

Look into my eyes and you can see the truth.
(내 눈을 들여다 봐라. 그러면. 너는 진실을 볼 수 있다.)

I looked around but I couldn't see anybody.
(나는 주위를 둘러 봤지만 나는 아무도 볼 수 없었다.)

🟢 any와 some

some과 마찬가지로 any는 양과 수, 단수와 복수에 모두 쓰인다.
어감으로는 any가 some보다 약간 작다.

some space (어느 정도의 공간), **any space** (어떤 약간의 공간)

some books (몇 권의 책들), **any books** (한두 권의 책들)

Speaking practice

그는 그들이 휠체어를 위한 어떤 공간을 가지고 있는지 알아볼 것이다.
I'll see _____.

나는 휠체어를 위한 어떤 공간이 있는지 알아보겠다.
_____.

28 day

But she tells him she'll be too busy to go that day.

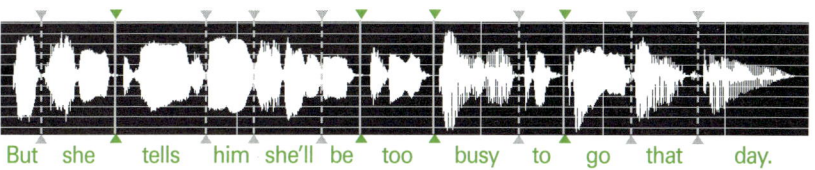

But–she ∨ tells–him–she'll–be ∨ too ∨ busy–to ∨ go–that–day.

문법적인 끊어 읽기(But / she tells him / she'll be too busy / to go that day.)와 다르게 발음된다.

Making Sentence reading practice   set ①   set ②   set ③   set ④   set ⑤

- But

- But she

- But she tells

- But she tells him

- But she tells him she'll

- But she tells him she'll be

- But she tells him she'll be too

- But she tells him she'll be too busy

- But she tells him she'll be too busy to

- But she tells him she'll be too busy to go

- But she tells him she'll be too busy to go that

- But she tells him she'll be too busy to go that day.

문장이 완성되는 과정을 차례대로 약 1초 정도의 간격을 두고 소리 내어 읽으면서 의미를 생각합니다. 문장이 완성되는 전 과정을 하나의 set로 하여 각각 체크하며 5개의 set를 반복합니다.

여기서 영어문장을 우리말로 설명하는 것은 부득이한 것으로 중요하지 않습니다. 중요한 것은 영어 문장이 완성되는 과정을 통해 영어만으로 이해하는 것입니다.

- But she tells him
  (그러나 그녀는 말한다. 그에게)
- But she tells him she'll (= she will)
  (그러나 그녀는 말한다. 그에게 그녀는 ~할 것이다)
- But she tells him she'll be too busy to
  (그러나 그녀는 말한다. 그에게 그녀는 너무 바쁠 것이다 도착점)
- But she tells him she'll be too busy to go that day.
  (그러나 그녀는 말한다. 그에게 그녀는 너무 바쁠 것이다 도착점 가다 그날)

But she tells him she'll be too busy 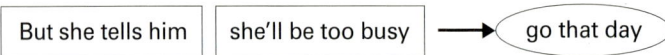 go that day.
(그러나 그녀는 말한다. 그에게 그녀는 너무 바쁠 것이다 그날 가는 쪽으로)
(그러나 그녀는 그에게 말한다. 그날 가기에는 그녀가 너무 바쁠 것이라고)

| But she tells him | she'll be too busy | → | go that day |

🟢 tell

tell, told를 들으면 무슨 이미지를 떠올려야 할까?
speak, say과 구분이 되는 tell의 이미지는 뭘까?
tell은 [~에게 말하다]의 뜻으로 듣는 상대가 있는 상태에서 말하는 이미지를 갖는다. 따라서 항상 말을 듣는 대상을 목적어로 갖는다.

Speaking practice

그러나 그녀는 그에게 말한다. 그날 가기에는 그녀가 너무 바쁠 것이라고.
But she tells _____.

그러나 그녀는 그에게 말한다. 그날 가기에는 그녀가 너무 바쁠 것이라고.
_____.

And she doesn't realize that she is disturbing other people.

And–she–doesn't–realize ∨ that–she–is–disturbing–other–people.

문법적인 끊어 읽기와 유사하게 발음할 수도 있지만, 원어민은 문법적인 고려 없이 발음하기 편한 방식으로 단어를 연음하여 발음한다.

Making Sentence reading practice   set ①   set ②   set ③   set ④   set ⑤

- And
- And she
- And she doesn't
- And she doesn't realize
- And she doesn't realize that
- And she doesn't realize that she
- And she doesn't realize that she is
- And she doesn't realize that she is disturbing
- And she doesn't realize that she is disturbing other
- And she doesn't realize that she is disturbing other people.

문장이 완성되는 과정을 차례대로 약 1초 정도의 간격을 두고 소리 내어 읽으면서 의미를 생각합니다. 문장이 완성되는 전 과정을 하나의 set로 하여 각각 체크하며 5개의 set를 반복합니다.

여기서 영어문장을 우리말로 설명하는 것은 부득이한 것으로 중요하지 않습니다. 중요한 것은 영어 문장이 완성되는 과정을 통해 영어만으로 이해하는 것입니다.

- And she doesn't (= And she does not)
  (그리고 그녀는 하지 않는다.)
- And she doesn't realize
  (그리고 그녀는 하지 않는다. 실감하다.)
- And she doesn't realize that
  (그리고 그녀는 하지 않는다. 실감하다 그것)
  (그리고 그녀는 그것을 실감하지 않는다.) : 일단 문장 완성
- And she doesn't realize that she is disturbing
  (그리고 그녀는 하지 않는다. 실감하다 그것을 그녀는 방해하고 있다)
- And she doesn't realize that she is disturbing other people.
  (그리고 그녀는 실감하지 않는다. 그것을 그녀는 방해하고 있다 다른 사람들)
  (그리고 그녀는 실감하지 않는다. 그녀가 다른 사람들을 방해하고 있다는 것을)

tip don't realize

realize는 진짜가 되게 만드는 것으로 [현실화하다], [실현하다], [실감하다], [깨닫다]의 뜻을 갖는다.
부정할 때, 우리말로는 [실감하지 못하다]이지만, 영어식 표현에서는 [don't realize : 실감하지 않는다]이다.

Speaking practice

그리고 그녀는 다른 사람들을 방해하고 있다는 것을 깨닫지 못한다.
And she _____.

그리고 그녀는 다른 사람들을 방해하고 있다는 것을 알지 못한다.
_____.

 The army has really changed him for the better.

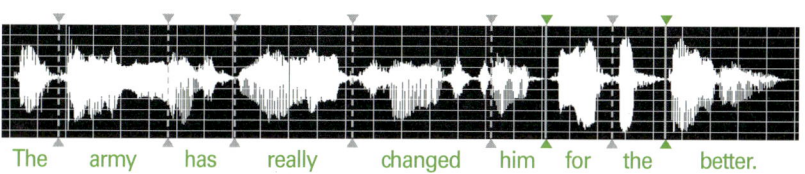

The–army–has–really–changed–him ∨ for–the ∨ better.

정관사 the는 자신이 꾸미는 단어가 아닌 앞의 단어와 가깝게 발음되는 경향이 있다.

Making Sentence reading practice set ① set ② set ③ set ④ set ⑤

- The

- The army

- The army has

- The army has really

- The army has really changed

- The army has really changed him

- The army has really changed him for

- The army has really changed him for the

- The army has really changed him for the better.

문장이 완성되는 과정을 차례대로 약 1초 정도의 간격을 두고 소리 내어 읽으면서 의미를 생각합니다. 문장이 완성되는 전 과정을 하나의 set로 하여 각각 체크하며 5개의 set를 반복합니다.

여기서 영어문장을 우리말로 설명하는 것은 부득이한 것으로 중요하지 않습니다. 중요한 것은 영어 문장이 완성되는 과정을 통해 영어만으로 이해하는 것입니다.

- The army has
  (군대는 가지고 있다.)
- The army has really changed
  (군대는 가지고 있다. 정말 변화했던)
  (군대는 과거에 정말 변화했던 것을 가지고 있다.)
- The army has really changed him
  (군대는 가지고 있다. 정말 변화했던 그를)
- The army has really changed him for
  (군대는 가지고 있다. 정말 변화했던 그를 집중)
- The army has really changed him for the better.
  (군대는 가지고 있다. 정말 변화했던 그를 집중 더 나은)

The army has really changed him ◇ the better.
(군대는 그를 정말 변화시켰다. 더 좋아지도록)

🆗 have changed

현재완료는 과거를 현재에 가지고 있는 것이다.
have는 현재이고 changed는 과거이다.

The army has changed him.
(군대는 과거에 그를 변화시켰던 것을 현재에 가지고 있다.)
(군대는 그를 변화시켰다.) : 변화시킨 것이 완료되었다.

have 대신에 be 동사를 이용하면, 상태만을 나타내면서 수동태가 된다.

The army is changed.
(군대는 있다. 변화했다) → (과거에 변화했던 것이 현재에 있다.)
(군대가 변화된 상태에 있다.)
(군대는 변화되었다.)

Speaking practice

군대가 그 요원을 훈련시켰던 거 아직까지 유효하다.

군대가 그 요원을 훈련시켰다.

 Will there be anyone else other than me?

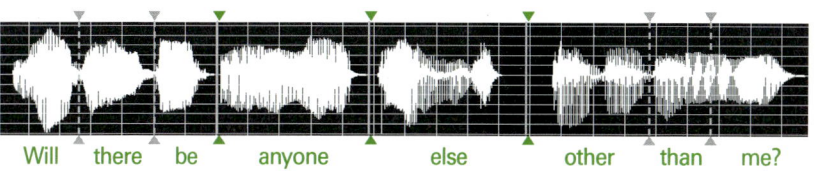

Will there be anyone else other than me?

Will–there–be ∨anyone ∨else ∨other–than–me?

will there be가 연음되어 빠르게 발음된다.

Making Sentence reading practice　　set ①　set ②　set ③　set ④　set ⑤

- Will

- Will there

- Will there be

- Will there be anyone

- Will there be anyone else

- Will there be anyone else other

- Will there be anyone else other than

- Will there be anyone else other than me?

문장이 완성되는 과정을 차례대로 약 1초 정도의 간격을 두고 소리 내어 읽으면서 의미를 생각합니다. 문장이 완성되는 전 과정을 하나의 set로 하여 각각 체크하며 5개의 set를 반복합니다.

여기서 영어문장을 우리말로 설명하는 것은 부득이한 것으로 중요하지 않습니다. 중요한 것은 영어 문장이 완성되는 과정을 통해 영어만으로 이해하는 것입니다.

- **Will there be**
  (~할 것인가? 거기 있다) → (거기에 있을 것인가?)
- **Will there be anyone**
  (거기에 있을 것인가? 어떤 사람이)
- **Will there be anyone else**
  (거기에 있을 것인가? 어떤 사람이 추가로)
- **Will there be anyone else other**
  (거기에 있을 것인가? 어떤 사람이 추가로 다른)
- **Will there be anyone else other than me?**
  (거기에 있을 것인가? 어떤 사람이 추가로 다른 보다 나)
  (거기에 어떤 사람이 있을 것인가? 나 외에 추가로)

🔵 **anyone else other than me**

anyone은 불특정한 한 사람을 나타내고
else는 [그 밖에]와 [추가로]의 뜻을 나타낸다.
other than은 [~ 외에, ~와 다른]을 의미한다.
이 단어들을 추가하여 연결하면 무엇을 의미하는지 알 수 있다.

anyone (어떤 사람)
anyone else (어떤 사람 추가로)
anyone else other than me (어떤 사람 추가로 나 말고)

anyone else은 추가되는 어떤 사람이고
anyone else other than me는 추가되는 어떤 사람에서 나를 제외하는 것이다.
간단히 말하면, [나 말고 다른 사람도]이다.

Speaking practice

나 외에 다른 사람이 있을 것인가?

Will there _____ .

나 말고 다른 사람?

_____ .

 I'll let you have it for one hundred dollars.

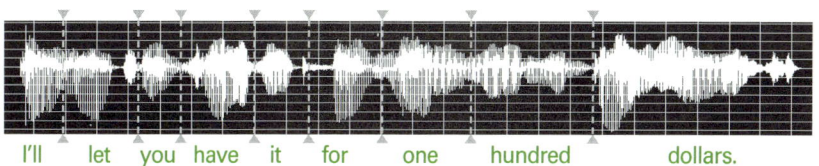

I'll–let–you–have–it–for–one–hundred–dollars.
문법적인 구분 없이 문장 전체가 연음되어 발음된다.

Making Sentence reading practice   set ①   set ②   set ③   set ④   set ⑤

- I'll

- I'll let

- I'll let you

- I'll let you have

- I'll let you have it

- I'll let you have it for

- I'll let you have it for one

- I'll let you have it for one hundred

- I'll let you have it for one hundred dollars.

문장이 완성되는 과정을 차례대로 약 1초 정도의 간격을 두고 소리 내어 읽으면서 의미를 생각합니다. 문장이 완성되는 전 과정을 하나의 set로 하여 각각 체크하며 5개의 set를 반복합니다.

여기서 영어문장을 우리말로 설명하는 것은 부득이한 것으로 중요하지 않습니다. 중요한 것은 영어 문장이 완성되는 과정을 통해 영어만으로 이해하는 것입니다.

- I'll (= I will)
  (나는 ~할 것이다.)
- I'll let
  (나는 하게 할 것이다.)
- I'll let you have
  (나는 하게 할 것이다. 너를 가지다)
- I'll let you have it
  (나는 하게 할 것이다. 너를 가지다 그것) → (나는 네가 그것을 가지게 할 것이다.)
- I'll let you have it for
  (나는 하게 할 것이다. 너를 가지다 그것 집중)
- I'll let you have it for one hundred dollars.
  (나는 하게 할 것이다. 너를 가지다 그것 집중 100달러)

I'll let you have it ✧ one hundred dollars.
(나는 네가 가지게 할 것이다. 그것을 100달러에)

🟢 **let you have it**

let는 [~하게 하다]의 우리말 표현으로 주로 알고 있는데, [허락하다], [내버려두다]의 이미지를 갖는다.

let you
(허락하다 너를)

let you have
(허락하다 너를 가지다)

let you have it
(허락하다 너를 가지다 그것) → (네가 그것을 가지도록 허락하다)

Speaking practice

나는 네가 그것을 100달러에 가지게 할 것이다.

I'll let _____.

100달러에 그것을 수있게.

_____.

29 day

But if I were you, I'd still focus on the essential requirement.

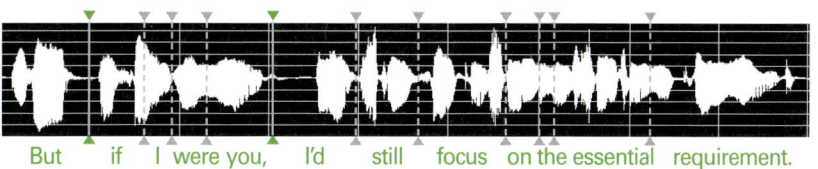

But ∨ if–I–were–you ∨ I'd–still–focus–on–the–essential–requirement.

were, I'd(=I would)는 알아듣기가 쉽지 않는 단어들인데, 이웃한 단어들과 연음되어 더 들리지 않는다.

Making Sentence reading practice   set ①   set ②   set ③   set ④   set ⑤

- But

- But if

- But if I

- But if I were

- But if I were you

- But if I were you, I'd

- But if I were you, I'd still

- But if I were you, I'd still focus

- But if I were you, I'd still focus on

- But if I were you, I'd still focus on the

- But if I were you, I'd still focus on the essential

- But if I were you, I'd still focus on the essential requirement.

문장이 완성되는 과정을 차례대로 약 1초 정도의 간격을 두고 소리 내어 읽으면서 의미를 생각합니다. 문장이 완성되는 전 과정을 하나의 set로 하여 각각 체크하며 5개의 set를 반복합니다.

여기서 영어문장을 우리말로 설명하는 것은 부득이한 것으로 중요하지 않습니다. 중요한 것은 영어 문장이 완성되는 과정을 통해 영어만으로 이해하는 것입니다.

- But if
  (그러나 불확실)
- But if I were you
  (그러나 불확실 나는 이었다 너) → (내가 너였다면), (내가 너라면)
- But if I were you, I'd (= I would)
  (그러나 내가 너라면, 나는 할 것이다.)
- But if I were you, I'd still focus
  (그러나 내가 너라면, 나는 할 것이다. 여전히 초점을 맞추다)
- But if I were you, I'd still focus on
  (그러나 내가 너라면, 나는 할 것이다. 여전히 초점을 맞추다 접함)
- But if I were you, I'd still focus on the essential requirement.
  (그러나 내가 너라면, 나는 할 것이다. 여전히 초점을 맞추다 접함 필수적인 요구)

  But if I were you, I'd still focus ◯ the essential requirement.
  (그러나 내가 너라면, 나는 여전히 초점을 맞출 것이다. 필수적인 요구에)

🔵 If I were you, I would ~
if 절의 과거형에서 be동사는 모두 were로 나타내는 것을 염두에 두면,
were를 좀더 쉽게 알아들을 수 있다.
여기서 would는 [if I were you]와 시제를 맞추어 과거형으로 나타낸 것인데,
will을 약하게 말하는 [~할 텐데]로 볼 수도 있다.

🔵 focus on : ~에 초점을 맞추다
focus on에서 on을 쓰는 것은 on이 가지고 있는 [지속]의 이미지로 이해할 수 있다.
초점을 맞춘다는 것은 어느 정도 시간이 필요한 작업이고 이후에는 초점을 유지하는 것이다. on은 접하는 상태가 유지되는 것으로 [지속]의 이미지를 갖는다.

참고) 우리가 빠트린 영어의 알맹이, 전치사의 이미지 : on

Speaking practice

그러나 내가 너라면, 나는 필수적인 요건에 초점을 계속 맞출 것이다.
But if I _____ .

그러나 내가 너라면, 나는 계속 부모님 곁에 있을 것이다.
_____ .

 I took your cell phone this morning by mistake.

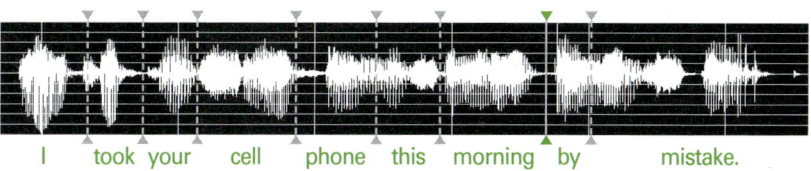

I–took–your–cell–phone–this–morning ∨ by–mistake.

문법적인 구분 없이 I took your cell phone this morning이 연음되어 빠르게 발음된다.

Making Sentence reading practice   set ① set ② set ③ set ④ set ⑤

- I

- I took

- I took your

- I took your cell

- I took your cell phone

- I took your cell phone this

- I took your cell phone this morning

- I took your cell phone this morning by

- I took your cell phone this morning by mistake.

문장이 완성되는 과정을 차례대로 약 1초 정도의 간격을 두고 소리 내어 읽으면서 의미를 생각합니다. 문장이 완성되는 전 과정을 하나의 set로 하여 각각 체크하며 5개의 set를 반복합니다.

여기서 영어문장을 우리말로 설명하는 것은 부득이한 것으로 중요하지 않습니다. 중요한 것은 영어 문장이 완성되는 과정을 통해 영어만으로 이해하는 것입니다.

- I took
  (나는 잡았다.)
- I took your cell phone
  (나는 잡았다. 너의 휴대폰)
- I took your cell phone this morning
  (나는 잡았다. 너의 휴대폰을 오늘 아침)
- I took your cell phone this morning by
  (나는 잡았다. 너의 휴대폰을 오늘 아침 영향)
- I took your cell phone this morning by mistake.
  (나는 잡았다. 너의 휴대폰을 오늘 아침 영향 실수)

I took your cell phone this morning ☒ mistake.
(나는 잡았다. 너의 휴대폰을 오늘 아침 실수로)

🌼 took
took이 take의 과거형이라는 것은 누구나 알고 있지만, 막상 들을 때는 쉽게 알아듣지 못하는 단어이기도 하다. take는 일단 잡고 다른 곳으로 움직이는 이미지를 가지고 있으므로 위의 문장의 경우처럼 가져가는 경우에는 have, get이 아닌 take를 쓰는 것이 적당하다.

🌼 cell phone
cellular phone의 준말로 휴대폰을 의미한다. cell(세포)의 표현을 쓰는 것은 통신 지역을 cell처럼 나누고 cell 중심에 중계 장치를 설치하는 방식에서 유래된 것이라고 한다.

🌼 by의 이미지 : 영향
by는 영향이나 힘, 영향이나 힘이 미치는 범위를 나타내는데, by mistake는 [실수의 영향에서]이므로 [실수로]라고 이해할 수 있다.

Speaking practice

나는 오늘 아침에 실수로 너의 전화를 가져갔다.
I took _____.

나는 오늘 아침에 실수로 너의 가방을 들고 갔다.
_____.

I'm making a sign for our photo exhibition for the front gate.

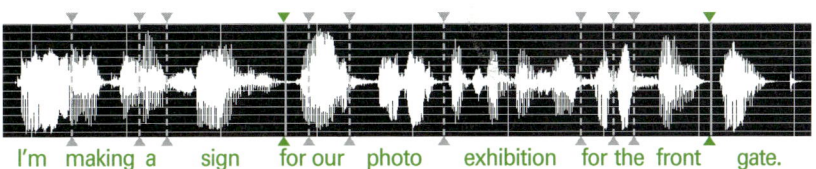

I'm–making–a–sign∨ for–our–photo–exhibition–for–the–front∨ gate.

for our photo exhibition for the front가 연음되어 빠르게 발음된다. 특히, for our가 마치 하나의 단어처럼 발음되어 잘 들리지 않는다.

Making Sentence reading practice　　set ①　set ②　set ③　set ④　set ⑤

- I'm
- I'm making
- I'm making a
- I'm making a sign
- I'm making a sign for
- I'm making a sign for our
- I'm making a sign for our photo
- I'm making a sign for our photo exhibition
- I'm making a sign for our photo exhibition for
- I'm making a sign for our photo exhibition for the
- I'm making a sign for our photo exhibition for the front
- I'm making a sign for our photo exhibition for the front gate.

문장이 완성되는 과정을 차례대로 약 1초 정도의 간격을 두고 소리 내어 읽으면서 의미를 생각합니다. 문장이 완성되는 전 과정을 하나의 set로 하여 각각 체크하며 5개의 set를 반복합니다.

여기서 영어문장을 우리말로 설명하는 것은 부득이한 것으로 중요하지 않습니다. 중요한 것은 영어 문장이 완성되는 과정을 통해 영어만으로 이해하는 것입니다.

- I'm (= I am)
  (나는 있다.)
- I'm making a sign
  (나는 만들고 있다. 하나의 표지판) → (나는 표지판을 만들려고 한다.)
- I'm making a sign for
  (나는 만들고 있다. 하나의 표지판 집중)
- I'm making a sign for our photo exhibition
  (나는 만들고 있다. 하나의 표지판 집중 우리의 사진 전시회)
- I'm making a sign for our photo exhibition for
  (나는 만들고 있다. 하나의 표지판 집중 우리의 사진 전시회 집중)
- I'm making a sign for our photo exhibition for the front gate.
  (나는 만들고 있다. 하나의 표지판 집중 우리의 사진 전시회 집중 그 정문)

I'm making a sign ✥ our photo exhibition ✥ the front gate.
(나는 만들고 있다. 하나의 표지판 우리 사진 전시회를 위한 정문에 놓을)

🟢 **for the front gate**

여기서 for를 제대로 이해하기 위해서는 [~을 위하여]라는 우리말 뜻이 아닌 이미지를 통해 이해할 필요가 있다.

for의 이미지는 [집중]으로 for the front gate는 the front gate에 집중하여 목적을 두는 것으로 [정문에 놓을]이라는 뜻으로 이해할 수 있다.

Speaking practice

나는 만들고 있다. 우리 사진 전시회 정문에 놓을 표지판을.

I'm making _____.

나는 우리 사진 전시회 표지판을 만들고 있다.

_____.

Which room were you talking about on the phone yesterday?

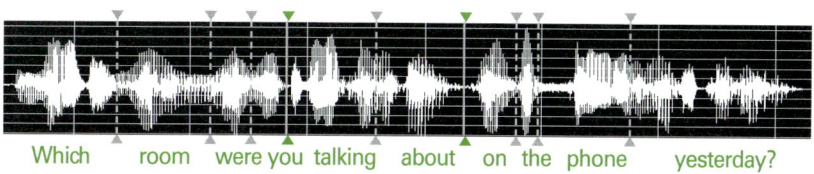

Which–room–were–you ∨talking–about ∨on–the–phone–yesterday?

were you가 연음되며 마치 하나의 단어처럼 발음되어 잘 들리지 않는다.

Making Sentence reading practice　set ①　set ②　set ③　set ④　set ⑤

- Which

- Which room

- Which room were

- Which room were you

- Which room were you talking

- Which room were you talking about

- Which room were you talking about on

- Which room were you talking about on the

- Which room were you talking about on the phone

- Which room were you talking about on the phone yesterday?

문장이 완성되는 과정을 차례대로 약 1초 정도의 간격을 두고 소리 내어 읽으면서 의미를 생각합니다. 문장이 완성되는 전 과정을 하나의 set로 하여 각각 체크하며 5개의 set를 반복합니다.

여기서 영어문장을 우리말로 설명하는 것은 부득이한 것으로 중요하지 않습니다. 중요한 것은 영어 문장이 완성되는 과정을 통해 영어만으로 이해하는 것입니다.

- Which room
  (어느 방)
- Which room were you
  (어느 방 있었나? 너)
- Which room were you talking about
  (어느 방 있었나? 너 대화하면서 여기저기)
  (너는 대화하고 있었나? 어느 방의 이것저것)
  (너는 대화하고 있었나? 어느 방에 관해)
- Which room were you talking about on
  (어느 방 있었나? 너 대화하면서 여기저기 접함)
- Which room were you talking about on the phone
  (어느 방 있었나? 너 대화하면서 여기저기 접함 전화기)
- Which room were you talking about on the phone yesterday?
  (어느 방 있었나? 너 대화하면서 여기저기 접함 전화기 어제)

  Which room were you talking ▢ ▢ the phone yesterday?
  (어느 방에 관하여 너는 대화하고 있었나? 전화상에서 어제)

tip on the phone

[접함]을 나타내는 on의 이미지에 따라 on the phone은 전화기에 접하여 있는 것인데, 전화기로 통화하기 위해서는 전화기에 접해야 하므로 [전화로, 전화상으로]의 의미로 이해할 수 있다.

on은 선의 위치를 나타내므로 on the phone은 전화선에 접함을 나타내는 것으로 이해할 수도 있다.

참고) 우리가 빠트린 영어의 알맹이, 전치사의 이미지 : on

Speaking practice

아까 대구 전화상으로 어떤 방을 말하였었니?
Which room _____.

아까 대구 전화상으로 좋은 식당을 말하였었니?
_____.

Making Sentence Listening

 I'm at the mall shopping for Peter's birthday gift.

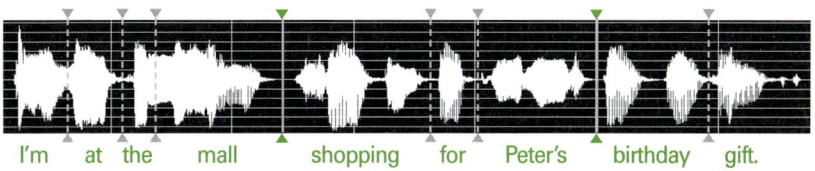

I'm–at–the–mall∨shopping–for–Peter's∨birthday–gift.

문법적인 끊어 읽기(I'm /at the mall /shopping /for Peter's birthday gift.)와 다르게 발음된다.

Making Sentence reading practice　set ①　set ②　set ③　set ④　set ⑤

- I'm

- I'm at

- I'm at the

- I'm at the mall

- I'm at the mall shopping

- I'm at the mall shopping for

- I'm at the mall shopping for Peter's

- I'm at the mall shopping for Peter's birthday

- I'm at the mall shopping for Peter's birthday gift.

문장이 완성되는 과정을 차례대로 약 1초 정도의 간격을 두고 소리 내어 읽으면서 의미를 생각합니다. 문장이 완성되는 전 과정을 하나의 set로 하여 각각 체크하며 5개의 set를 반복합니다.

여기서 영어문장을 우리말로 설명하는 것은 부득이한 것으로 중요하지 않습니다. 중요한 것은 영어 문장이 완성되는 과정을 통해 영어만으로 이해하는 것입니다.

- I'm (= I am)
  (나는 있다.)
- I'm at
  (나는 있다. 점의 위치)
- I'm at the mall
  (나는 있다. 점의 위치 마트) → (나는 마트에 있다.) : 일단 문장 완성
- I'm at the mall shopping
  (나는 있다. 점의 위치 마트 쇼핑하면서)
- I'm at the mall shopping for
  (나는 있다. 점의 위치 마트 쇼핑하면서 집중)
- I'm at the mall shopping for Peter's birthday gift.
  (나는 있다. 점의 위치 마트 쇼핑하면서 집중 피터의 생일 선물)

I'm ⊕ the mall shopping ✣ Peter's birthday gift.
(나는 마트에 있다. 쇼핑하면서 피터의 생일 선물을 목적으로.)

🆗 at의 이미지 : 점의 위치

위치를 나타내는 가장 대표적인 전치사가 at이다.
[위치, 점의 위치]를 이미지로 하는 at은 위치만을 간단히 나타낸다.
in the mall이라고 하면, 내부의 이미지가 위치에 추가되어 [마트 안에]라고 좀 더 복잡하게 표현하는 것이다.

🆗 for의 이미지 : 집중

[집중]의 이미지를 가지는 for는 일반적으로 [목적]을 나타내지만, 주어의 행동이 의도적이지 않을 때에는 [원인]을 나타낸다.
위의 문장에서 I'm at the mall shopping이 의도적이지 않은 어쩔 수 없는 상황이라면, for는 자연스럽게 원인을 나타내는 쪽으로 이해할 수 있다.

참고) 우리가 빠트린 영어의 알맹이, 전치사의 이미지 : for

Speaking practice

나는 피터의 생일 선물을 사려고 마트에서 쇼핑하고 있다.
I'm _____.

나는 피터의 생일 때문에 할 수 없이 마트에서 쇼핑하고 있다.
_____.

Maybe he's afraid you'll say no.

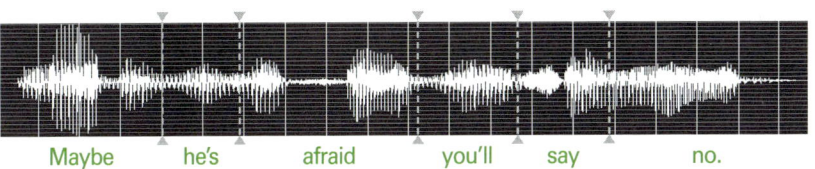

Maybe–he's–afraid–you'll–say–no.

문장의 모든 단어들이 연음되어 빠르게 발음된다. 특히, he's, you'll과 같은 축약형이 있어서 비교적 간단한 문장이지만 잘 들리지 않는다.

Making Sentence reading practice   set ①   set ②   set ③   set ④   set ⑤

- Maybe

- Maybe he's

- Maybe he's afraid

- Maybe he's afraid you'll

- Maybe he's afraid you'll say

- Maybe he's afraid you'll say no.

문장이 완성되는 과정을 차례대로 약 1초 정도의 간격을 두고 소리 내어 읽으면서 의미를 생각합니다. 문장이 완성되는 전 과정을 하나의 set로 하여 각각 체크하며 5개의 set를 반복합니다.

여기서 영어문장을 우리말로 설명하는 것은 부득이한 것으로 중요하지 않습니다. 중요한 것은 영어 문장이 완성되는 과정을 통해 영어만으로 이해하는 것입니다.

- **Maybe he's (= he is)**
  (아마도 그는 있다.)

- **Maybe he's afraid**
  (아마도 그는 있다 두려운) → (아마도 그는 두려워한다.)

- **Maybe he's afraid you'll (= you will)**
  (아마도 그는 두려워한다. 너는 ~할 것이다)

- **Maybe he's afraid you'll say no.**
  (아마도 그는 두려워한다. 너는 ~할 것이다 말하다 아니다)
  (아마도 그는 두려워한다. 네가 아니라고 말할 것이라고)

tip be afraid (that)
위의 문장은 that이 생략된 것으로 볼 수 있다.

Maybe he's afraid (that) you'll say no.
(아마도 그는 두려워한다. 네가 아니라고 말할 것이라는 것을)

Speaking practice

아마도 그는 감기에 걸린 듯이 보입니다.
Maybe he's _____ .

아마도 그는 내가 거기에 갈것이라고 말할까봐 두렵습니다.
_____ .

He tells Michael that he's thinking about not exercising anymore.

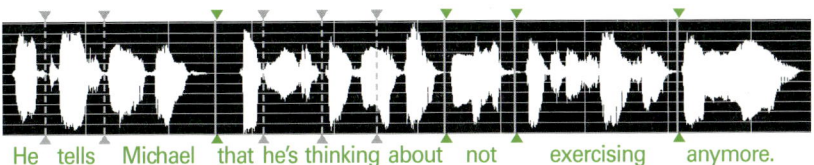

He–tells–Michael ∨that–he's–thinking–about ∨not ∨exercising ∨anymore.

not의 전후를 끊어 발음하는 것은 not을 보다 정확히 전달하기 위함이다.

Making Sentence reading practice　set ①　set ②　set ③　set ④　set ⑤

- He
- He tells
- He tells Michael
- He tells Michael that
- He tells Michael that he's
- He tells Michael that he's thinking
- He tells Michael that he's thinking about
- He tells Michael that he's thinking about not
- He tells Michael that he's thinking about not exercising
- He tells Michael that he's thinking about not exercising anymore.

문장이 완성되는 과정을 차례대로 약 1초 정도의 간격을 두고 소리 내어 읽으면서 의미를 생각합니다. 문장이 완성되는 전 과정을 하나의 set로 하여 각각 체크하며 5개의 set를 반복합니다.

여기서 영어문장을 우리말로 설명하는 것은 부득이한 것으로 중요하지 않습니다. 중요한 것은 영어 문장이 완성되는 과정을 통해 영어만으로 이해하는 것입니다.

- He tells
  (그는 ~에게 말한다.)
- He tells Michael
  (그는 말한다. 마이클에게)
- He tells Michael that
  (그는 말한다. 마이클에게 그것)
- He tells Michael that he's thinking
  (그는 말한다. 마이클에게 그것을 그는 생각하고 있다)
- He tells Michael that he's thinking about
  (그는 말한다. 마이클에게 그것을 그는 생각하고 있다 여기저기)
- He tells Michael that he's thinking about not exercising
  (그는 말한다. 마이클에게 그것을 그는 생각하고 있다 여기저기 아니다 운동하는 것)
  (그는 말한다. 마이클에게 그것을 그는 생각하고 있다 운동하지 않는 것의 이것저것)
- He tells Michael that he's thinking about not exercising anymore.
  (그는 말한다. 마이클에게 그게 그는 생각하고 있다 여기저기 아니다 운동하는 것 더 이상)

He tells Michael that he's thinking  not exercising anymore.
(그는 말한다. 마이클에게 그게 그는 생각하고 있다 더 이상 운동하지 않는 것에 관해)

He tells Michael that | he's thinking • not exercising anymore

tip about not exercising anymore

전치사가 하나의 명사만을 꾸미는 것으로 생각하기 쉬운데, 전치사(前置詞)는 말 그대로 앞서 위치하는 단어로서 미리 이미지를 제공하는 것이므로 이후의 단어들에 영향을 미칠 수 있다.

about의 이미지인 [여기저기]에 따라 about not exercising anymore는
not exercising anymore의 여기저기, 이것저것을 의미한다.

Speaking practice

그는 마이클에게 더 이상 운동하지 않는 것에 대해 생각한다고 말한다.
He tells Michael   .

그는 마이클에게 더 이상 운동하지 않을 거라고 말한다.